카이로스의 서고

貴重書庫

카이로스의 서고

고려대학교 도서관 귀중서 도록

The Library of Kairos

The Korea University Library's Rare Books Catalog

고려대학교 도서관

KOREA
UNIVERSITY
PRESS
고려대학교
출판문화원

[축사]

1905년 교육구국教育救國의 이념으로 세워진 고려대학교는 우리나라 최초의 민립 고등교육기관이자 민족의 지성으로서 지난 115년간 대한민국의 산업화와 민주화를 견인한 수많은 리더를 배출해 왔습니다. 2020년, 고려대학교는 국내 최고를 넘어 세계 50위권 대학 진입을 목표로 글로벌 명문 대학들과 어깨를 나란히 하고 있습니다. 특히, 고려대학교의 자랑인 도서관은 지난 격변의 한 세기를 거쳐 작금의 제4차 산업 혁명 시대에 이르기까지 지식의 보고로서 역할을 선도적으로 수행해 왔습니다.

고려대학교 도서관은 10만 책의 고서, 100만 건의 디지털 콘텐츠를 비롯한 380만 장서를 보유한 국내 최대 규모의 대학 도서관입니다. 특히 도서관이 소장하고 있는 국보, 보물 및 문화재급 장서를 포함한 1만여 책의 귀중서는 고려대학교의 자랑이자 대한민국의 소중한 지적 유산이라 할 수 있습니다. 도서관이 보유한 지적 유산을 널리 알리고 공유하는 것 또한 대학 도서관의 시대적 소명이라고 할 수 있습니다.

따라서 이번 고려대학교 도서관 도록 발간이 도서관 소장 귀중서 중 엄선된 대표 자료를 소개하고 수록된 자료의 우수성을 재조명함은 물론 자료의 관리와 보존에 대한 우리의 남다른 성과를 널리 알리는 기회가 되기를 희망합니다. 끝으로 도록 발간을 위하여 최선의 노력을 다해 주신 석영중 관장님과 도서관 선생님들께 감사의 말씀을 드립니다.

감사합니다.

2020년 7월

고려대학교 총장 정진택

Founded in 1905 under the motto of "Save the Nation through Education," Korea University, the nation's first modern private higher education institution, has nurtured numerous leaders who have significantly contributed to the industrialization and democratization of the Republic of Korea over the past 115 years. In 2020, Korea University is internationally recognized as a peer among the leading prestigious research-intensive universities worldwide with the aim of soon becoming one of the top 50 universities in the world. The Korea University Library, a source of pride for the institution, has played a pivotal role as a key knowledge repository over the last century up to the current era of the Fourth Industrial Revolution.

The Korea University Library is the largest university library in Korea with a total collection of 3.8 million books, including 100,000 old books and one million digital contents. Among its collections are 10,000 rare books, including many national treasures and cultural artifacts, which are held in great esteem at Korea University as some of the Nation's most valuable intellectual assets. The Korea University Library continues to eagerly publicize and share these treasures among both the scholarly community and the general public.

Therefore, we hope that the publication of the Korea University Library's Rare Books Catalog will raise awareness of the excellence of its collection and serve as an opportunity to promote the library's extraordinary achievements in managing and preserving this valuable heritage. Lastly, I would like to thank the director, Professor Young Joong Seog, and the staff of the Korea University Library for their excellent contributions to this very useful publication.

Thank you.

Professor Jin Taek Chung, President, Korea University

July, 2020

[발간사]

이 책은 고려대학교 도서관이 소장한 귀중서를 엄선하여 소개하는 도록입니다. 귀한 손님에게 보물창고를 열어 보이고 싶은 마음에서 이 책을 발간하게 되었습니다. 희구서와 귀중서 서고에는 독특한 아우라가 있습니다. 육중한 철문을 열고 들어가면 시간이 어둠 속에서 우리를 향해 똑바로 걸어오고 있다는 느낌이 듭니다. 먼지의 미립자들이 기억의 알갱이처럼 몰려옵니다. 어디선가 천년 세월 속에 잠든 책들이 바스락거리며 깨어나는 소리가 들리기도 합니다.

귀중서 서고에서 만나는 시간은 영겁의 구덩이로 사라지는 시간이 아니라 채워 주고 되살려 주는 시간입니다. 고대 그리스인들이 말했던 '카이로스', 즉 의미로 가득 찬 시간입니다. 그래서 이 책의 제목을《카이로스의 서고》라 지었습니다.

과거를 읽고 기억의 맥락을 재해석할 때 역사는 현재로 들어옵니다. 이렇게 현재로 들어온 역사만이 미래로 가는 길을 터 줍니다. 재해석의 장으로서의 도록을 만들기 위해 이제까지와는 다른 시각에서 옛 책들을 바라보았습니다. 오래된 책의 기호와 그 기의를 현대의 코드로 풀어내려고 노력했습니다. 묵향에 스며든 품격을 아름답게 표현해 보고자 노력했습니다. 우리의 노력이 살아남아 존재의 근원을 환기시키고 흘러가는 시간의 맥락을 다시 창조해 내리라 소망하면서.

이 책이 섬약하면서도 질긴 종이에, 그리고 거기 담긴 강건하고 항구한 에피스테메에 바치는 헌시가 되기를 기대합니다. 책과 도서관과 사서에 대한 찬가가 되기를 기대합니다. 부디 유장한 문자의 향연에 오셔서 그 기쁨을 만끽해 주시기 바랍니다.

고려대학교 도서관장 석영중

[Preface]

This book is a catalog of carefully selected rare books held in the Korea University Library. We have published this book in such hopes of opening up a treasure house to the most distinguished guest. There is a certain aura in the special and rare books collection room. Opening the heavy iron gates we are met with the sense of time walking straight towards us in the dark. The particles of dust descend on towards us like grains of memories. We might hear the rustling sounds of books awakening from a slumber of a millennia.

Time met in the rare books collection room is not time dissolving into the pit of eternity, but time that fulfills and revitalizes. What the ancient Greeks have referred to as "Kairos", it is time filled with meaning. Therefore we have titled this book *The Library of Kairos*.

History enters the present when we read the past and reinterpret the context of memory. Only history that has entered this way unlocks the path to the future. We have approached the old books from a perspective hitherto different in order to create a catalog as a stage of reinterpretation. We have attempted to unravel the semiotic significance of old books with a modern code. We have attempted to exquisitely express the dignity embedded in the scent of an inkstick. We hope our endeavors will live on to awaken the meaning of human existence and recreate the context of flowing time.

We expect this book to be a dedication to the fragile yet tough paper, and the robust and persisting episteme within. We expect it to be a paean to books, to libraries, and to librarians. Please come to this lasting feast of words and relish in its joy.

Director, Korea University Library
Young Joong Seog

● 일러두기

1. 고려대학교 도서관 소장 고서, 귀중서 약 1만 책 중 대표적인 자료 50종을 선별하여 수록함.
2. 경·사·자·집·총류로 분류하여 수록하였으며, 각 분류 내 순서는 도서관에서 정함.
3. 국문 해설은 일반인이 이해하기 쉽게 간결하고 핵심적인 사항만 기술함.
4. 저자를 비롯한 인물의 생몰년은 기입을 원칙으로 하되 확인이 불가능한 경우는 제외함.
5. 영문 서명 및 행정지역명은 국립국어원 한국어 어문 규범을 준수함.

● Additional notes

1. From the approximately 10,000 old and rare books held in the Korea University Library, the 50 most representative works were selected for the catalog.
2. The selected books are organized following the traditional bibliographic classification system of East Asia (Classics, History, Arts & Science, Literature and Miscellaneous Works), and the order in each category has been decided by the library.
3. For the sake of accessability to any reader, the Korean descriptions are written in a concise manner, covering only the essentials.
4. The dates of birth and death of relevant persons, including authors, have been provided, except in cases where the information was un-verifiable.
5. The written English names of people and locations follow the Korean literary standards provided by the National Institute of the Korean Language.

[차례]

[집 集 Literature]

[총류 總類 Miscellaneous Works]

[경]

經

Classics

훈민정음
訓民正音 • Hunminjeongeum

용감수경
龍龕手鏡 • Yonggamsugyeong

중용주자혹문
中庸朱子或問 • Jungyongjujahongmun

홍무정운역훈
洪武正韻譯訓 • Hongmujeongunyeokhun

예기천견록
禮記淺見錄 • Yegicheongyeollok

훈몽자회
訓蒙字會 • Hunmongjahoe

신증유합
新增類合 • Sinjeungyuhap

사서오경대전
四書五經大全 • Saseoogyeongdaejeon

훈민정음

訓民正音

Hunminjeongeum

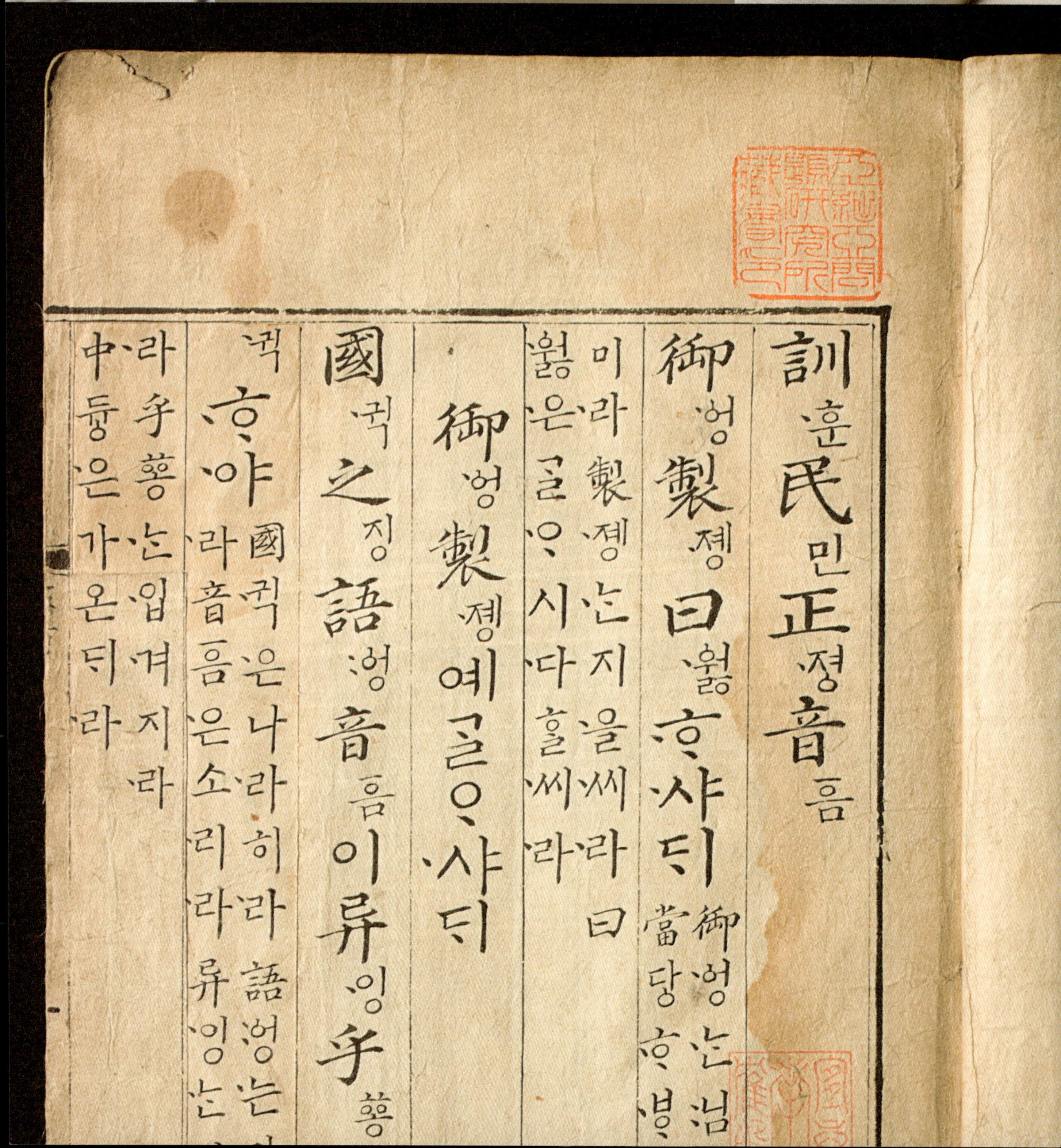

사ᄅᆞᆷ마다 ᄒᆡᅇᅧ 수ᄫᅵ 니겨 날로 ᄡᅮ메 便뼌安한킈 ᄒᆞ고져 ᄒᆞᇙ ᄯᆞᄅᆞ미니라

ㄱ는 牙앙音음이니 如셩君군ㄷ字ᄍᆞᆼ初총發벓聲셩ᄒᆞ니 並뼝書셩ᄒᆞ면 如셩虯뀽字ᄍᆞᆼ初총發벓聲셩ᄒᆞ니라

牙앙ᄂᆞᆫ 어미라

如셩ᄂᆞᆫ ᄀᆞᄐᆞᆯ 씨라 初총發벓聲셩은 처ᅀᅥᆷ 펴아나ᄂᆞᆫ 소리라 並뼝書셩ᄂᆞᆫ ᄀᆞᆯᄫᅡ ᄡᅳᆯ 씨라

ᄒᆞ야도 故공ᄂᆞᆫ 젼ᄎᆞ라 愚웅ᄂᆞᆫ 어릴씨라
有ᇢᄂᆞᆫ 이실씨라 所송ᄂᆞᆫ 배라 欲
욕ᄋᆞᆫ ᄒᆞ고져 ᄒᆞᆯ씨라 言언은 니를씨라
이런 젼ᄎᆞ로 어린 百ᄇᆡᆨ姓셩이 니르고
져 ᄒᆞᇙ배 이셔도
而ᅀᅵᆼ終즁不ᄇᆞᇙ得ᄃᆞᆨ伸신其끵情쪙者쟝
ㅣ 多당矣ᅌᆡᆼ라 而ᅀᅵᆼᄂᆞᆫ 입겨지라 得ᄃᆞᆨ은
라 伸신은 펼씨라 其끵ᄂᆞᆫ
미라 者쟝ᄂᆞᆫ 노미라 得
ᄂᆞᆫ 디라
故공로 愚웅民민이 有ᇢ所송欲욕言언
통티

훈민정음 訓民正音

1446년 9월 목판으로 간행한 한문본 《훈민정음訓民正音》 중 〈예의例義〉 부분을 번역한 언해본이다. 고려대학교 도서관 소장본은 보성전문학교 교장을 지낸 국어학자 박승빈朴勝彬이 지녔던 자료이다.

Hunminjeongeum

This book is a Korean translation of the section titled "Ye-ui" from a copy of the Classical Chinese edition of *Hunminjeongeum* woodblock printed in September 1446. This particular copy from the Korea University Library collection once belonged to the Korean linguist and former President of Bosung College, Park Seung-bin.

◈ 세종世宗 어제御製
1446-1468
1책
목판본
30.2 × 21.4 cm
육당 貴 2

御製諺文二十八字字倣古篆分爲初中終聲字雖
易而轉換無窮禮曹判書鄭麟趾序曰有天地
之聲則必有天地自然之文所以古人因聲制字
通萬物之情以載三才之道而後世不能易也然
方風土區別聲氣亦隨而異焉蓋外國之語有
而無其字假中國之字以通其用是猶枘鑿之鉏
也豈能達而無礙乎要皆各隨所處而安不可
之使同也吾東方禮樂文物侔擬中夏但方言
不與之同學書者患其旨趣之難曉治獄者

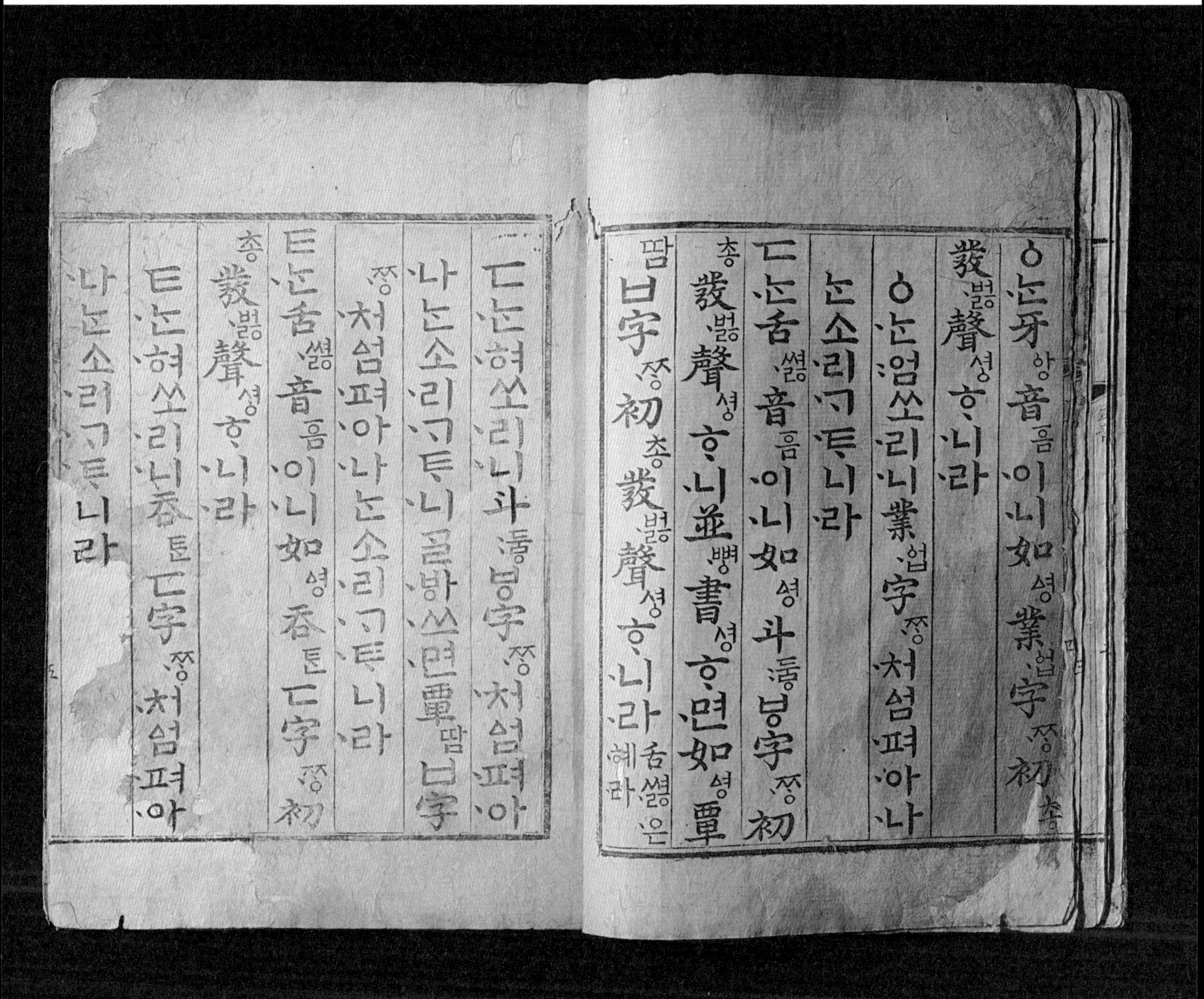

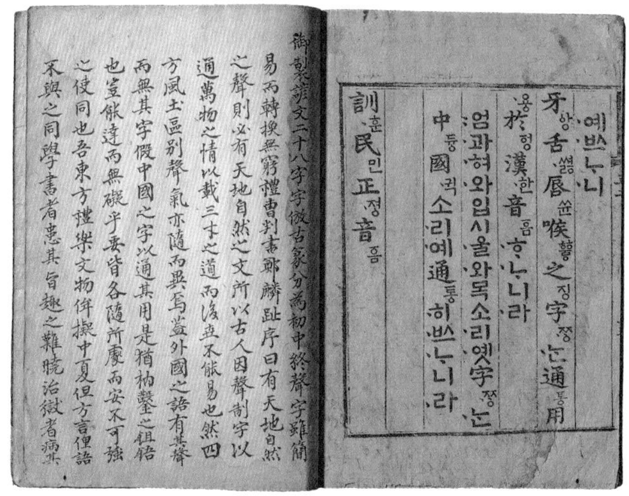

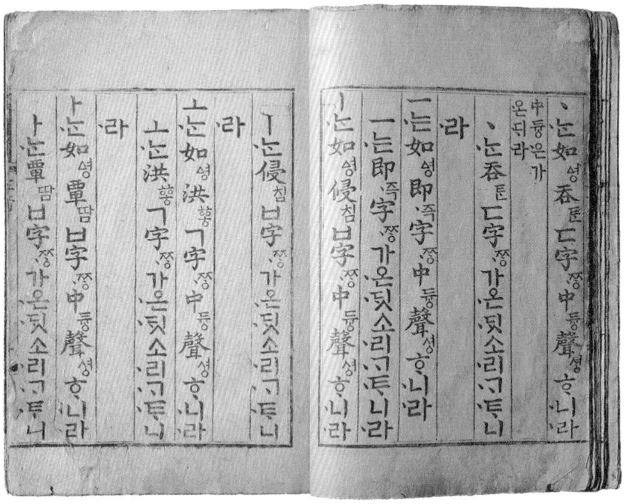

용감수경

龍龕手鏡

Yonggamsugyeong

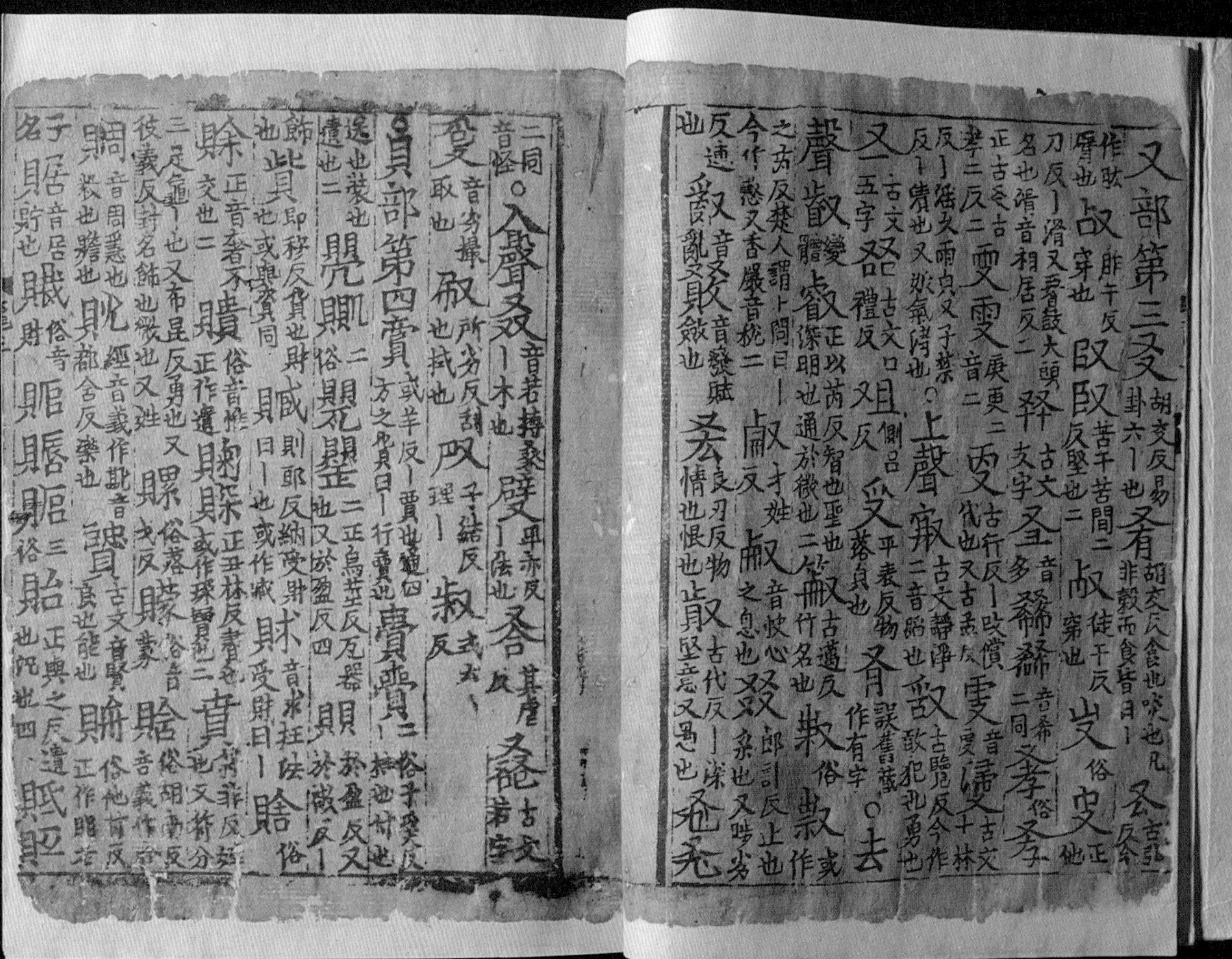

[illegible]文作 或用佛 音[illegible] 膏反 珨 俗音 署 戓 古[illegible]反 弁反 盜竊懷也 [illegible]

帀 音 玉篇之出反草一 〔兹〕香嚴音莫一反 出 古字 音本 㝃 古文 音不[illegible] 㐀 音壹 古文 𠂆

丨逐也 正作 戓 音昂 苦角反 越 𢦔 鳥死也 𪗾 俗鋤 陌反 𣪊 音史 鋑也 𨐨 俗音 悅反 𠫓

俗 正作 徒 結反 𦙶 音 斛 𡨴 音 虚 門反 烏甲 七 誤並 職反 正作 弋字 𪉲 俗[illegible] 日月 魘鬼 忌夢也 又上 作

聲 丁結 反 𩵋 音 易 𣎴 音 薄 𪖔 音 暑 ⊜ 古文 音月 𠙊 音 栗 𢦚 音 織

龍龕手鏡入聲卷第四

寧州教官雕刻四卷入九十三丈

司錄掌書記借良醞令崔 得齡

용감수경 龍龕手鏡

요遼나라 승려 행균行均이 997년 편찬한 한자 자전을 11세기 전라도 나주羅州에서 목판으로 간행한 책이다. 고려대학교 도서관 소장본이 유일본으로, 권3-4 부분만 남아 있다. 국보 제291호이다.

Yonggamsugyeong

Designated as National Treasure No. 291, the copy housed in the Korea University Library is the only copy left of *Yonggamsugyeong*. This is a version of the Chinese Characters Dictionary compiled by the monk Xingjun of the Liao Dynasty in 997, published using woodblocks in the 11th Century in Naju, Jeolla-do. Only volumes III and IV of the complete set are still extant.

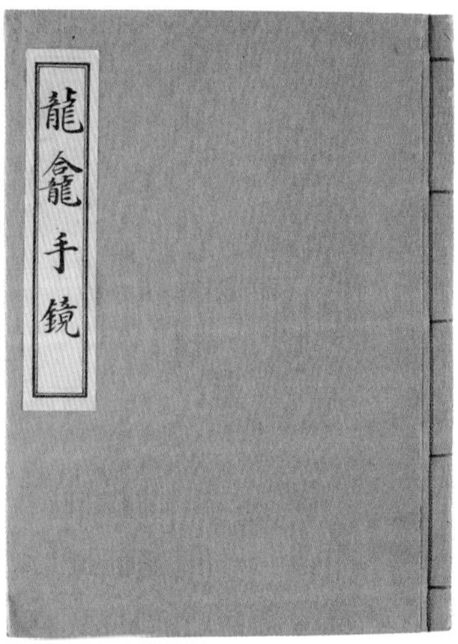

◈ 행균行均

12세기

영본零本 1책

목판본

32.5 × 24.2 cm

육당 貴 1

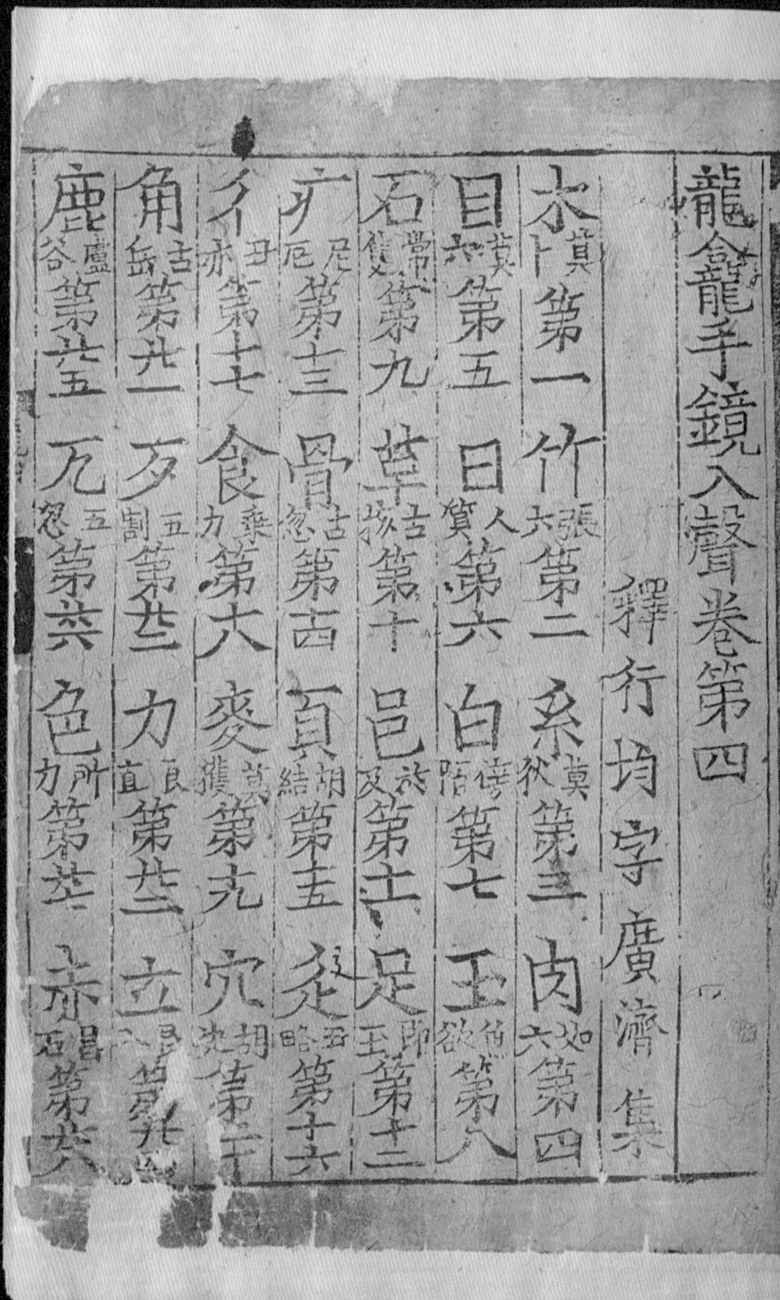

龍龕手鏡入聲卷第四

釋行均字廣濟集

木第一 竹第二 糸第三 肉第四

目第五 日第六 白第七 玉第八

石第九 草第十 邑第十一 足第十二

疒第十三 骨第十四 頁第十五 辵第十六

彳第十七 食第十八 麥第十九 穴第二十

角第二十一 歹第二十二 力第二十三 立第二十四

鹿第二十五 兀第二十六 色第二十七 赤第二十八

反黃丨
老也

龍龕手鏡去聲卷第三

중용주자혹문

中庸朱子或問

Jungyongjujahongmun

중용주자혹문 中庸朱子或問

1371년 원元나라에서 수입하여 목판으로 간행한 책이다. 주희朱熹(1130-1200)가 《중용中庸》에 대해 묻고 답하는 형식으로 서술했다. 고려대학교 도서관 소장본은 1371년 7월에 경상도 진주晉州에서 간행한 책이다. 보물 제706호이다.

Jungyongjujahongmun

Imported from the Yuan Dynasty and printed in woodblock in 1371, *Jungyongjujahongmun* recounts the dialogues of Zhu Xi (1130-1200) and others on *Zhongyong*. Designated as Treasure No. 706, this copy housed in the Korea University Library was published in July 1371 in Jinju, Gyeongsang-do.

◈ 예사의倪士毅 집석輯釋
1371
1책
목판본
29.3 × 17.5 cm
화산 貴 179

홍무정운역훈

洪武正韻譯訓

Hongmujeongunyeokhun

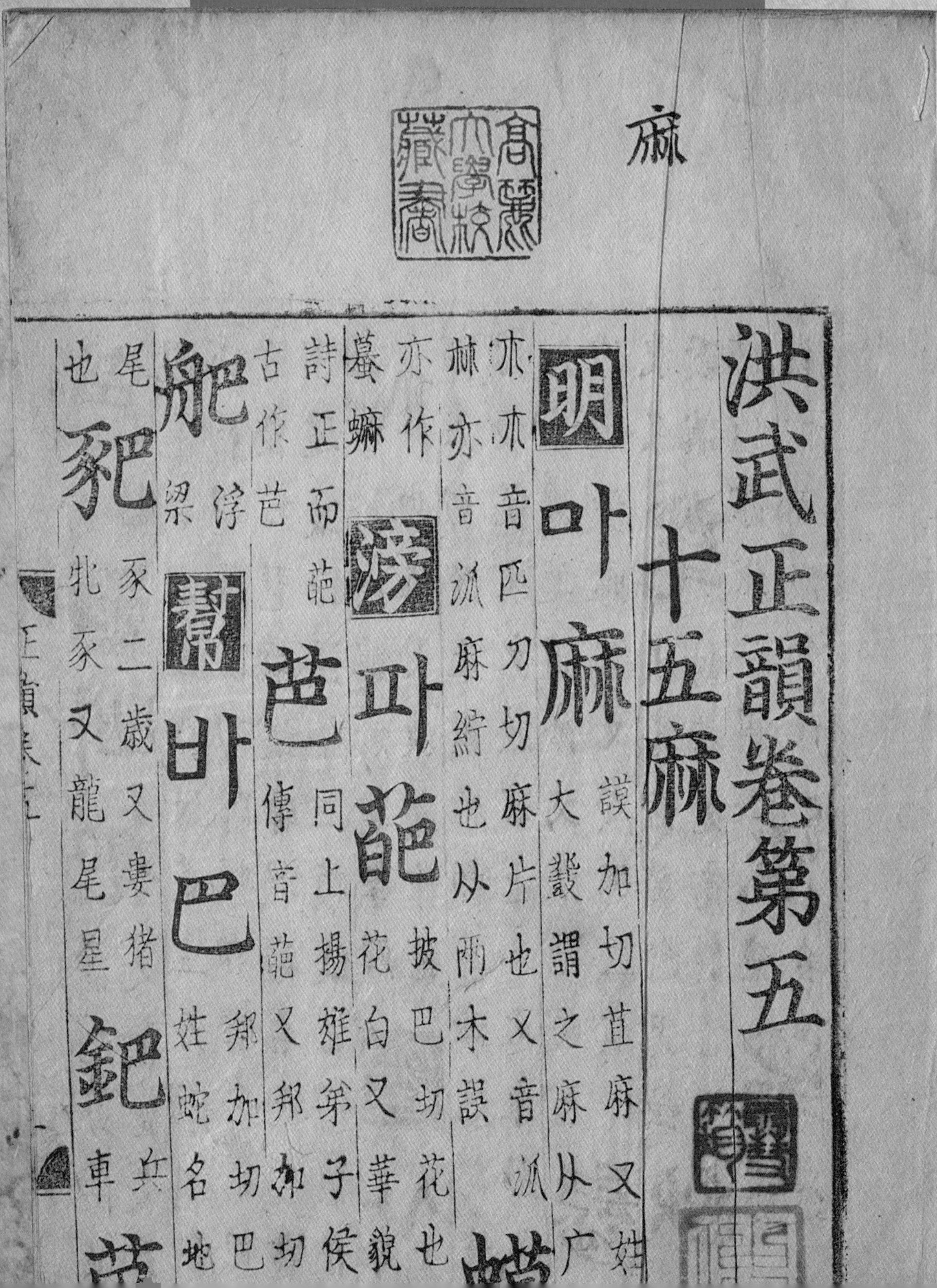

홍무정운역훈 洪武正韻譯訓

조선 세종이 명明나라 운서韻書 《홍무정운洪武正韻》에 한글로 중국어 발음을 표기하게 하여, 단종 때인 1455년 간행한 책이다. 고려대학교 도서관 소장본이 유일본으로, 전체 16권 8책 가운데 14권 7책이다. 보물 제417호이다.

Hongmujeongunyeokhun

Written on the orders of King Sejong and published in 1455 during the reign of King Danjong of the Joseon Dynasty, Treasure No. 417 is an edition of the Ming Dynasty unseo (a Chinese vocabulary book categorized by its linguistic element 'un') *Hongwu Zhengyun*, which features Hangeul (the Korean alphabet) markings of the Chinese pronunciation. Among the complete set of sixteen volumes bound into eight books, fourteen volumes bound into seven books are housed in the Korea University Library, the only copy extant.

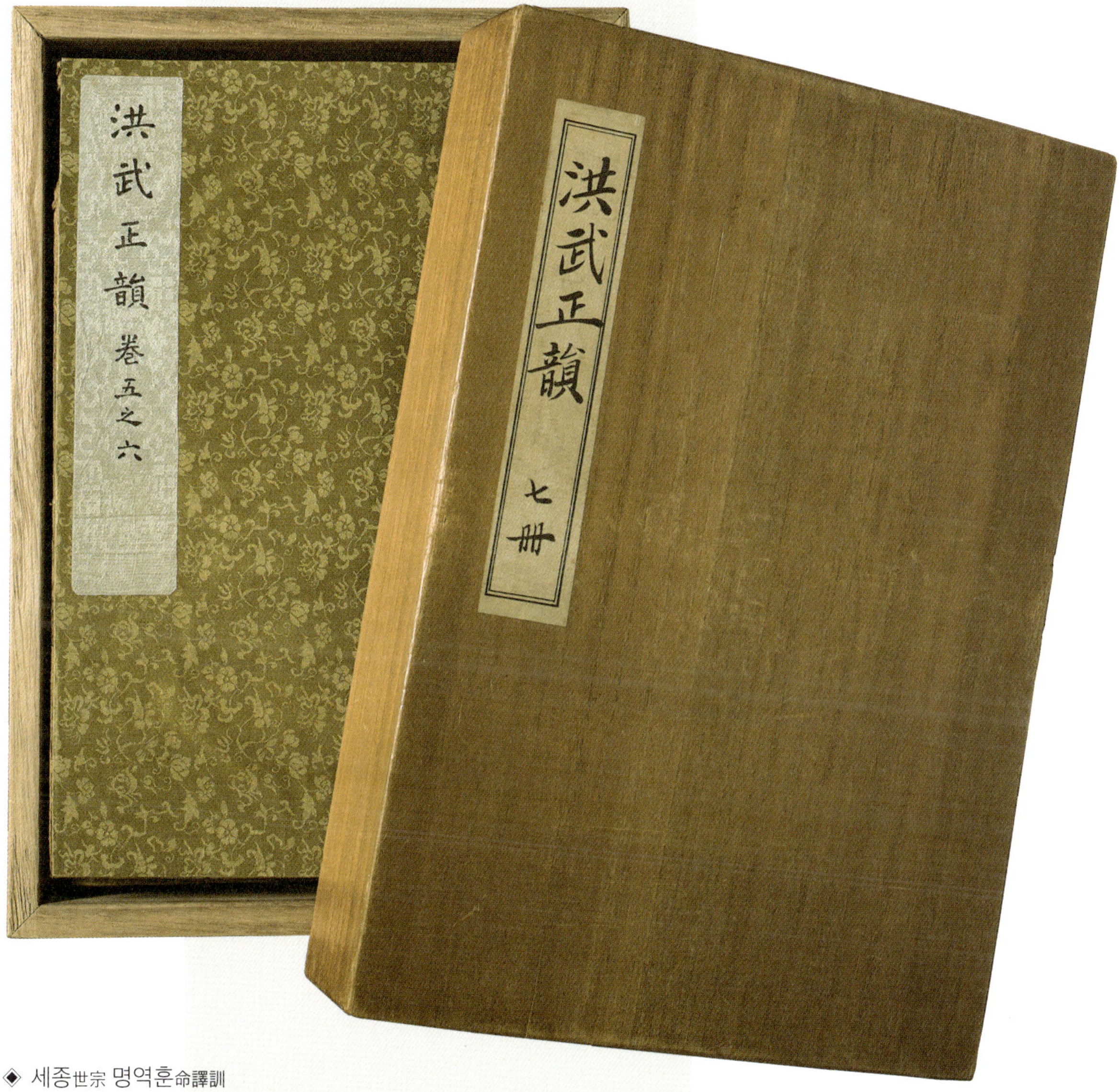

◈ 세종世宗 명역훈命譯訓
1455
영본零本 7책
목활자본
31.5 × 21.0 cm
화산 貴 12

예기천견록

禮記淺見錄

Yegicheongyeollok

記作得可二字似是

記作武身他本作似是

此辭之辭

之比字作北未 乃比字之誤耶

進而設之既設中乃於中之西而東面手執八筭而起

請賓曰順投爲入比毗志反投不釋勝飲去聲不勝者正爵既行請爲勝者立馬一馬從二馬三馬既立請慶多馬請主人亦如之

疏曰司射執八筭起而告于賓曰投矢於壺以矢本入者乃名爲入則爲之釋筭若以末入則不名爲入亦不爲之釋筭也比頻也賓主要更遞而投不得以前既入而喜不待後人投之而巳類投頻投雖入亦不爲之釋筭也若投之勝者則酌以酒以飲不勝者正爵即此勝飲不勝之爵也以其正禮故謂之正爵既行行爵竟也爲勝者立馬者謂取筭以爲馬表其勝之數也謂筭爲馬者馬是威武之用投壺及射亦是習武故云馬也一馬從二馬者每一勝輒立一馬禮以三馬爲成若專三馬則爲一成但一勝偶未必專頻得三若勝偶得二劣偶得一一既劣於二故徵取多偶之一以足勝偶之二爲三故云一馬從二馬若頻得三成或取彼足爲三馬是其勝巳成又酌酒以慶賀多馬之人也此告賓之辭其告主人亦此辭也故曰請主人亦如之

近投比投疏以比訓頻愚謂比投對順投而言則比恐當作比背也以本入者爲順則以未入者爲背矣若以爲頻投亦是前矢不入故欲後矢之入而頻投也疏以爲前矢既入而喜故不待後入而頻投恐亦誤也

命弦者曰請奏貍首間去声若一大師曰諾

司射

예기천견록 禮記淺見錄

양촌陽村 권근權近(1352-1409)이 저술한 《예기禮記》 해설서로, 현전하는 우리나라 최초의 유가 경전 주석서이다. 1405년 활자로 간행한 후, 1418년 제주도에서 목판으로 중간重刊하였는데, 병란으로 대부분 소실되었다. 고려대학교 도서관 소장본은 1418년 목판본이다.

Yegicheongyeollok

A commentary on *Yegi* written by Yangchon Gwon Geun (1352-1409), this book is the earliest among all extant Korean commentaries on Confucius classics. Initially published in the form of type in 1405, it was reprinted in woodblock in 1418 on Jeju-do, while the majority of copies were destroyed during various wars. This copy in the Korea University Library collection is the 1418 woodblock edition.

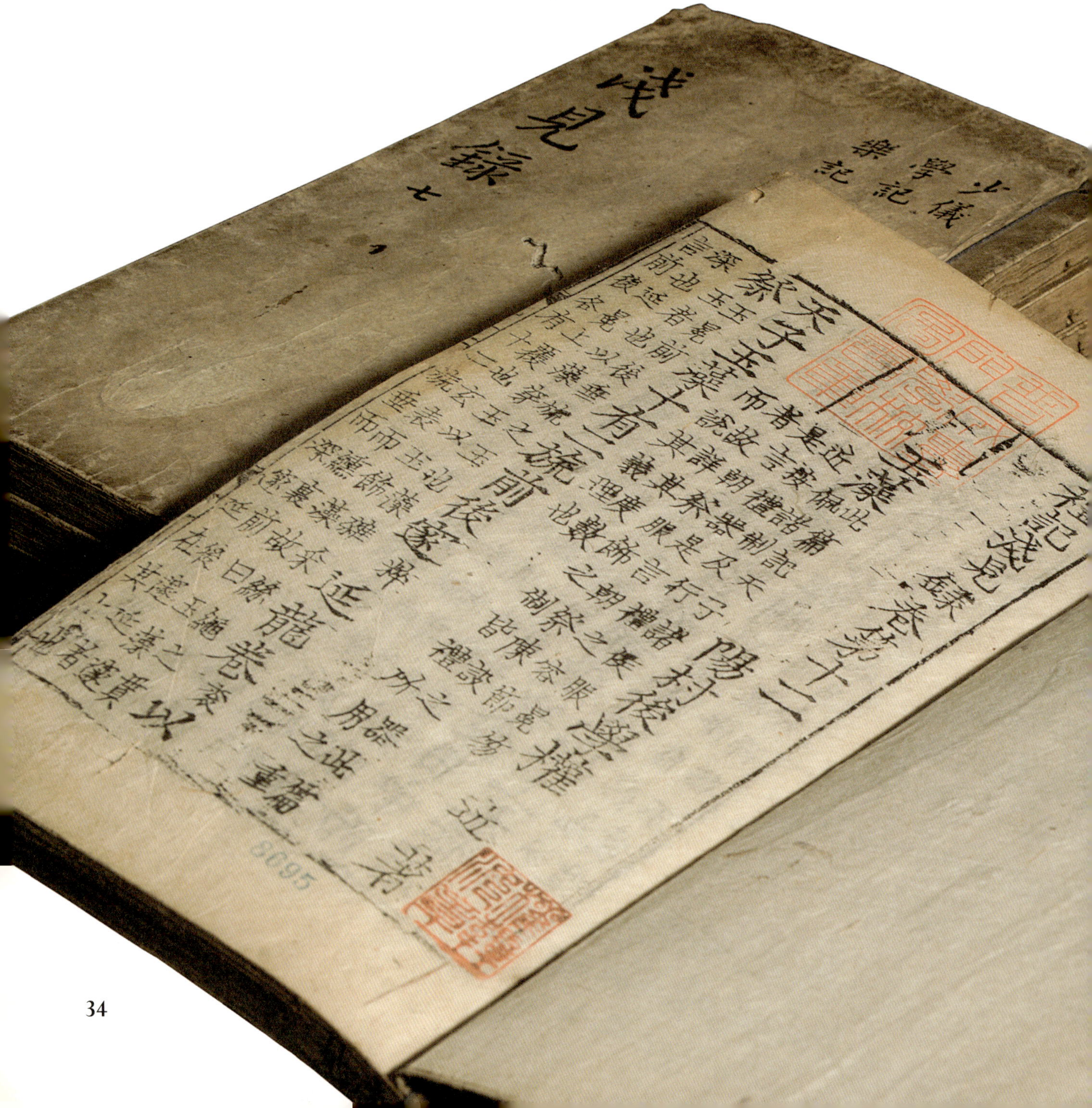

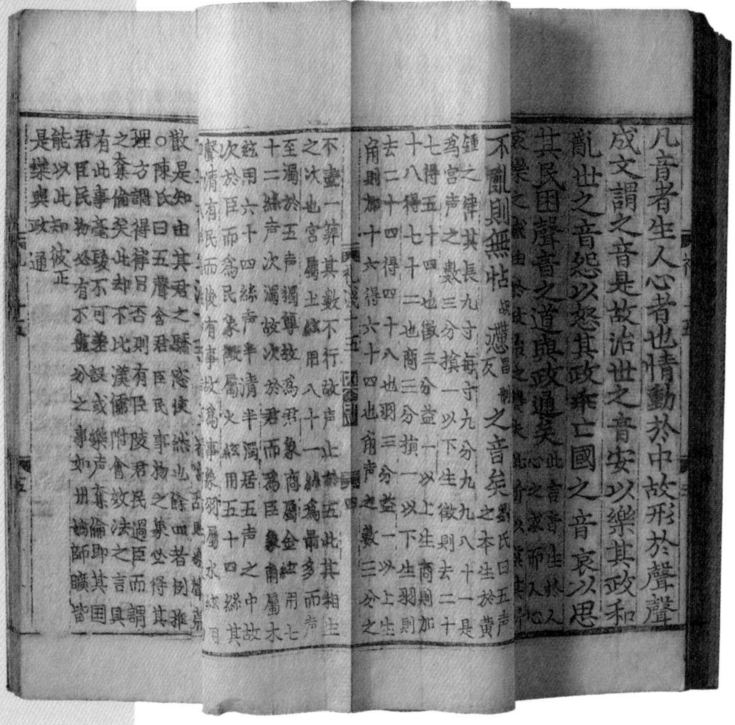

◈ 권근權近
1418
26권 11책
목판본
29.7 × 17.7 cm
貴 4

훈몽자회

訓蒙字會

Hunmongjahoe

훈몽자회 訓蒙字會

최세진崔世珍(1468-1542)이 《천자문千字文》과 《유합類合》을 보완하여 저술한 한자 학습서이다. 총 3,360자를 사자성어로 만들어 3권으로 정리했다. 고려대학교 도서관 소장본은 임진왜란 이전 중간본重刊本이다.

Hunmongjahoe

Hunmongjahoe is a study book of Classical Chinese characters authored by Choe Se-jin (1468-1542) as a supplement to *Cheonjamun* and *Yuhap*. Published in three volumes, it covers 3,360 characters collocated as sajaseongeo (four-character idioms of Chinese characters). The copy in the Korea University Library collection was reprinted prior to the Imjin War (Japanese invasions of 1592-1598).

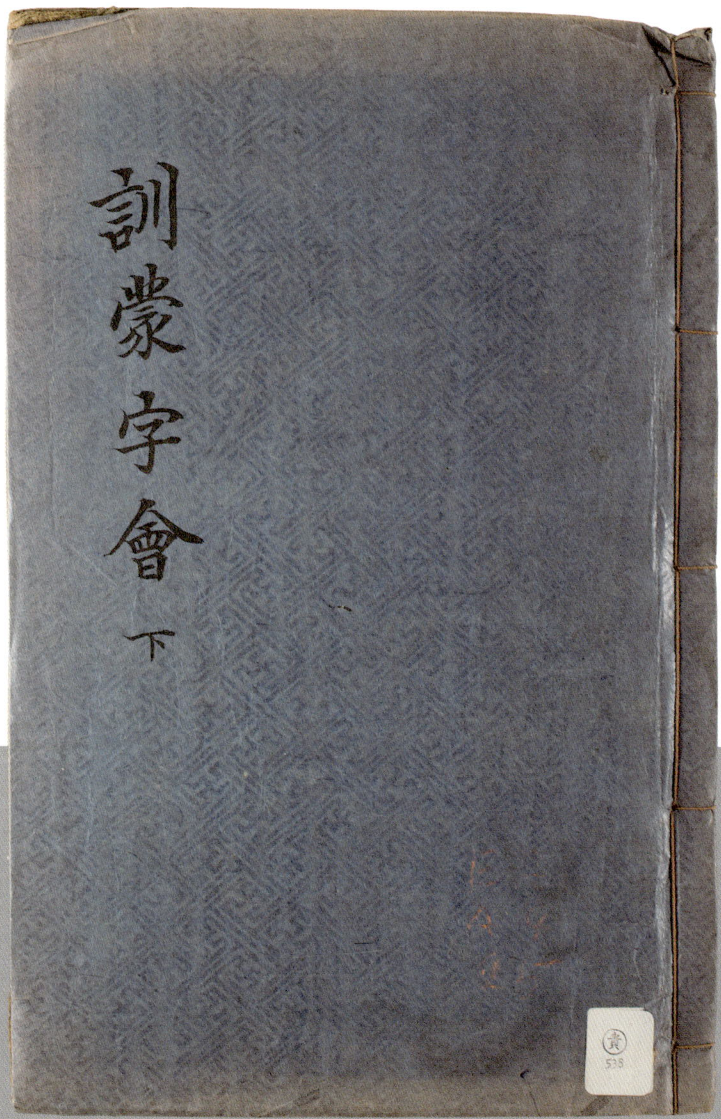

◈ 최세진崔世珍
미상
영본零本 1책
목판본
35.6 × 23.4 cm
貴 538

新語音[illegible]

混 흐릴혼

沌 엉길돈 渾ㅣ元氣未判陰陽未分之時

開 열개

闢 열벽 [illegible]

淸 몱을청 輕ㅣ爲天

濁 흐릴탁 重ㅣ爲地

位 벼슬위 列也凡所當立處皆曰ㅣ

奠 노흘뎐 [illegible]

造 지을조 天地之攢曰ㅣ化

化 되일화 陰陽消長育無窮曰造ㅣ

斡 두르일알 運也轉也又音管

旋 [illegible] 運[illegible]

光 빗광

景 볏경 明也光ㅣ猶光陰也大也

流 흐릴류 水行又輩也 轉也

行 [illegible]

신증유합

新增類合

Sinjeungyuhap

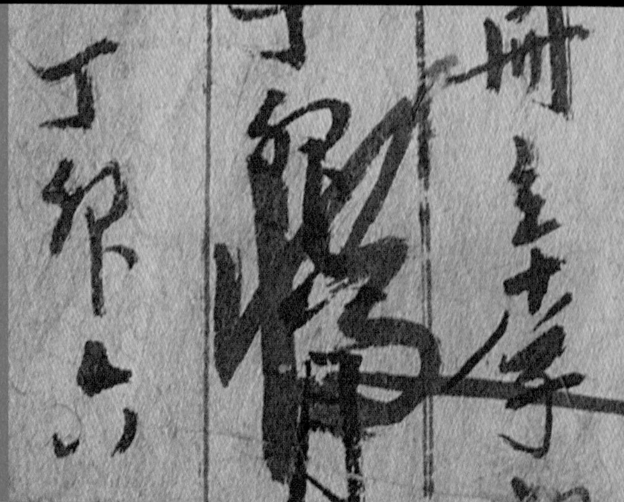

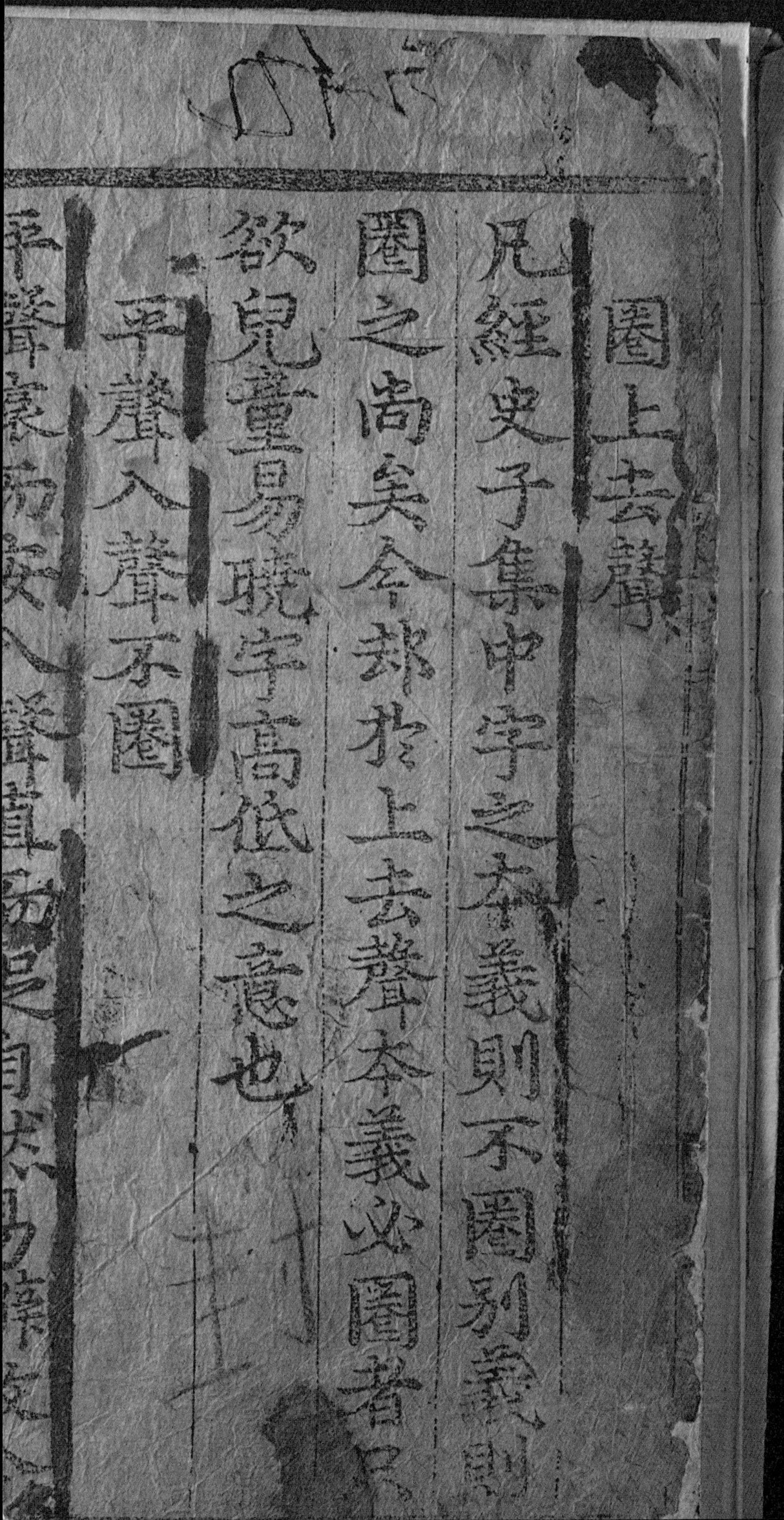
圈上去聲
凡經史子集中字之本義則不圈別義則
圈之尚矣今並於上去聲本義必圈者只
欲兒童易曉字高低之意也
平聲入聲不圈

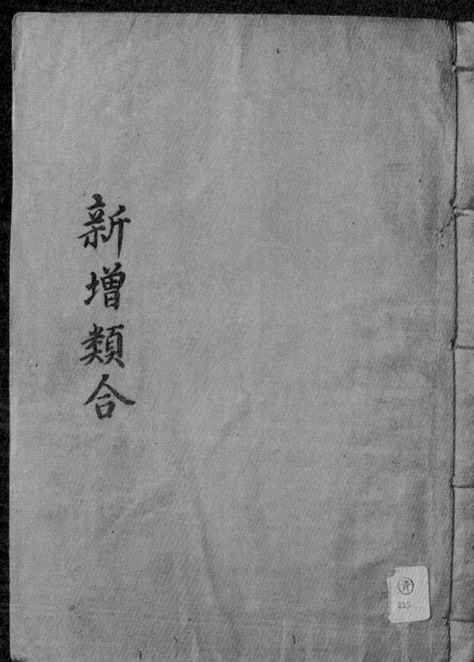
新增類合

신증유합 新增類合

미암眉巖 유희춘柳希春(1513-1577)이 《유합類合》을 보완하여 1576년에 저술한 학습서이다. 총 3,000자를 사자성어로 만들어 27부류로 분류하고 전체 2권으로 정리했다. 경상도 가야산 해인사海印寺에서 처음 간행한 후, 1692년 복각했다. 고려대학교 도서관 소장본은 1692년 복각본이다.

Sinjeungyuhap

Sinjeungyuhap is a study book authored by Miam Yu Hui-chun (1513-1577) in 1576 as a supplement to *Yuhap*. Published in two volumes, the book covers 3,000 characters collocated as sajaseongeo (four-character idioms of Chinese characters), which are placed in 27 categories. Initially published at Haeinsa Temple at Gayasan Mountain, Gyeongsang-do, the book was then reprinted in 1692. The copy in the Korea University Library collection is the 1692 print.

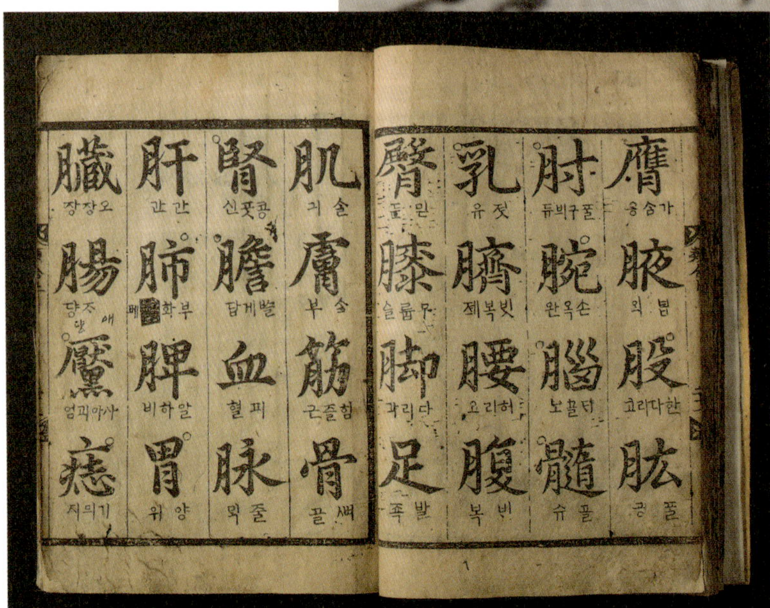

◈ 유희춘柳希春
1692
1책
목판본
32.4 × 24.5 cm
貴 215

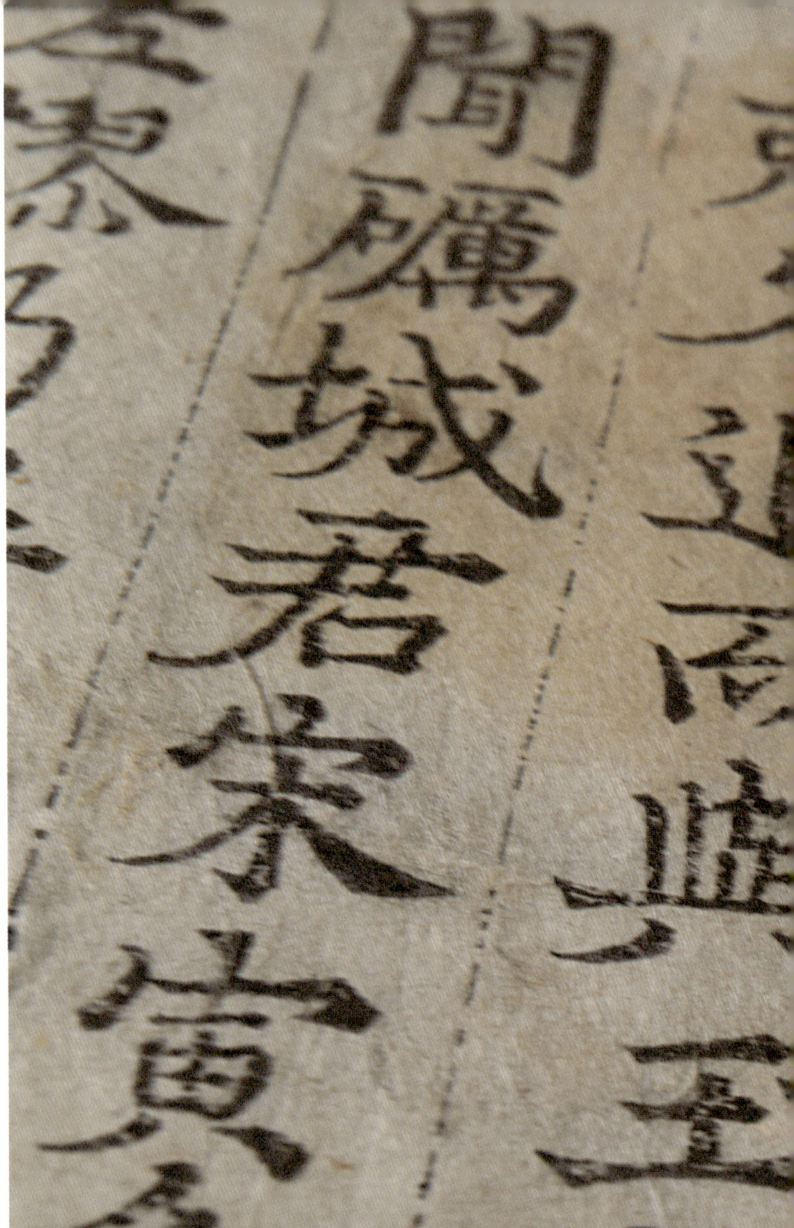

召而奏又獻所修之

[illegible]臣曰此書固

[illegible]臣聞

사서오경대전

四書五經大全

Saseoogyeongdaejeon

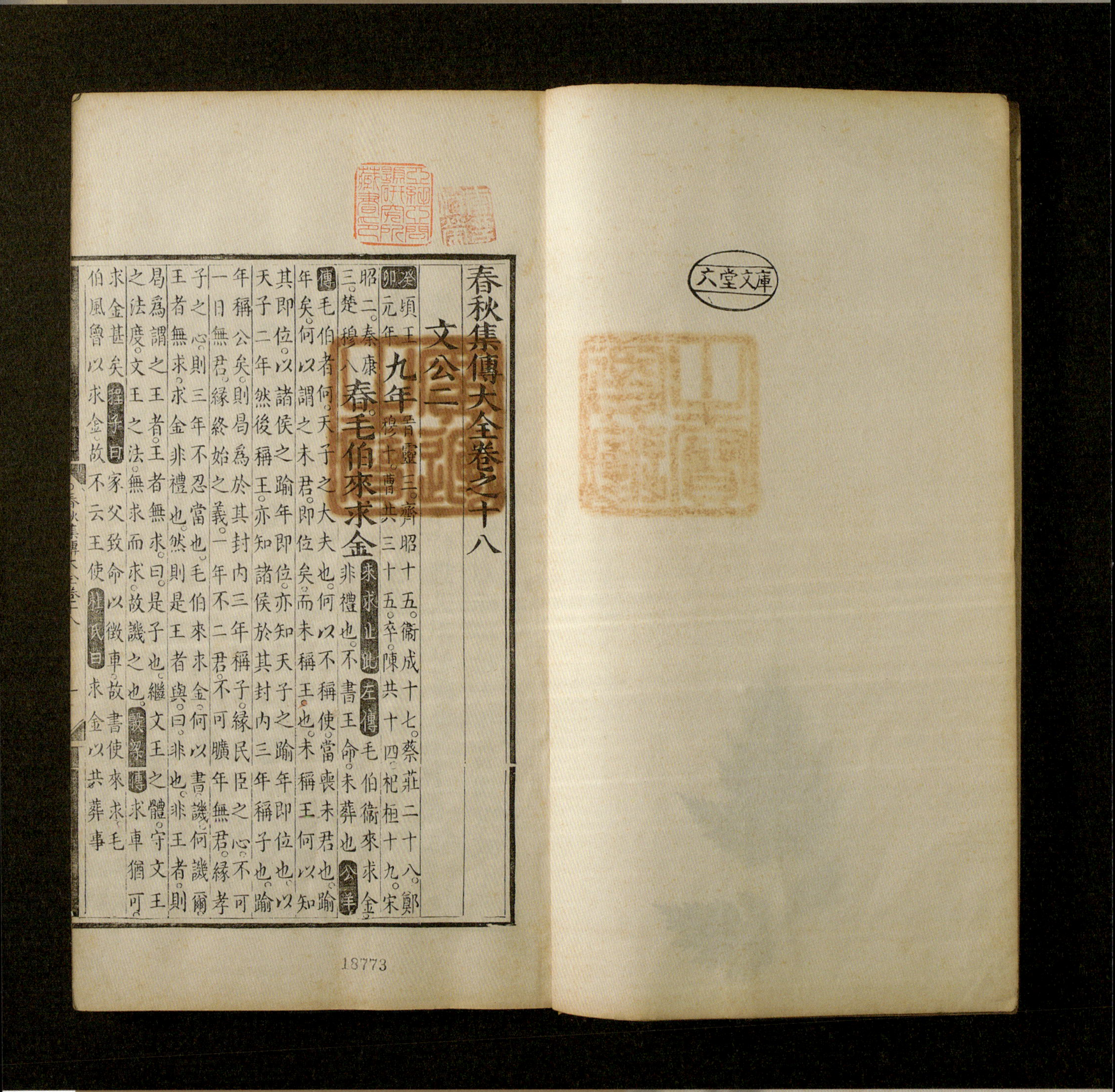

天地陰陽之氣相交而和則萬物生成故爲通泰誠齋楊氏曰乾坤天地之泰初屯蒙人物之泰初有物此有養故需以養之養者生之源亦爭之端爭一生焉小者訟大者戰師以除其惡比以附其善畜以生聚履以辨治而後致泰豈一手一足之力哉故曰古之无聖人則人之類滅久矣

泰小往大來吉亨

傳 小謂陰大謂陽往往之一作居於外也來來居於內也陽氣下降陰氣上交也陰陽和暢則萬物生遂天地之泰也以人事言之大則君上小則臣下君推誠以任下臣盡誠以事君上下之志通朝廷之泰也陽爲君子陰爲小人君子來處於內小人往處於外是君子得位小人在下天下之泰也泰之道吉而且亨也不云元吉元亨者時有汚隆治有小大雖泰豈一槩哉言吉亨則可包矣隆山李氏曰天位乎上地位乎下此乾坤之體也天氣下降地氣上騰此乾坤之用也當泰通之世陽來于內陰往于外來者爲主故大者吉而亨蓋在內而實則吉氣騰而爲亨也又曰凡易中陽爲明陰爲暗陽爲實陰爲虛陽爲富陰爲貧陽爲貴陰爲賤陽爲大陰爲小諸卦可例推作易者尊陽而卑陰蓋如此

本義 泰通也爲卦天地交而二氣通故爲泰正月之卦也小謂陰大謂陽言坤往居外乾來居內又自歸妹來則六往居四九來居三也占者有剛陽之德則吉而亨矣節齋蔡氏曰坤本在下之物自下而上故曰往乾本在上之物自上而下故曰來往者已去則來者當時大來則陽當時用故吉亨○雙湖胡氏曰小往大來卦變也泰自否來三陰往居於外三陽來居於內而成泰

사서오경대전 四書五經大全

명明나라 영락제永樂帝의 명으로 호광胡廣(1370-1418) 등이 사서오경에 주희朱熹와 송宋·원元 학자들의 주석을 달아 편찬한 경전이다. 1419년 수입 이후, 세종의 명으로 1427년 복각했다. 본문과 주석에 모두 구두점을 달았고, 특수하게 발음되는 글자마다 표시를 해 두었다. 조선의 경전 교과서로, 고려대학교 도서관 소장본은 궁중에서 비단으로 장정裝幀한 것이다.

Saseoogyeongdaejeon

This is an edition of *Saseoogyeong*, with the added commentaries of Zhu Xi and other scholars of the Song and Yuan Dynasties, which was compiled by Hu Guang (1370-1418) and others on the orders of the Yongle Emperor of the Ming Dynasty. This edition was imported into Joseon in 1419 and copies were reprinted in 1427 on the orders of King Sejong. Both the core texts of *Saseoogyeong* and the commentaries were added punctuation marks, and characters with irregular pronunciation were also marked. Adopted as a textbook for Confucius classics in Joseon, the copy housed in the Korea University Library was bound with silk at the Royal Court.

◈ 호광胡廣 등 봉칙찬奉勅撰
미상
목판본
36.0 × 21.7 cm
육당 貴 48-51

大有福慶之人也。人之行。貴乎有終。【本義】若得元吉。則

大有福慶也 雲峯胡氏曰。吉所以爲慶。元所以爲大。○建安丘氏曰。履以上天下澤爲象。則履者禮也。彖言履虎尾。踐履之象也。在六爻。則皆主踐履之義言之。初上。履之始終也。初言往。上言旋。一進一反而履之象見矣。中四爻。以剛履柔者吉。以柔履剛者凶。以剛履剛者厲。以剛履柔者。能行而不輕於行。九二之幽人貞吉。九四之愬愬終吉。是也。以柔履剛者。不能行而強於行。六三之跛履是也。以剛履剛者。能行而果決於行。九五之夬履是也。王輔嗣曰。陽爻處陰位。謙也。故此一卦皆以陽處陰爲善

䷊ 乾下坤上

【傳】泰。序卦。履而泰。然後安。故受之以泰。履得其所則舒泰。泰則安矣。泰所以次履也。爲卦。坤陰在上。乾陽居下。

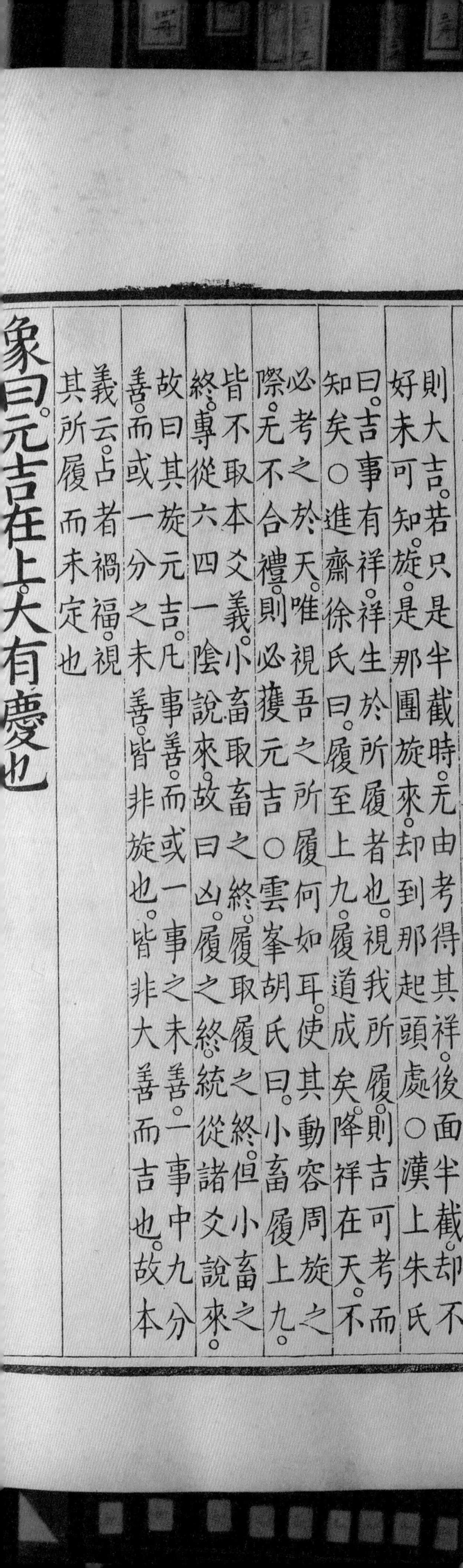

則大吉。若只是半截時。无由考得其祥。後面半截。却不好未可知。旋。是那團旋來。却到那起頭處○漢上朱氏曰。吉事有祥。祥生於所履者也。視我所履。則吉可考而知矣○進齋徐氏曰。履至上九。履道成矣。降祥在天。不必考之於天。唯視吾之所履何如耳。使其動容周旋之際。无不合禮。則必獲元吉○雲峯胡氏曰。小畜履上九。皆不取本爻義。小畜取畜之終。履取履之終。但小畜之終。專從六四一陰說來。故曰凶。履之終。統從諸爻說來。故曰其旋元吉。凡事善。而或一事之未善。一事中九分善。而或一分之未善。皆非旋也。皆非大善而吉也。故本義云。占者禍福。視其所履而未定也

象曰。元吉在上。大有慶也

[사]

史

History

삼국유사
三國遺事 • Samgungnyusa

삼강행실도
三綱行實圖 • Samganghaengsildo

고려사절요
高麗史節要 • Goryeosajeoryo

신전해내기관
新鐫海內奇觀 • Sinjeonhaenaegigwan

죽계지
竹溪誌 • Jukgyeji

표해록
漂海錄 • Pyohaerok

동국병감
東國兵鑑 • Donggukbyeonggam

해동팔도봉화산악지도
海東八道烽火山岳地圖 • Haedongpaldobonghwasanakjido

강계지
疆界誌 • Ganggyeji

계미동경소진첩
癸未同庚小眞帖 • Gyemidonggyeongsojincheop

아방강역고
我邦疆域考 • Abanggangyeokgo

왕세자입학도첩
王世子入學圖帖 • Wangsejaiphakdocheop

청구도
靑邱圖 • Cheonggudo

삼국유사

三國遺事

Samgungnyusa

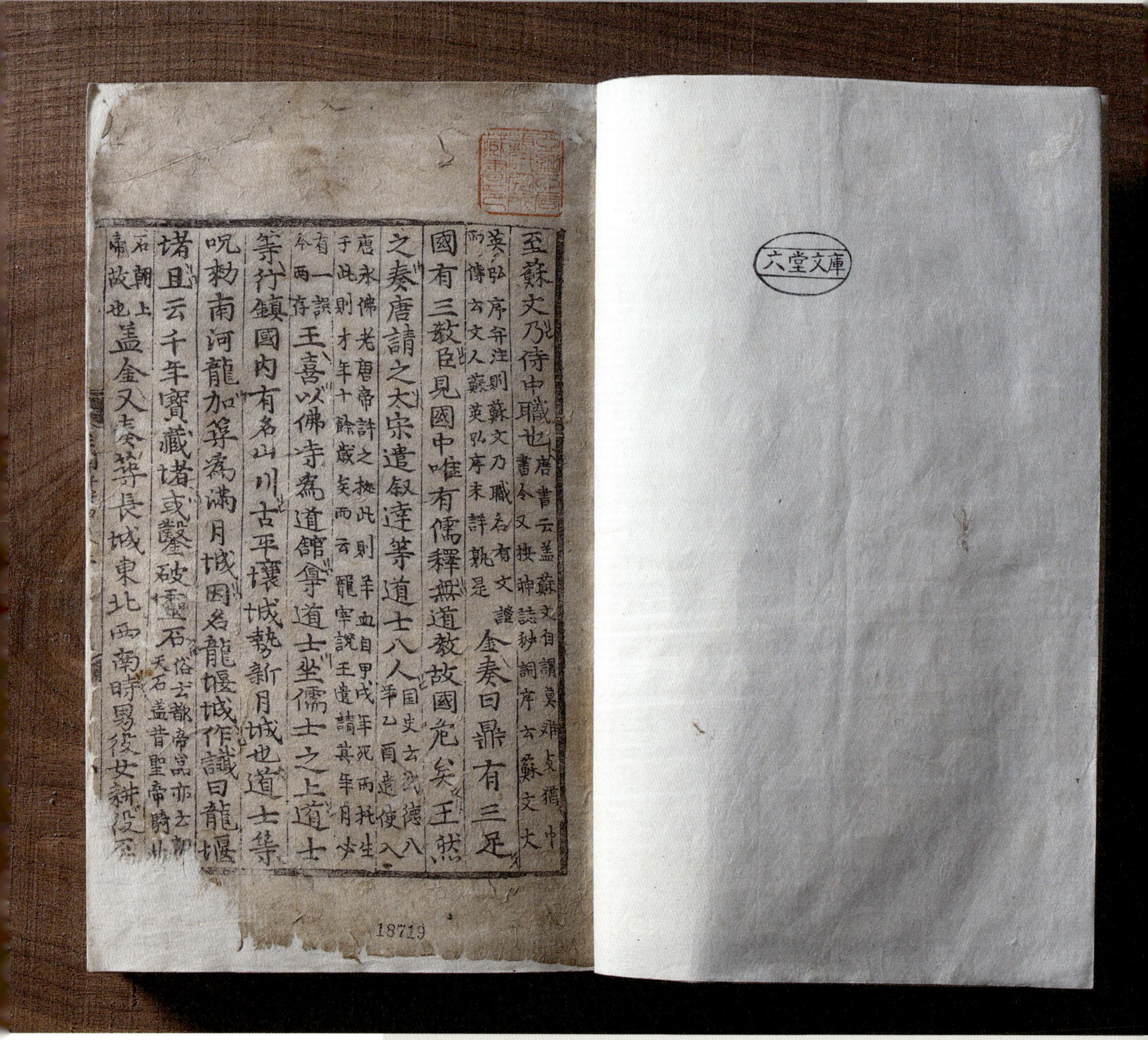

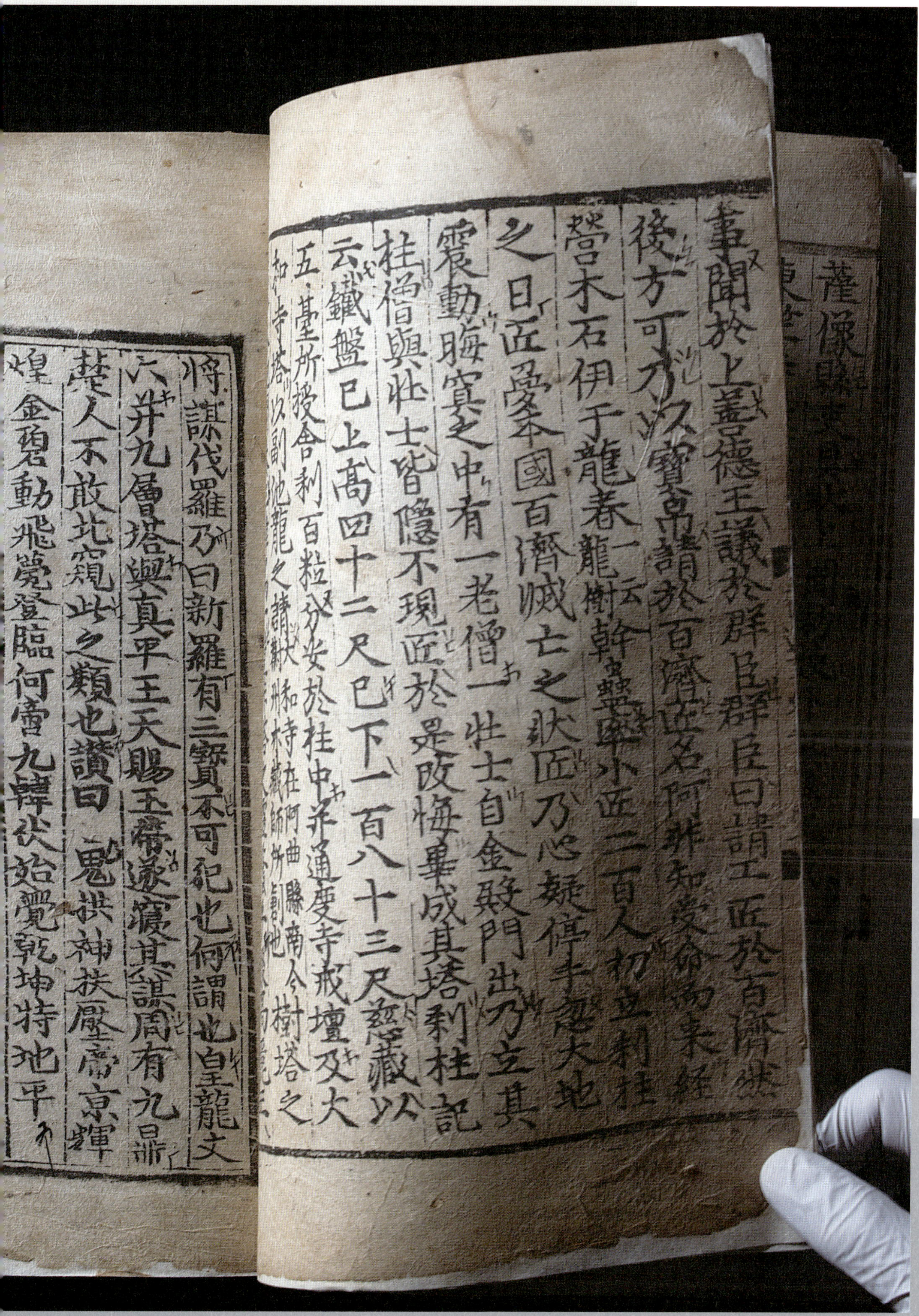

事聞於上善德王議於群臣群臣曰請工匠於百濟然
後方可乃以寶帛請於百濟匠名阿非知受命而來經
營木石伊干龍春一云龍樹幹蠱率小匠二百人初立刹柱
之日匠夢本國百濟滅亡之狀匠乃心疑停手忽大地
震動晦冥之中有一老僧一壯士自金殿門出乃立其
柱僧與壯士皆隱不現匠於是改悔畢成其塔刹柱記
云鐵盤已上高四十二尺已下一百八十三尺慈藏以
五臺所授舍利百粒分安於柱中并通度寺戒壇及大
和寺塔以副池龍之請大和寺在阿曲縣南今蔚州亦藏師所創也樹塔之
將謀伐羅乃曰新羅有三寶不可犯也何謂也皇龍丈
六并九層塔與眞平王天賜玉帶遂寢其謀周有九鼎
楚人不敢北窺此之類也讚曰 鬼拱神扶壓帝京輝
煌金碧動飛甍登臨何啻九韓伏始覺乾坤特地平

삼국유사 三國遺事

고려 승려 일연一然(1206-1289)이 편찬한 삼국시대 역사서이다. 1512년 경주에서 왕력王曆과 본문 5권을 목판으로 중간重刊했다. 고려대학교 도서관 소장본은 그 가운데 권3-5 부분이다. 보물 제419-4호이다.

Samgungnyusa

Authored by the monk Iryeon (1206-1289) of the Goryeo Dynasty, this book records the history of the Three Kingdoms period. Reprinted using woodblocks in 1512 in Gyeongju, it is comprised of a monarchy timeline and five volumes. The Korea University Library houses volumes III-V, which have been designated as Treasure No. 419-4.

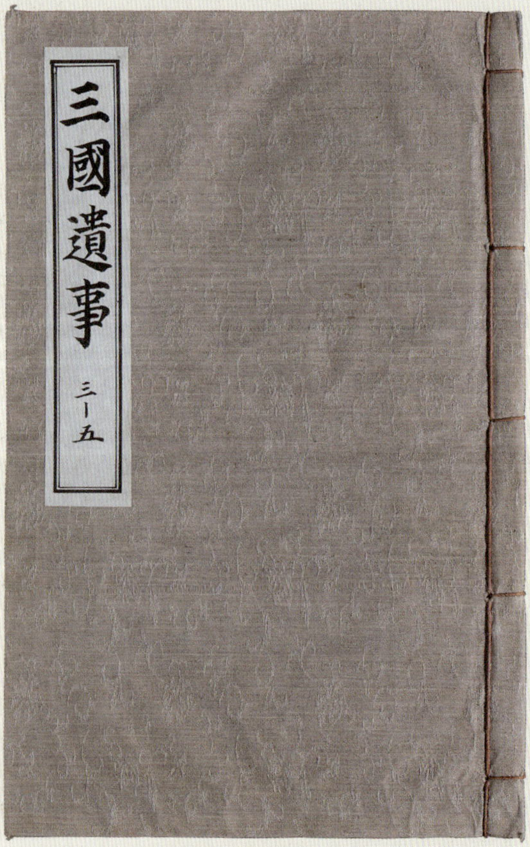

◈ 일연一然
1512
영본零本 1책
목판본
32.8 × 21.5 cm
육당 貴 3

寺及寶藏王之世唐太宗親統以六軍來征
又不利而還高宗總章元年戊辰右相劉仁軌大將軍
李勣新羅金仁問等攻破國滅擒王歸唐寶藏王庶子
率四千餘家投于新羅與國史小殊故幷錄之大安八年辛未祐世
僧統到孤大山景福寺飛來方丈禮普聖師之眞有詩
云涅槃方等敎傳受自吾師云云至可惜飛房後東明
古國危跡云高麗藏王惑於道敎不信佛法師乃飛房
南至此山後有神人現於高麗馬嶺告人云汝國敗亡

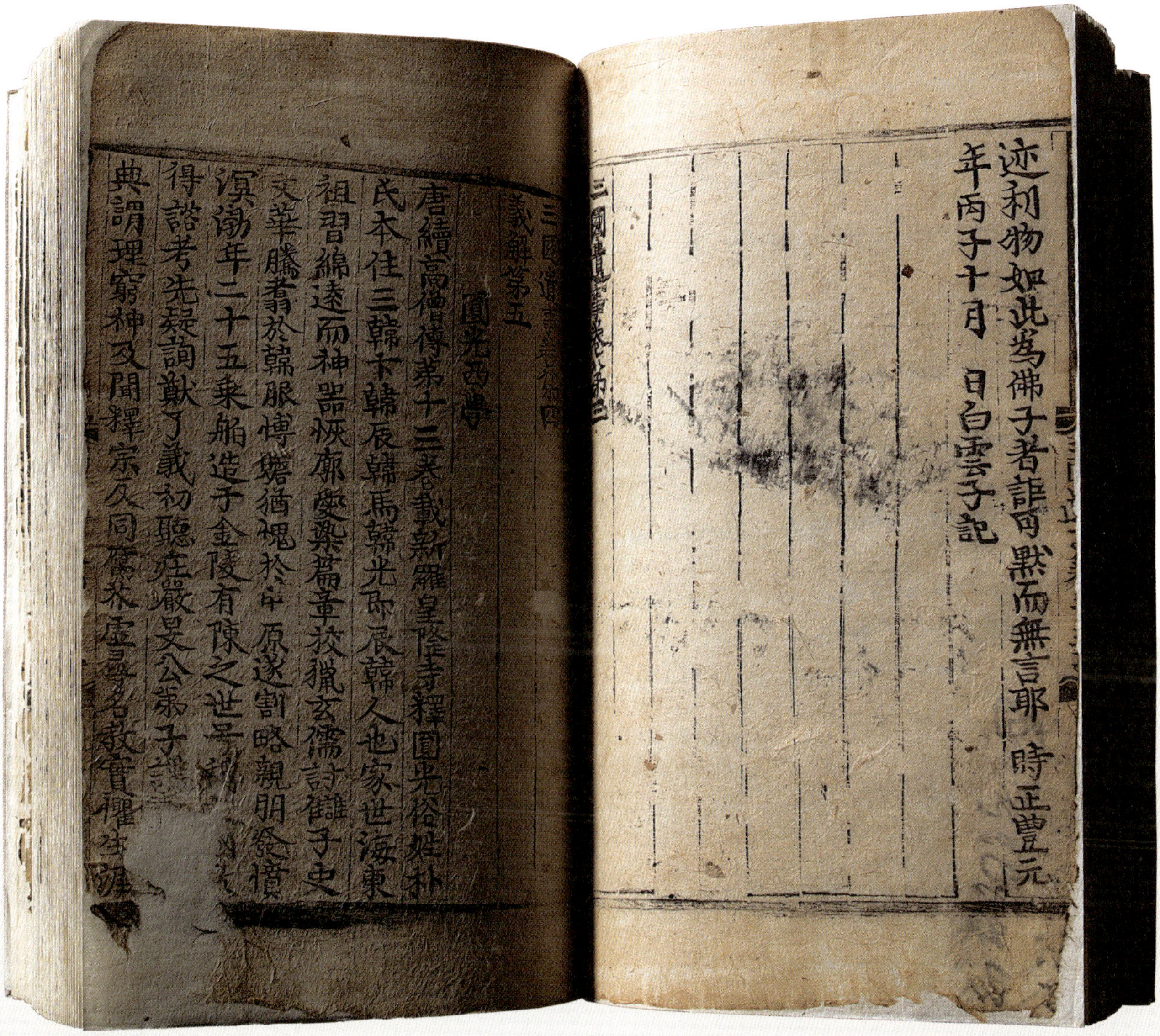

迹利物如此焉佛子者詎可默而無言耶 時正豊元
年丙子十月 日白雲子記

三國遺事卷第三

三國遺事卷第四
義解第五
圓光西學
唐續高僧傳第十三卷載新羅皇隆寺釋圓光俗姓朴
氏本住三韓卞韓辰韓馬韓光卽辰韓人也家世海東
祖習綿遠而神器恢廓愛染篇章校獵玄儒討讎子史
文華騰翥於韓服博贍猶愧於中原遂割略親朋發憤
溟渤年二十五乘船造于金陵有陳之世號[illegible]
得諮考先疑詢猷了義初聽莊嚴旻公弟子講[illegible]
典謂理窮神及聞釋宗反同腐芥虛尋名教實懼生[illegible]

삼강행실도

三綱行實圖

Samganghaengsildo

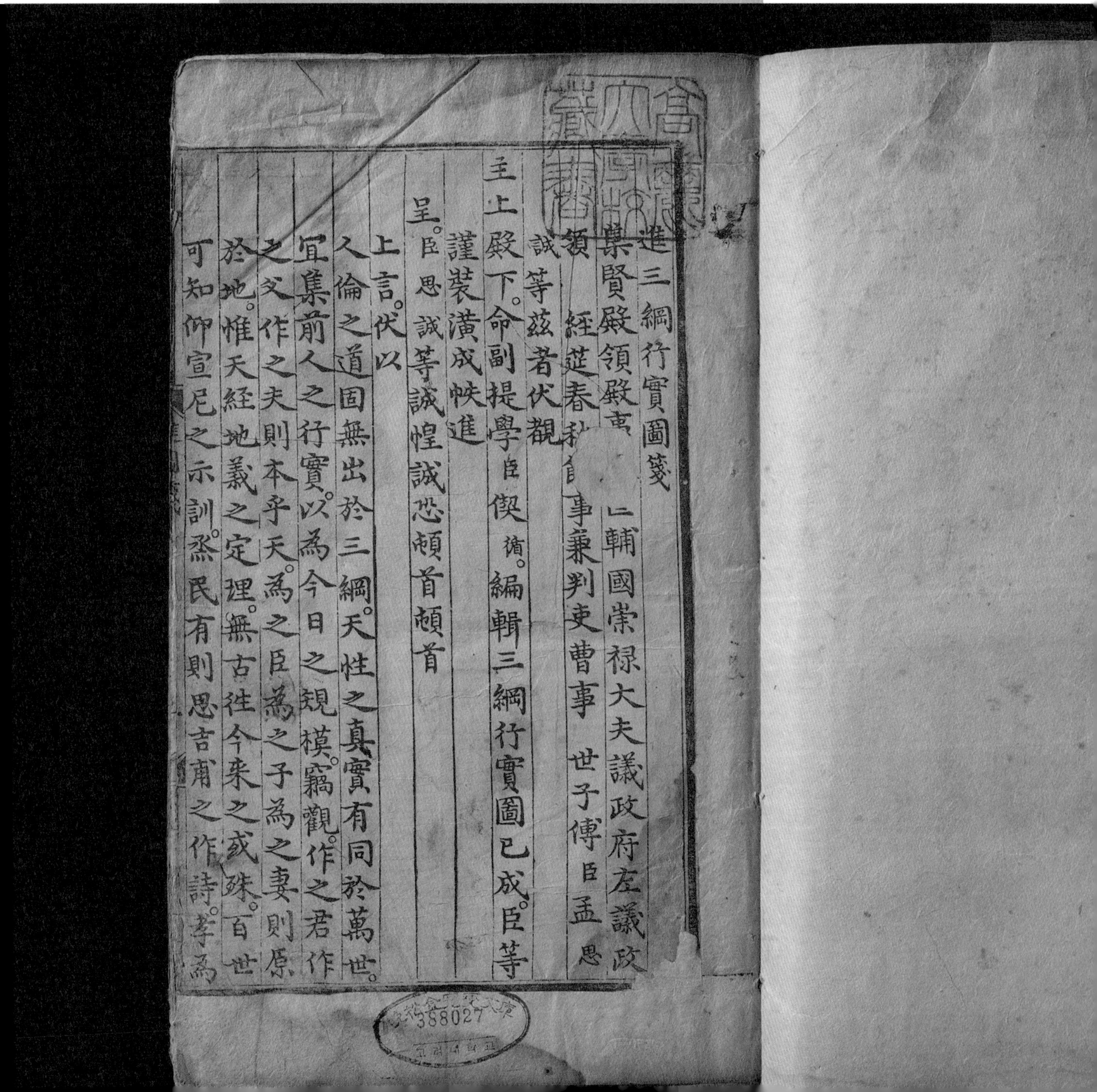

進三綱行實圖箋

集賢殿領殿事[illegible]輔國崇祿大夫議政府左議政

領經筵春秋館事兼判吏曹事 世子傅臣孟思

誠等茲者伏覩

主上殿下。命副提學臣偰循。編輯三綱行實圖已成。臣等

謹裝潢成帙進

呈。臣思誠等誠惶誠恐頓首頓首

上言。伏以

人倫之道。固無出於三綱。天性之眞。實有同於萬世。

宜集前人之行實。以爲今日之規模。竊觀作之君作

之父作之夫。則本乎天。爲之臣爲之子爲之妻。則原

於地。惟天經地義之定理。無古往今來之或殊。百世

可知。仰宣尼之示訓。烝民有則。思吉甫之作詩。孝爲

공ᄌᆞ나가시다가슬픈울음소릐를드르시고가셔보시니고어란사ᄅᆞᆷ이뵈옵고고환도ᄅᆞᆯ가지고길ᄀᆞ의셔울거ᄂᆞᆯ공ᄌᆞ그연고ᄅᆞᆯ믈으신대ᄃᆡ답ᄒᆞ되내졈어셔글ᄇᆡ호기ᄅᆞᆯ됴히너겨텬하의두로ᄃᆞᆫ니티니어버이죽으니남기ᄀᆞ마니이시려ᄒᆞ여도ᄇᆞ람이그치지아니ᄒᆞ고ᄌᆞ식의효도ᄒᆞ려ᄒᆞ여도어버이기ᄃᆞ리지아니ᄒᆞ니가고도라오디아니ᄒᆞ리ᄂᆞ니라ᄒᆞ

삼강행실도 三綱行實圖

설순偰循(?-1435) 등이 세종의 명에 따라 1431년에 편찬한 책이다. 조선과 중국의 서적에서 군신·부자·부부 등 삼강三綱의 모범이 될 만한 충신·효자·열녀를 각각 35명씩 선정하여 그 행적을 그림과 글로 설명하고 시로 칭송했다.

Samganghaengsildo

Written by Seol Sun (?-1435) and others on the orders of King Sejong in 1431, it compiles the stories of thirty five chungsin (loyal servants to the Crown), thirty five hyoja (sons respectful of and filial to their fathers) and thirty five yeollyeo (loyal wives dedicated to their husbands) from Joseon and Chinese writings. Described as exemplars of the core virtues required in samgang (three key relationships) of king-servant, father-son and husband-wife, their episodes are recounted along with illustrations and praised with poetry.

◈ 설순偰循 등
1431
1책
목판본
38.0 × 21.6 cm
만송 貴 296

周樂。溫州人。父日成通經能文。海賊據溫州。拘日成置海舟上。樂隨往事其父甚謹。一日賊酋遣人沉日成於水。樂哭請曰。我有祖母。幸留父侍養。願以身代父死。不聽。樂抱父不捨。遂同死焉

詩

海寇憑陵父被拘。間關隨往侍朝晡。一朝强寇將沉父。便欲捐生代父軀

致養重闈只父身。哀祈留父奉慈親。誰知兇寇心猶忍。父子俱沉更愴神

고려사절요

高麗史節要

Goryeosajeoryo

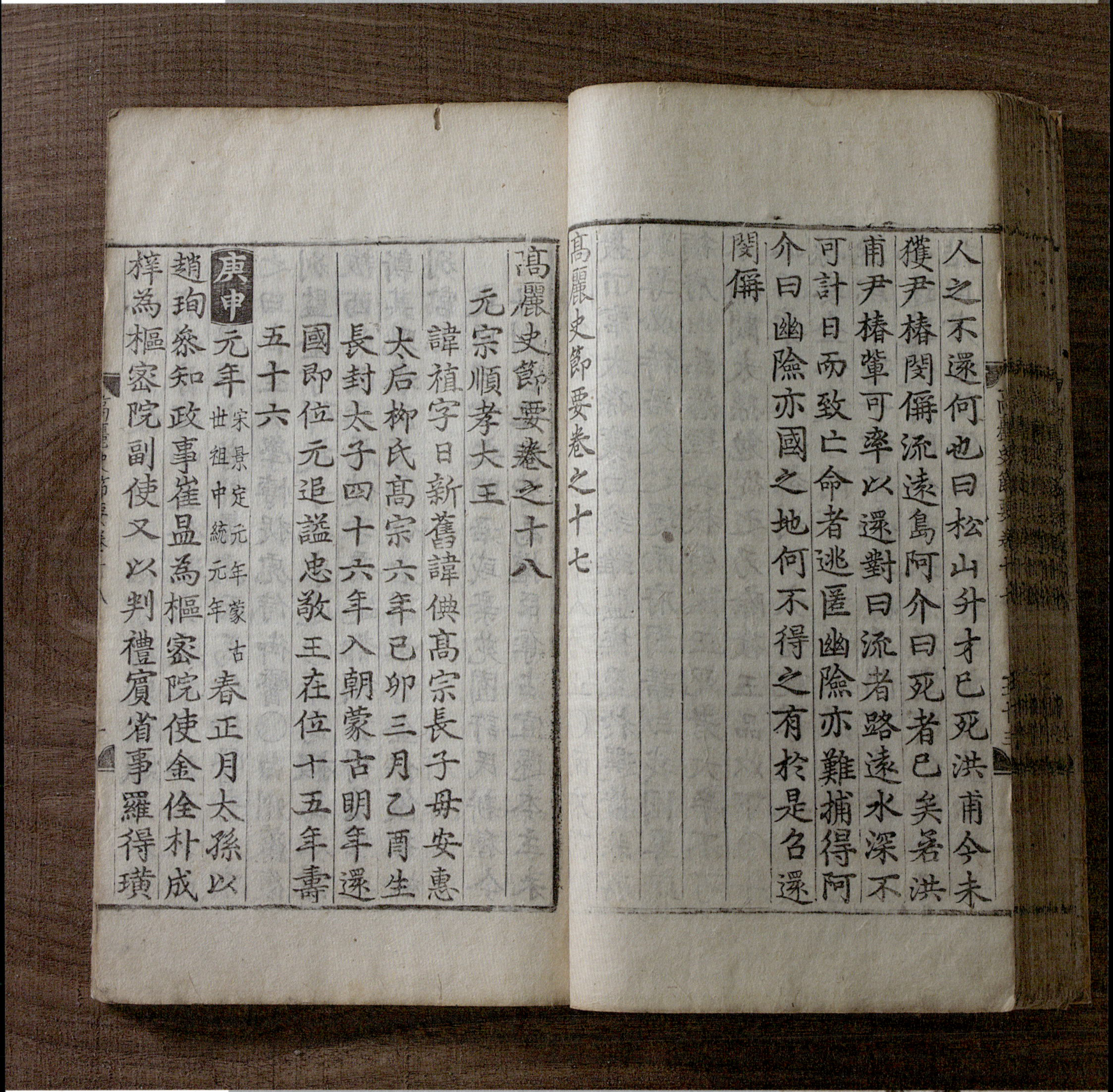

人之不還何也曰松山升才已死洪甫今未
獲尹椿閔偁流遠島阿介曰死者已矣若洪
甫尹椿輩可率以還對曰流者路遠水深不
可計日而致亡命者逃匿幽險亦難捕得阿
介曰幽險亦國之地何不得之有於是召還
閔偁

高麗史節要卷之十七

高麗史節要卷之十八
元宗順孝大王
諱禃字日新舊諱倎高宗長子母安惠
太后柳氏高宗六年己卯三月乙酉生
長封太子四十六年入朝蒙古明年還
國即位元追謚忠敬王在位十五年壽
五十六
庚申元年 宋景定元年蒙古世祖中統元年 春正月太孫以
趙珣叅知政事崔昷爲樞密院使金佺朴成
梓爲樞密院副使又以判禮賓省事羅得璜

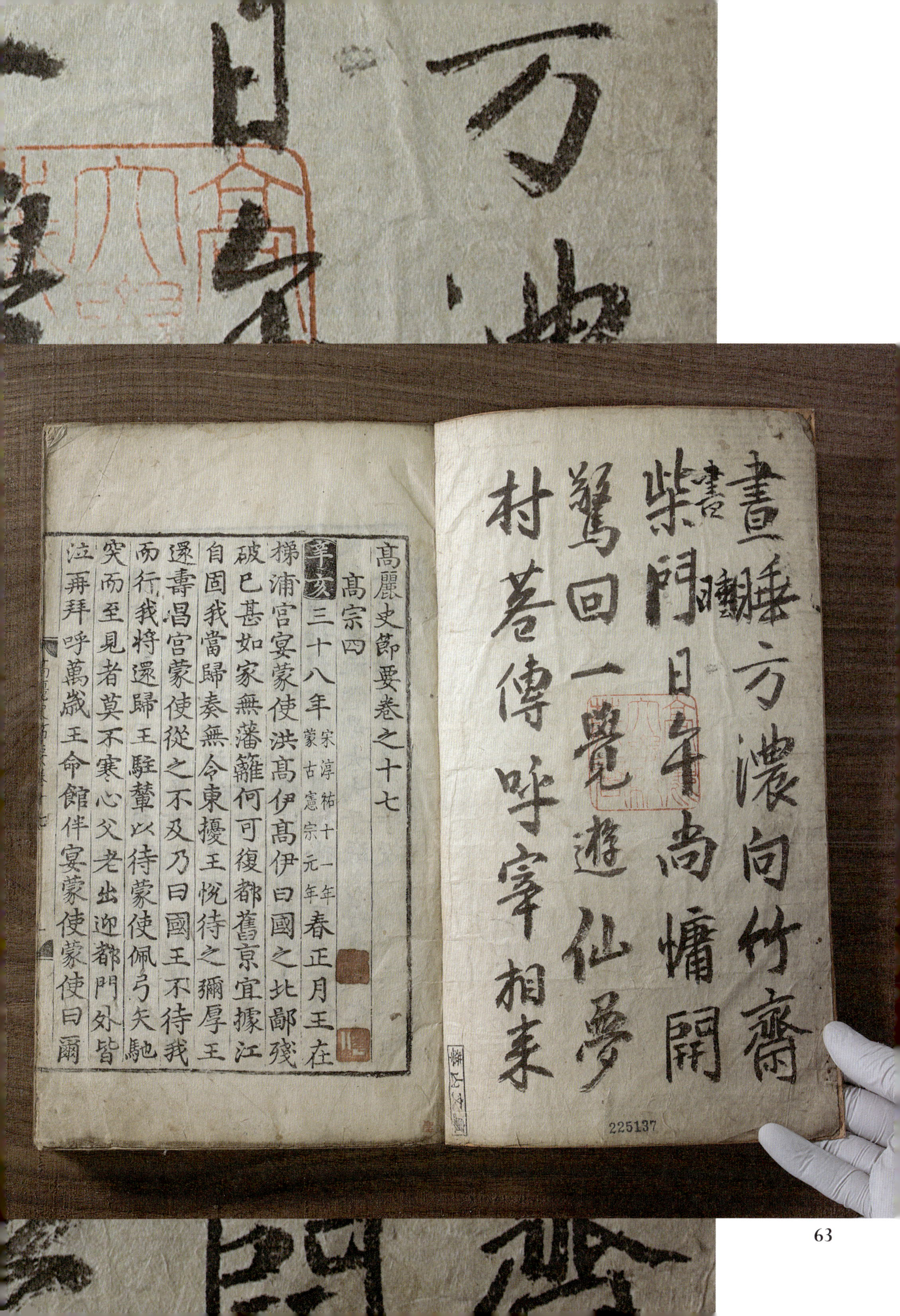

高麗史節要卷之十七
高宗四
辛亥 三十八年 宋淳祐十一年 蒙古憲宗元年 春正月王在
梯浦宮宴蒙使洪高伊高伊曰國之北鄙殘
破已甚如家無藩籬何可復都舊京宜據江
自固我當歸奏無令東擾王悅待之彌厚王
還壽昌宮蒙使從之不及乃曰國王不待我
而行我將還歸王駐輦以待蒙使佩弓矢馳
突而至見者莫不寒心父老出迎都門外皆
泣再拜呼萬歲王命館伴宴蒙使蒙使曰爾
晝睡方濃向竹齋
柴門日午尚慵開
驚回一覺遊仙夢
村巷傳呼宰相來
225137

고려사절요 高麗史節要

절재節齋 김종서金宗瑞(1382-1453) 등이 문종의 명을 받아 고려 시대의 역사를 편년체編年體로 기술한 역사서이다. 《고려사高麗史》에 비해 내용이 소략하여 '절요'라는 명칭을 사용하였으나, 《고려사》에 없는 사실史實들이 많이 수록되어 있다. 고려대학교 도서관 소장본은 1453년에 갑인자甲寅字로 간행한 활자본이다.

Goryeosajeoryo

Written by Jeoljae Kim Jong-seo (1382-1453) and others on the orders of King Munjong, it narrates the history of the Goryeo Dynasty in chronological order. While the expression "jeoryo" (brief) in its title indicates that it is lighter in the number of contents compared to *Goryeosa*, it covers much of the historical facts not presented in *Goryeosa*. The copy in the Korea University Library collection was printed using gabinja type in 1453.

◈ 김종서金宗瑞 등 봉명편奉命編
1453
영본零本 1책
금속활자본(갑인자)
34.0 × 20.9 cm
화산 貴 137

신전해내기관

新鐫海內奇觀

Sinjeonhaenaegigwan

西湖圖
在浙江杭州府
錢塘縣
清微宫
威烈观
玉虚宫
大玄观
浪真观
龍泉观
迴龍观
關王廟
元和观
遇真宫
仙關
仙桃觀
行宫
迎恩宫
天門
仁威觀
龍山
法華山
東岳廟
佛慧寺
報先寺
秦亭山
龍井
雷峰塔
長橋
錢王祠
萬松書院
天真書院
六和塔
八卦田
石屋洞
烟霞洞
社稷壇
花園塘

신전해내기관 新鐫海內奇觀

중국의 명산, 사찰, 명승을 해설한 책으로 1609년 명明나라에서 목판으로 간행했다. 명나라 양이증楊爾曾의 글과 진일관陳一貫의 그림이 곁들여져 있다. 고려대학교 도서관 소장본은 청사晴沙 고용후高用厚(1577-1652)가 서장관書狀官으로 연경燕京에 갔을 때 구입하여 동계桐溪 정온鄭蘊(1569-1641)에게 준 것이다.

Sinjeonhaenaegigwan

Printed in 1609 using woodblocks in Ming China, it provides introductions to renowned mountains, temples, and scenic sites written by Yang Erzeng and illustrations of Chen Yiguan. The copy in the Korea University Library collection was purchased by Cheongsa Go Yong-hu (1577-1652) when he was assigned to Yanjing as Seojanggwan (archivist) and then handed over to Donggye Jeong On (1569-1641).

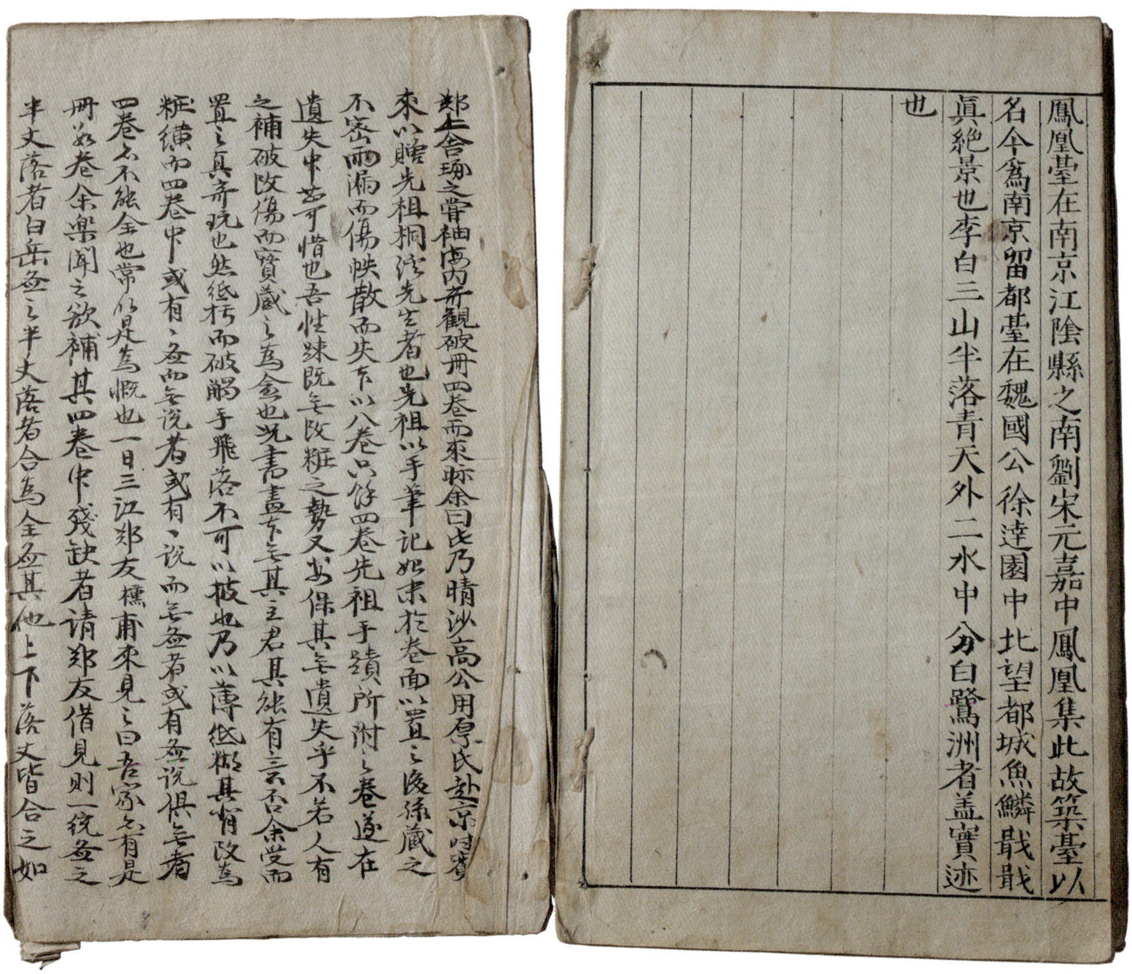

鳳凰臺在南京江陰縣之南劉宋元嘉中鳳凰集此故築臺以名今爲南京留都臺在魏國公徐達園中北望都城魚鱗戢戢眞絶景也李白三山半落青天外二水中分白鷺洲者蓋實迹也

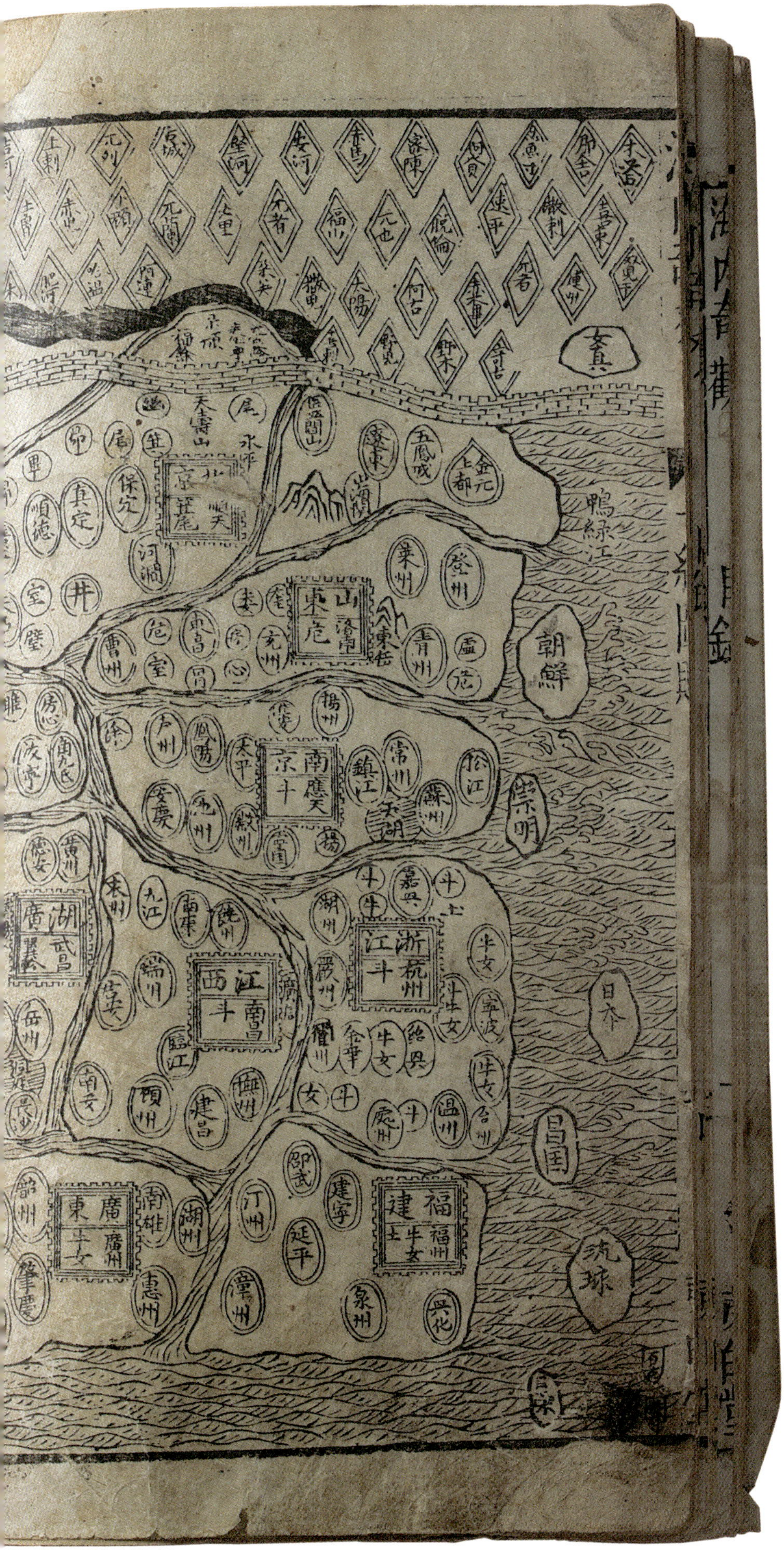

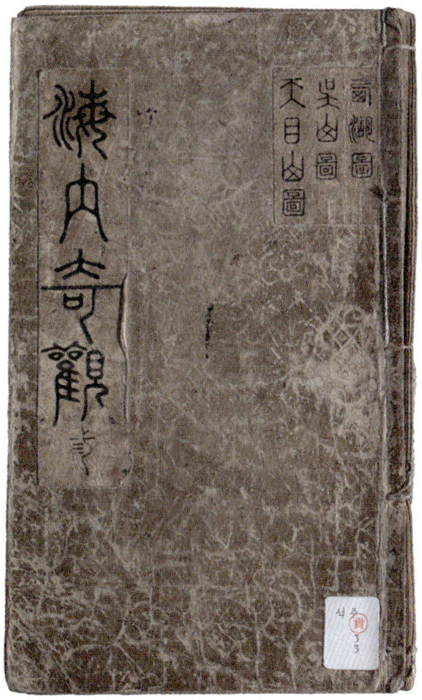

◈ 양이증楊爾曾
1609
10권 6책
목판본
26.4 × 15.9 cm
석주 貴中 3

죽계지

竹溪誌
Jukgyeji

入之學乎義利內外精粗本末自有霄壤之判矣讀是書者誠能立敬以立本先讀公本傳必尋公之所以慕晦翁者何如晦翁之所以使公致慕者何道以公所以禮晦翁者禮公手萬洗心然後詳熟晦翁諸作則天之所以與我者必爭露乎端於吾目中矣苟得因乎所發而遂究乎全体則反身而誠吾事也強恕而行吾事也其為樂將有不覺乎舞蹈雖或禁之而自不能已矣何暇外慕若回雍二子之說於請事者乎亦不在斯守其誠意驗於道無閒已迫遲暮悔之何及然亦有所服膺而慕於是始書之跋

죽계지 竹溪誌

신재愼齋 주세붕周世鵬(1495-1554)이 조선 최초의 서원인 백운동서원白雲洞書院을 건립하고 관련 기록을 수집하여 편찬한 책이다. 백운동서원의 건립 배경과 경제적 기반, 장서 상황 등이 수록되어 있다. 고려대학교 도서관 소장본은 1544년에 간행한 목판본이다.

Jukgyeji

Authored by Sinjae Ju Se-bung (1495-1554), the founder of the Joseon Dynasty's first seowon (private educational institution) Baegundongseowon, *Jukgyeji* explains how Baegundongseowon was both founded and funded, and contains a catalog of its book collection. The copy in the Korea University Library was woodblock printed in 1544.

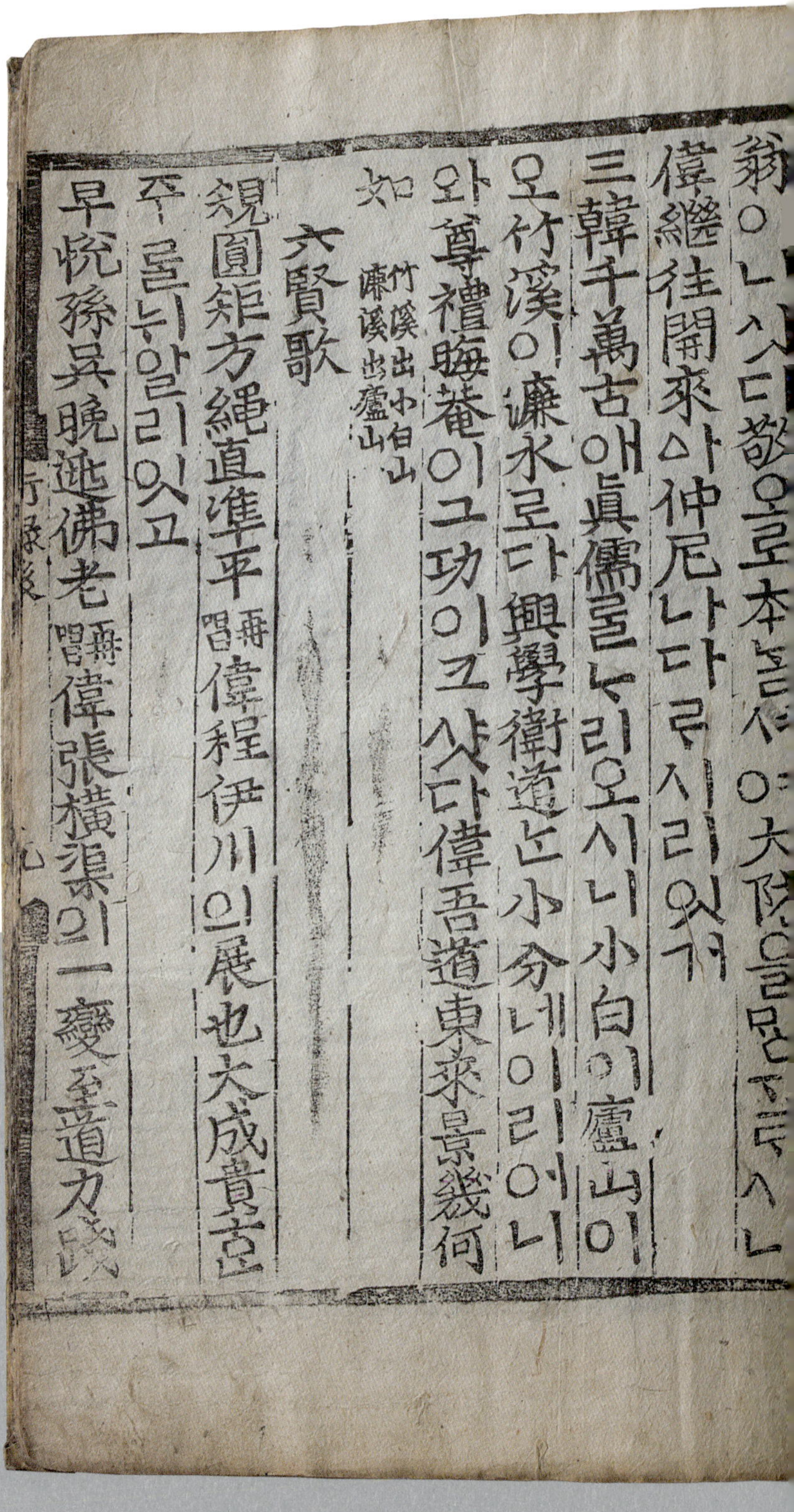

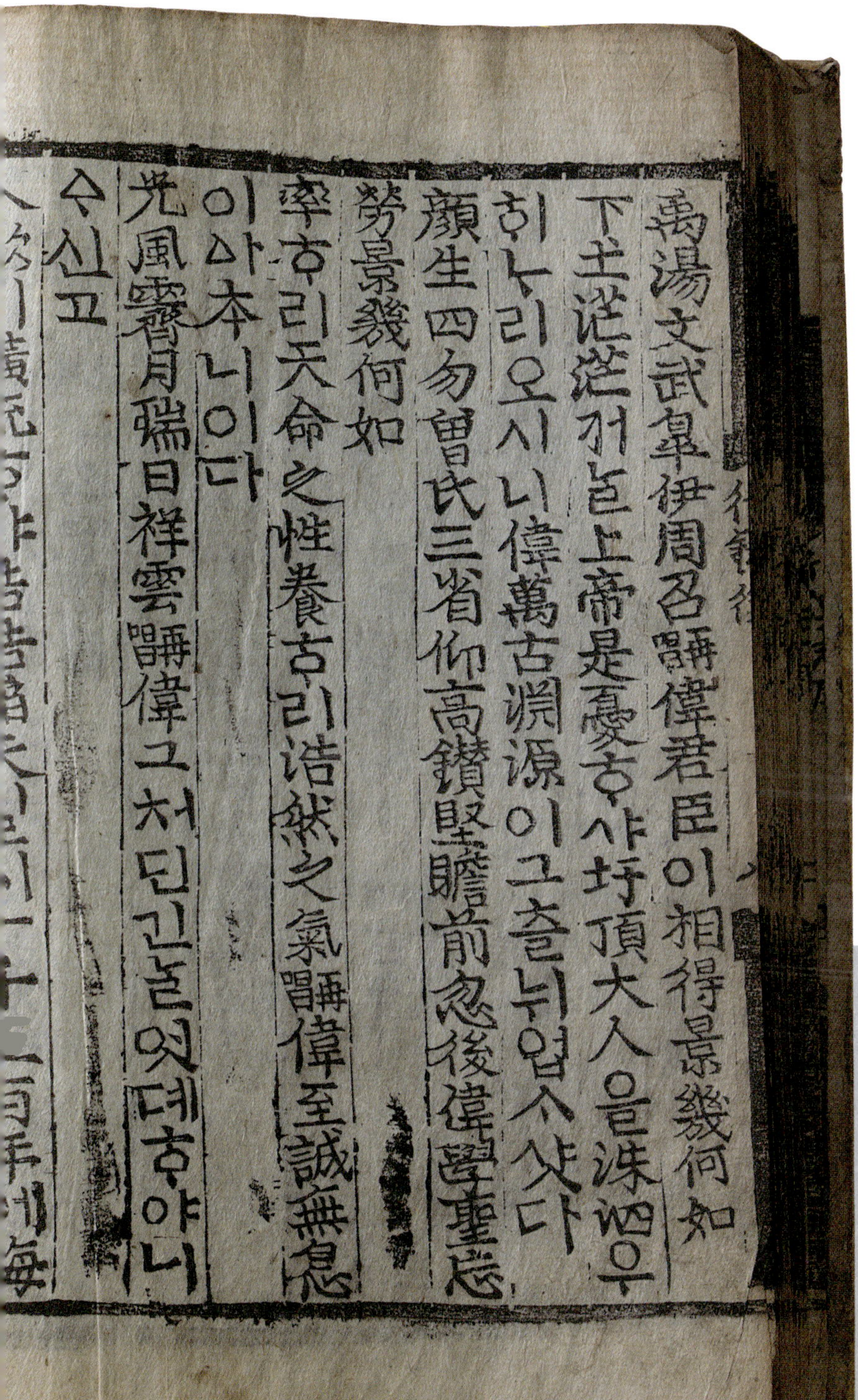

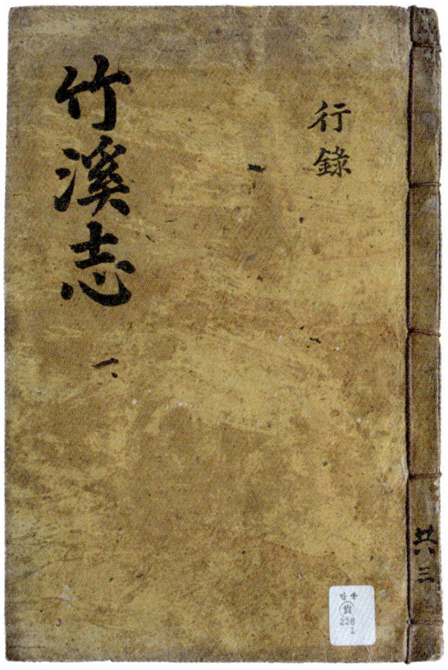

◈ 주세붕周世鵬
1544
6권 3책
목판본
31.4 × 21.3 cm
만송 貴 228

표해록

漂海錄

Pyohaerok

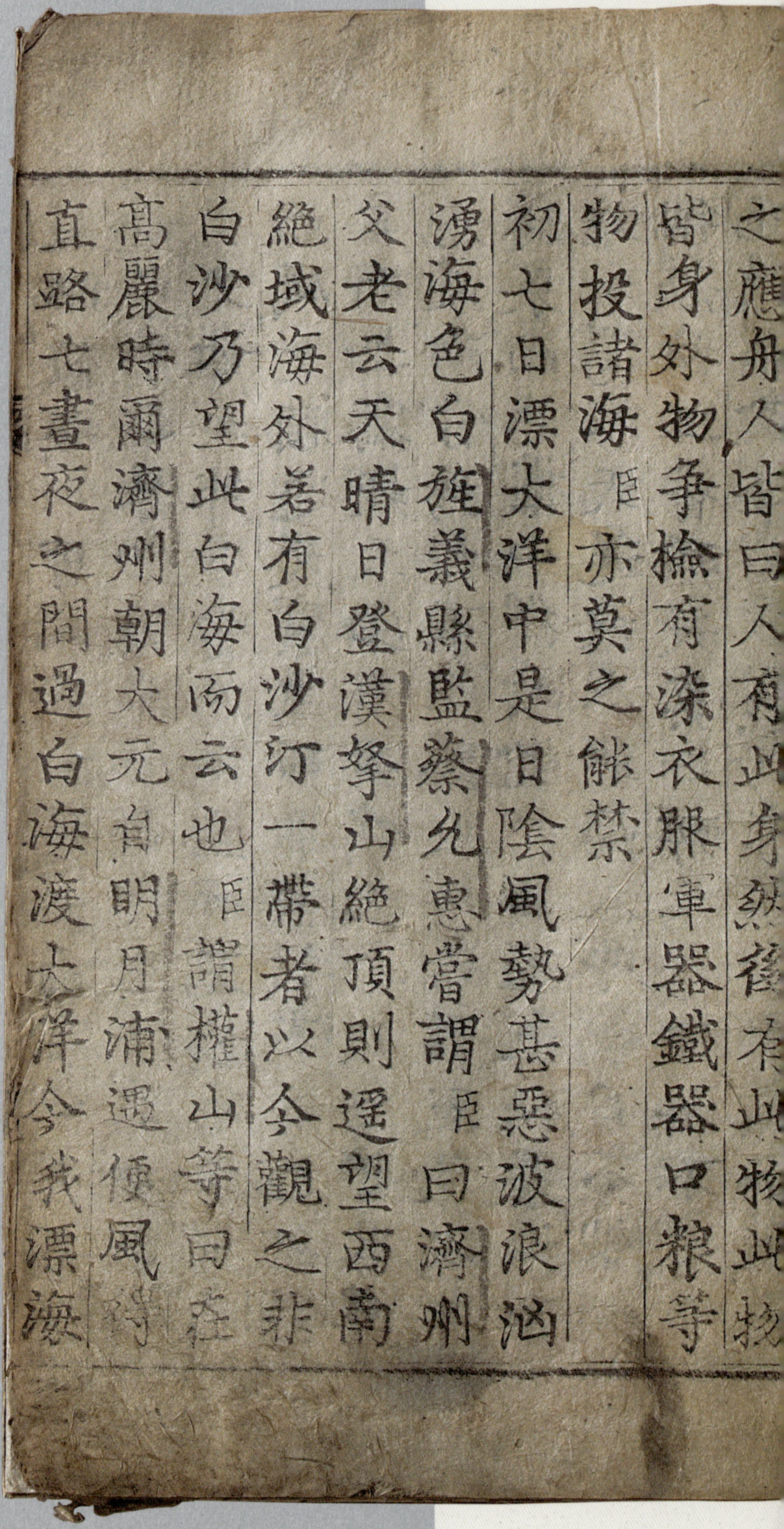

哭泣攅手以祈天祐
初六日漂大洋中是日陰風波少歇始督仇
叱迴等葺片席以為帆建桅竿以為檣劈舊
檣之本以為矴隨風西向而去顧見洪濤間
有物不知其大也其見於水上者如長屋廊
噴沫射天波翻浪駭梢工戒舟人搖手令勿
語舟過甚遠然後梢工呼曰彼乃鯨也大則
呑航小能覆舟今幸不相値我其更生更生
矣入夜風濤還勁舟行甚疾安義曰嘗聞海

표해록 漂海錄

금남錦南 최부崔溥(1454-1504)가 1488년 제주도를 출발했다 풍랑을 만나 명明나라에 표착漂着, 귀국하기까지의 일을 일기와 기사 형식으로 기록한 여행기이다. 절강성浙江省 영가현永嘉縣부터 북경까지 중국 각 지역의 풍물과 제도 등을 기록했다. 고려대학교 도서관 소장본은 1546-1567년 사이에 갑인자甲寅字로 간행한 활자본이다.

Pyohaerok

Written by Geumnam Choe Bu (1454-1504), the journal depicts the story of Choe Bu himself who was involved in a shipwreck during his sailing journey from Jeju-do in 1488, washed ashore on the coasts of Ming China, and finally returned to his home country. *Pyohaerok* describes the customs and institutions of various Chinese regions ranging from Yongjia Xian, Zhejiang Sheng to Beijing. The copy in the Korea University Library was printed with gabinja type sometime between 1546-1567.

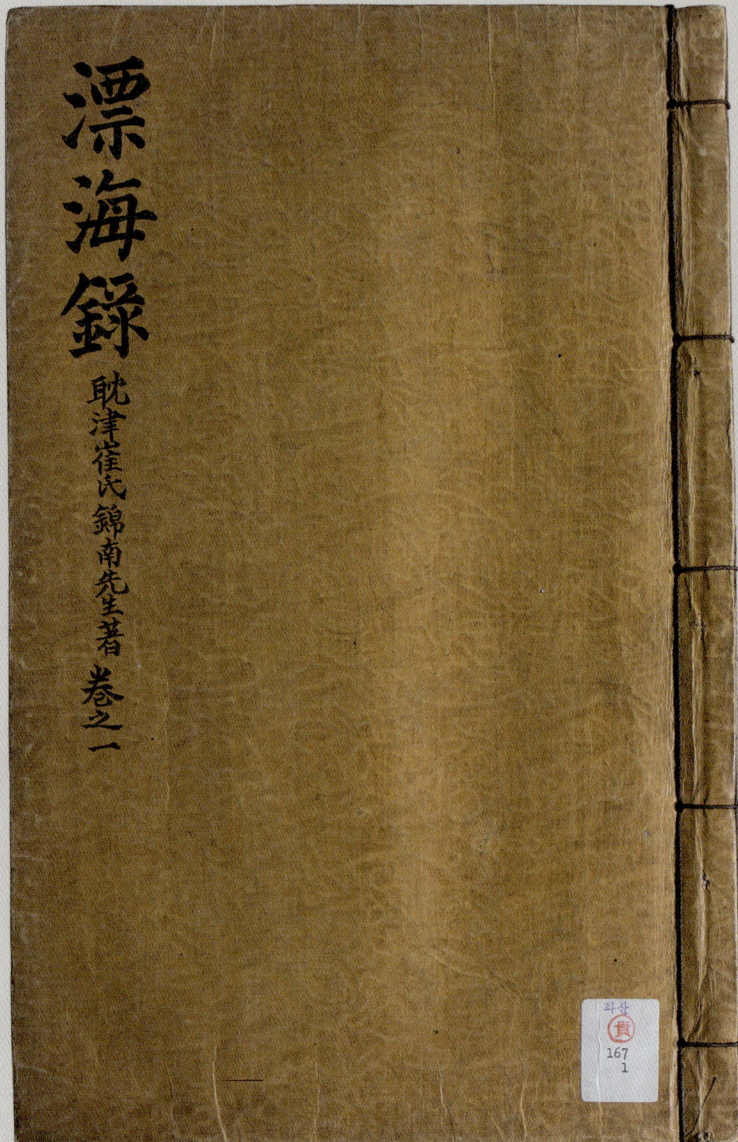

◈ 최부崔溥
1546-1567
영본零本 1책
금속활자본(갑인자)
31.9 × 20.8 cm
화산 貴 167

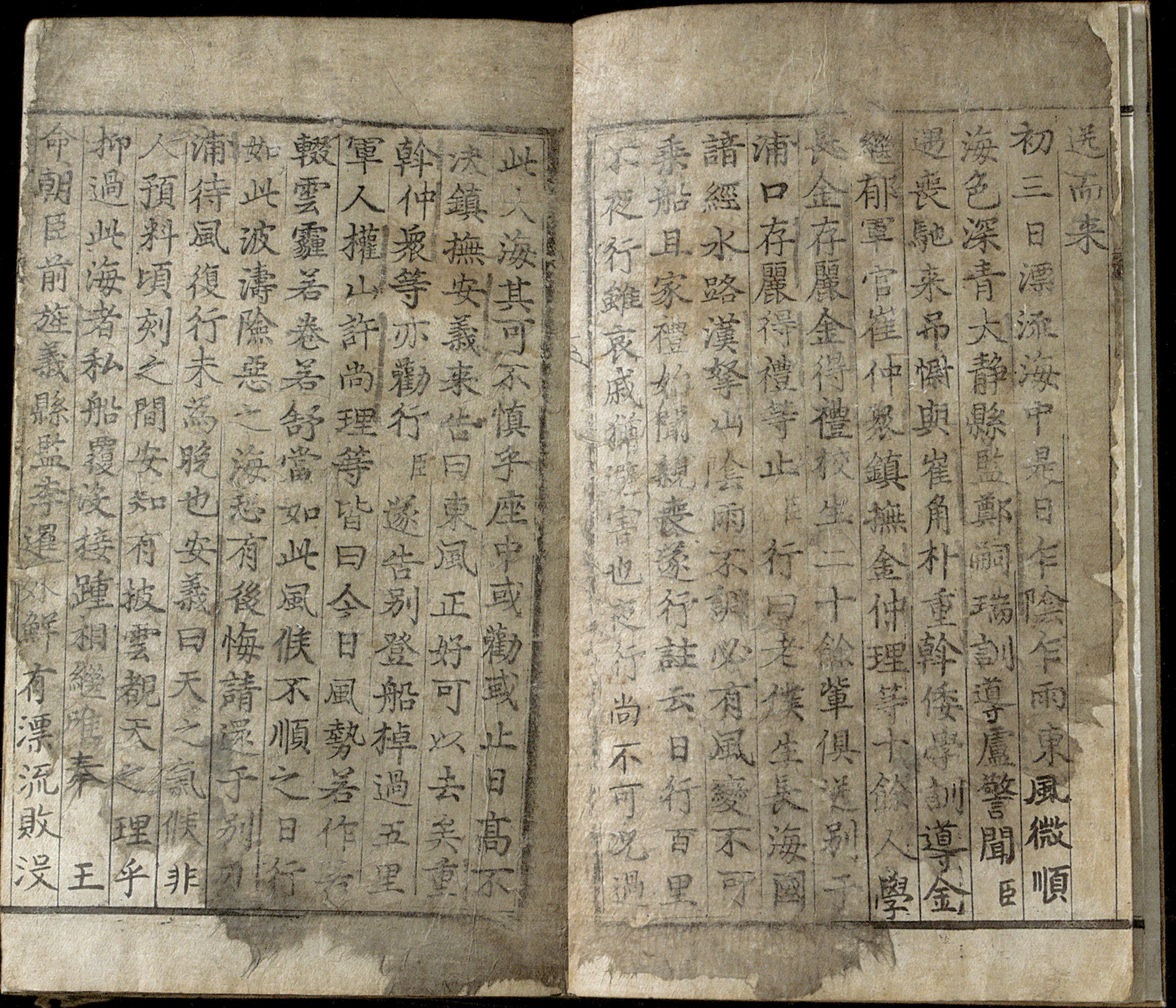
送而來
初三日漂流海中是日乍陰乍雨東風微順
海色深青大靜縣監鄭詗瑞訓導盧警聞 臣
遇喪馳來吊慰與崔角朴重幹倭學訓導金
繼郁軍官崔仲衆鎮撫金仲理等十餘人學
長金存麗金得禮校生二十餘輩俱送別于
浦口存麗得禮等止 臣行曰老僕生長海國
諸經水路漢拏山陰雨不調必有風變不可
乘船且家禮始聞親喪遂行註云日行百里
不夜行雖哀戚猶避害也夜行尚不可況過
此大海其可不慎乎座中或勸或止曰高不
沃鎮撫安義來告曰東風正好可以去矣重
幹仲衆等亦勸行 臣遂告別登船棹過五里
軍人權山許尚理等皆曰今日風勢若作若
輟雲靄若卷若舒當如此風候不順之日行
如此波濤險惡之海恐有後悔請還于別刀
浦待風復行未爲晚也安義曰天之氣候非
人預料頃刻之間安知有披雲覩天之理乎
抑過此海者私船覆沒接踵相繼唯奉 王
命朝臣前旌義縣監李暹外鮮有漂流敗沒

동국병감

東國兵鑑

Donggukbyeonggam

동국병감 東國兵鑑

조선 문종의 명에 의해 편찬한 우리나라와 이민족과의 전쟁을 기록한 책이다. 위만조선부터 고려 말까지 이민족과의 전쟁을 정리한 조선 최초의 전쟁사이다. 수양대군首陽大君이 편찬한 《역대병요歷代兵要》의 일부 내용을 참고했다. 고려대학교 도서관 소장본은 1608년에 간행한 목판본이다.

Donggukbyeonggam

Written on the orders of King Munjong of the Joseon Dynasty, the nation's first book of war history archives the records of the wars between Korea and foreign tribes. Spanning from the era of Wiman Joseon to the end of Goryeo, it was authored in reference to *Yeokdaebyeongyo* by Prince Suyang. The copy in the Korea University Library was printed with woodblocks in 1608.

◈ 문종文宗 명편命編
1608
2권 2책
목판본
34.3 × 21.5 cm
만송 貴 520

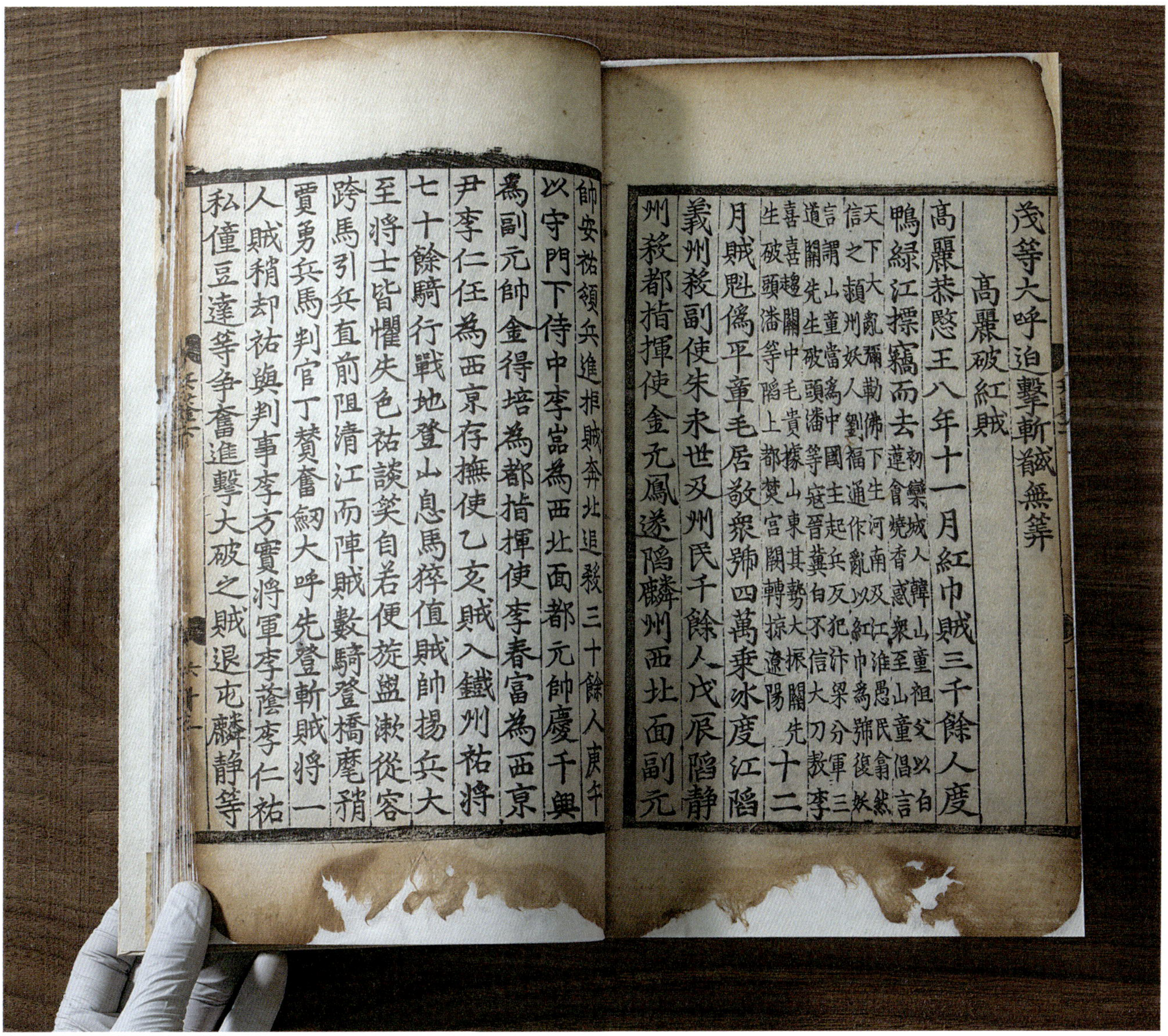

茂等大呼迫擊斬馘無筭

高麗破紅賊

高麗恭愍王八年十一月紅巾賊三千餘人度鴨綠江摽竊而去初欒城人韓山童祖父以白蓮會燒香惑衆至山童倡言天下大亂彌勒佛下生河南及江淮愚民翕然信之頴州妖人劉福通作亂以紅巾爲號復妖言謂山童當爲中國主起兵反犯汴梁分軍三道關先生破頭潘等寇晉冀白不信大刀敖李喜喜趨關中毛貴據山東其勢大振關先生破頭潘等陷上都焚宮闕轉掠遼陽十二月賊魁僞平章毛居敬衆號四萬乘氷度江陷義州殺副使朱永世及州民千餘人戊辰陷靜州殺都指揮使金元鳳遂陷麟州西北面副元帥安祐領兵進排賊奔北追殺三十餘人庚午以守門下侍中李嵓為西北面都元帥慶千興為副元帥金得培為都指揮使李春富為西京尹李仁任為西京存撫使乙亥賊入鐵州祐將七十餘騎行戰地登山息馬猝值賊帥揚兵大至將士皆懼失色祐談笑自若便旋盥潄從容跨馬引兵直前阻清江而陣賊數騎登橋麾矟賈勇兵馬判官丁贇奮劒大呼先登斬賊將一人賊稍却祐與判事李方實將軍李蔭李仁祐私僮豆達等爭奮進擊大破之賊退屯麟靜等

해동팔도봉화산악지도

海東八道烽火山岳地圖

Haedongpaldobonghwasanakjido

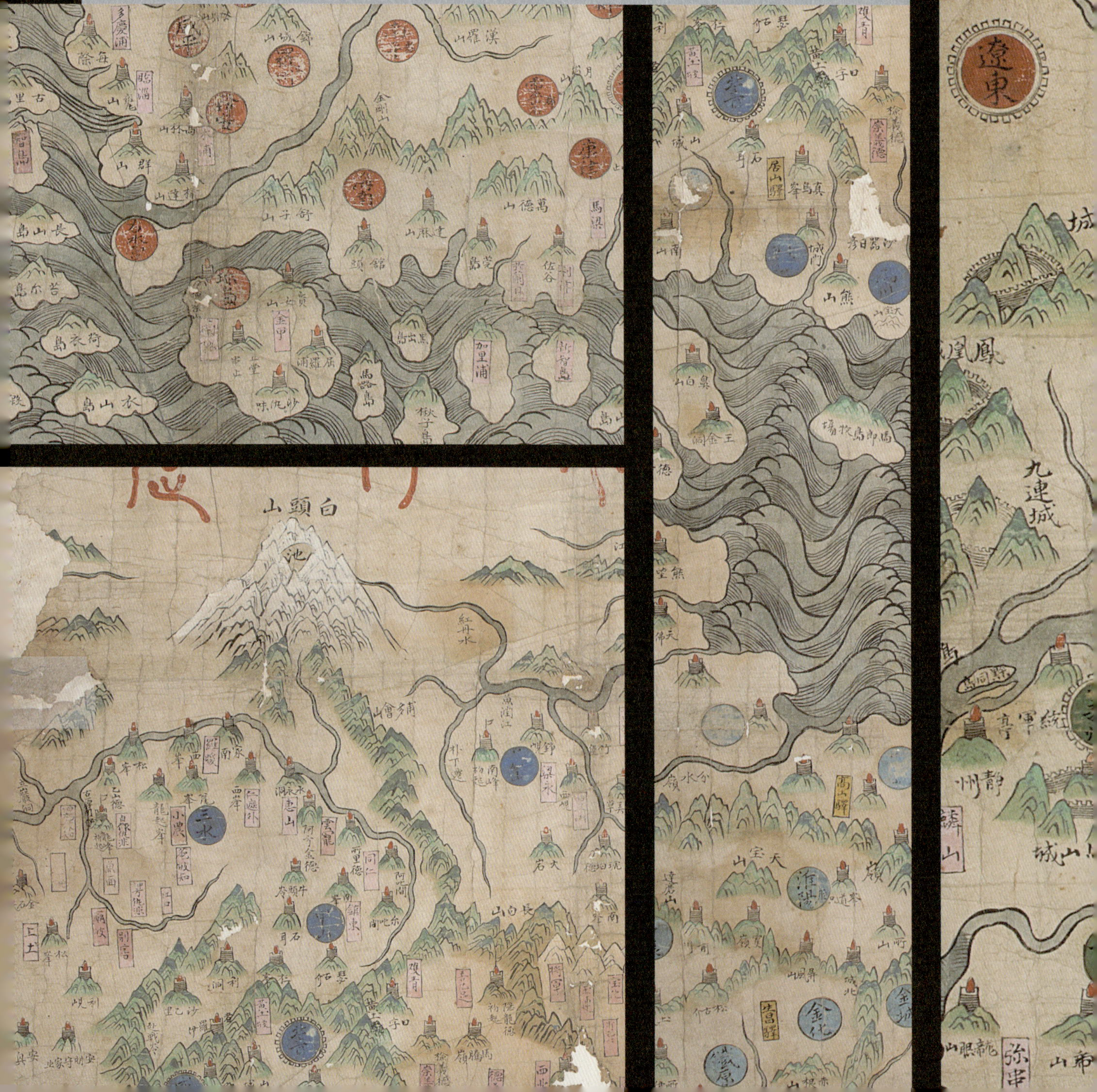

鏡浦臺
江陵府
平陵驛
千山島
大關山
飛鳳山
旌善
三陟府
竹西樓
丹陽
太白山
蔚珍
榮川郡
順興府
豐基
奉化縣
平海
越松
英陽
寧海
禮安縣
眞寶縣
醴川
安奇驛
青松府
安東府
軍威縣
盈德
義城縣
新寧縣
清河
義興
長水驛
松羅驛
興海郡
河陽縣
延日
永川郡
長鬐
慶山
清道郡
慶州
慈仁
彥陽縣
左兵營
靈山縣
蔚山

해동팔도봉화산악지도

海東八道烽火山岳地圖

17세기 후반에 제작된 조선의 봉수대를 그린 지도이다. 전국의 봉수대를 산봉우리 위의 촛불처럼 묘사하였고, 지명과 산맥, 산봉우리를 자세히 그려 넣었다. 실용성과 예술성 모두 뛰어난 지도로, 보물 제1533호이다.

Haedongpaldobonghwasanakjido

Composed at the end of the 17th Century, the map marks beacon mounds of the Joseon Dynasty. Depicting the mounds as candles on top of mountain peaks, it also displays mountain chains and peaks in detail, including various place names. The map was designated as Treasure No. 1533 for both its practical and artistic values.

◈ 미상
1652-1712
1매
필사본
218.0 × 148.0 cm
貴 700

京都
東至海距京九百七十一里
南至海南距京一千七里
東西相距一千五百三十三里
南北相距三千一百八里

강계지

疆界誌

Ganggyeji

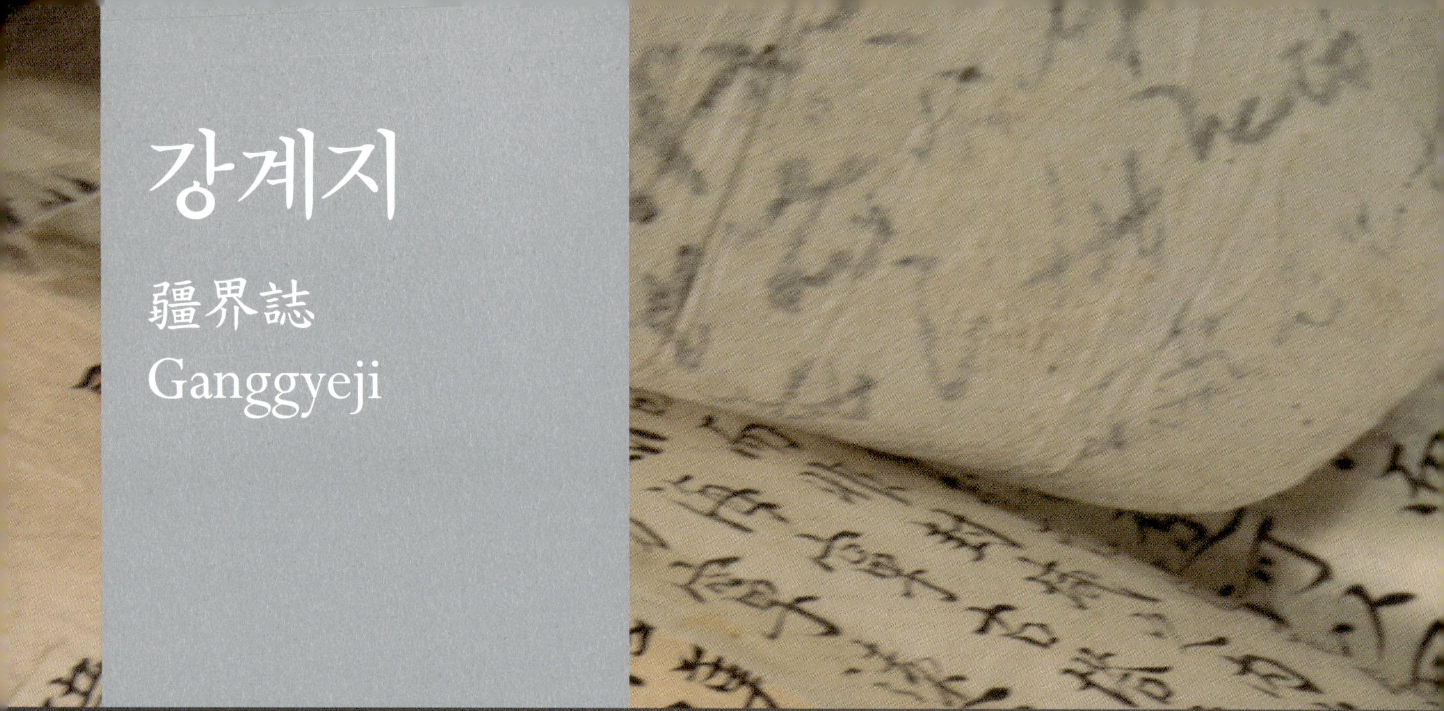

異稱今全羅道府羅安老屬羅州（所屬安老廢縣）百濟時號阿老谷而 地勢凡縣一遠[illegible]是

久遲縣

異稱今忠清道全義縣 百濟時號仇知

富林縣本伐音村

異稱今忠清道廢縣新豊屬公州（亦屬新豊廢縣）百濟時號伐音支

○支潯州九縣

支潯縣本只彡村

已汶縣本今勿

異稱今忠清道德山縣 百濟時號今勿村

馬津縣本孤山

異稱今忠清道禮山縣 百濟時號烏山 新羅改名孤山 孤與烏音相近

新羅或治熱也 舊號欣

子来縣本夫首知

異稱今忠清道唐津縣 百濟時號伐首只 又名夫只 合而作夫（首）只欣疑是

子来縣

鮮禮縣本皆利伊

강계지 疆界誌

여암旅菴 신경준申景濬(1712-1781)이 우리나라 시대별 강역에 대해 논술한 책이다. 상고시대부터 조선 중기까지 각 시대별로 국경과 수도를 상세히 밝혔다. 고려대학교 도서관 소장본은 저자가 직접 수정한 초고草稿이다.

Ganggyeji

Authored by Yeoam Sin Gyeong-jun (1712-1781), *Ganggyeji* describes in detail how the national borders and capital cities of Korean Kingdoms have changed from ancient times to the middle of Joseon era. The copy in the Korea University Library is the original draft that the author himself edited.

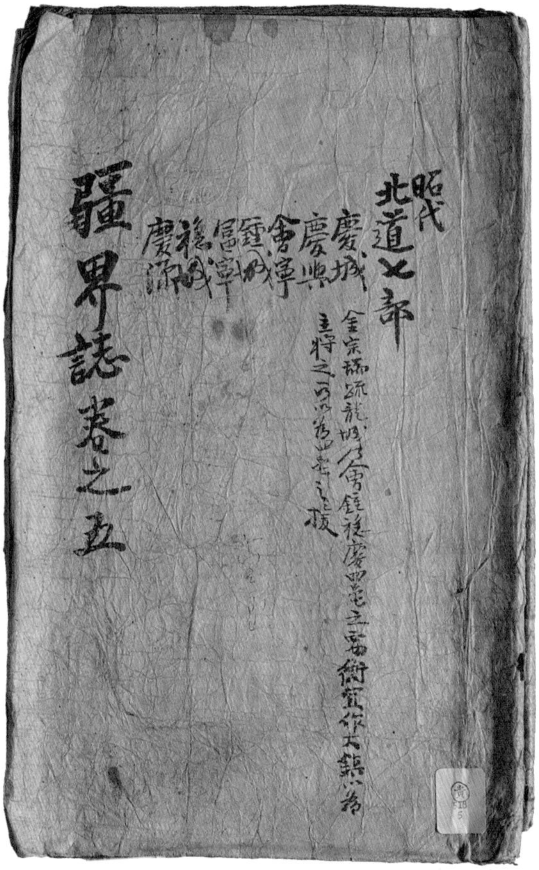

◈ 신경준申景濬
1756
영본零本 3책
필사본
32.8 × 20.0 cm
貴 518

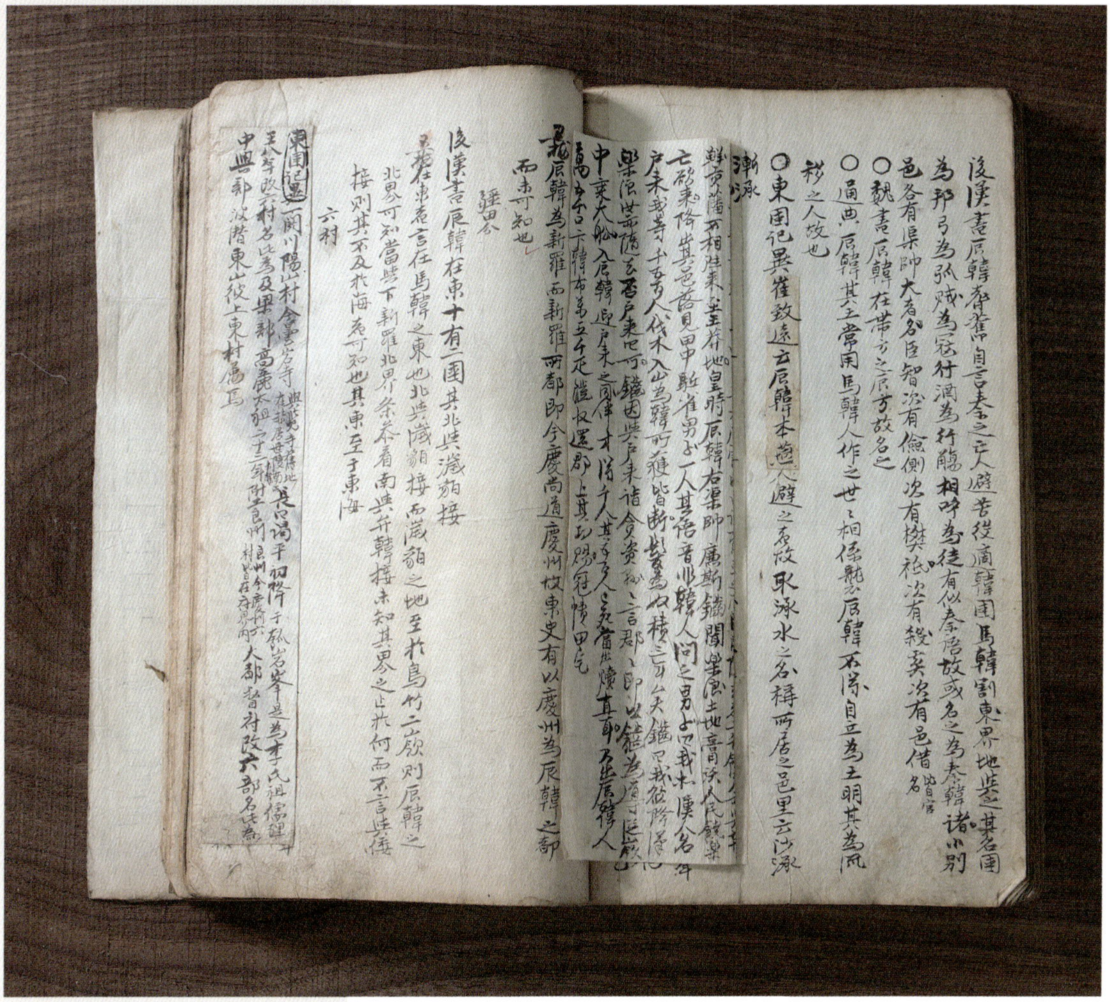

계미동경소진첩

癸未同庚小真帖

Gyemidonggyeongsojincheop

叅判李公諱翼鎭

叅判李公諱奎永

府使宋公諱晉欽

領議政韓公諱翼謩

계미동경소진첩 癸未同庚小眞帖

1703년인 계미년에 태어난 동갑 관료 7명의 초상화와 서문으로 이루어진 그림첩이다. 피부색, 검은 반점, 주름살 등 외형 특징이 살아 있다. 당시 일반적인 계회도契會圖와는 달리 초상화만으로 꾸민 그림첩이다. 서울시 유형문화재 제308호이다.

Gyemidonggyeongsojincheop

Gyemidonggyeongsojincheop is an album of portraits of seven government officials who were born in the same year of Gyemi (1703) and a preface that vividly describe their skin color, spots and wrinkles. It only contains portraits, unlike most of common Gyehoedo (paintings for socializing groups). It has been designated as Tangible Cultural Heritage of Seoul Metropolitan Government No. 308.

◈ 미상
1771
1첩
필사본(채색화)
46.7 × 34.1 cm
貴 31

判書趙公諱榮進

아방강역고

我邦疆域考

Abanggangyeokgo

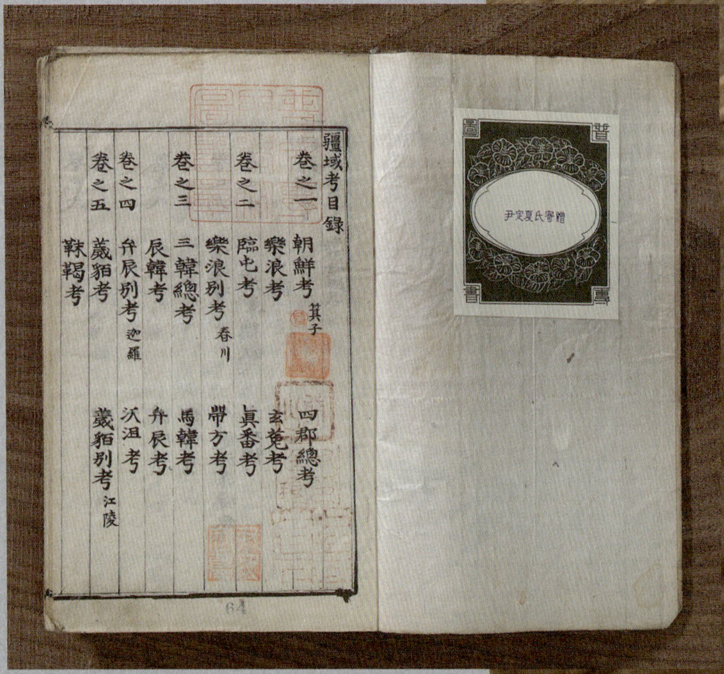

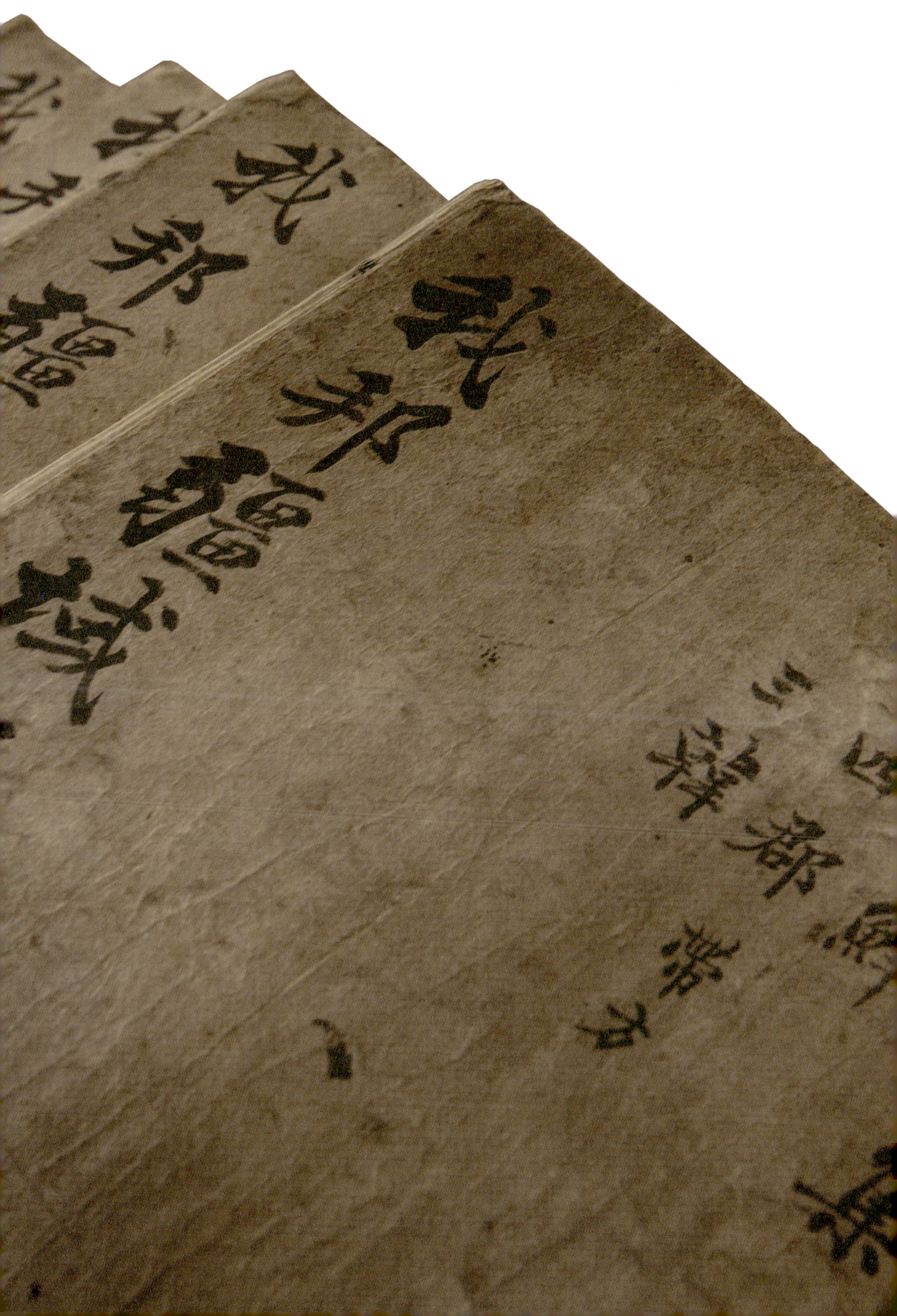
我邦疆域

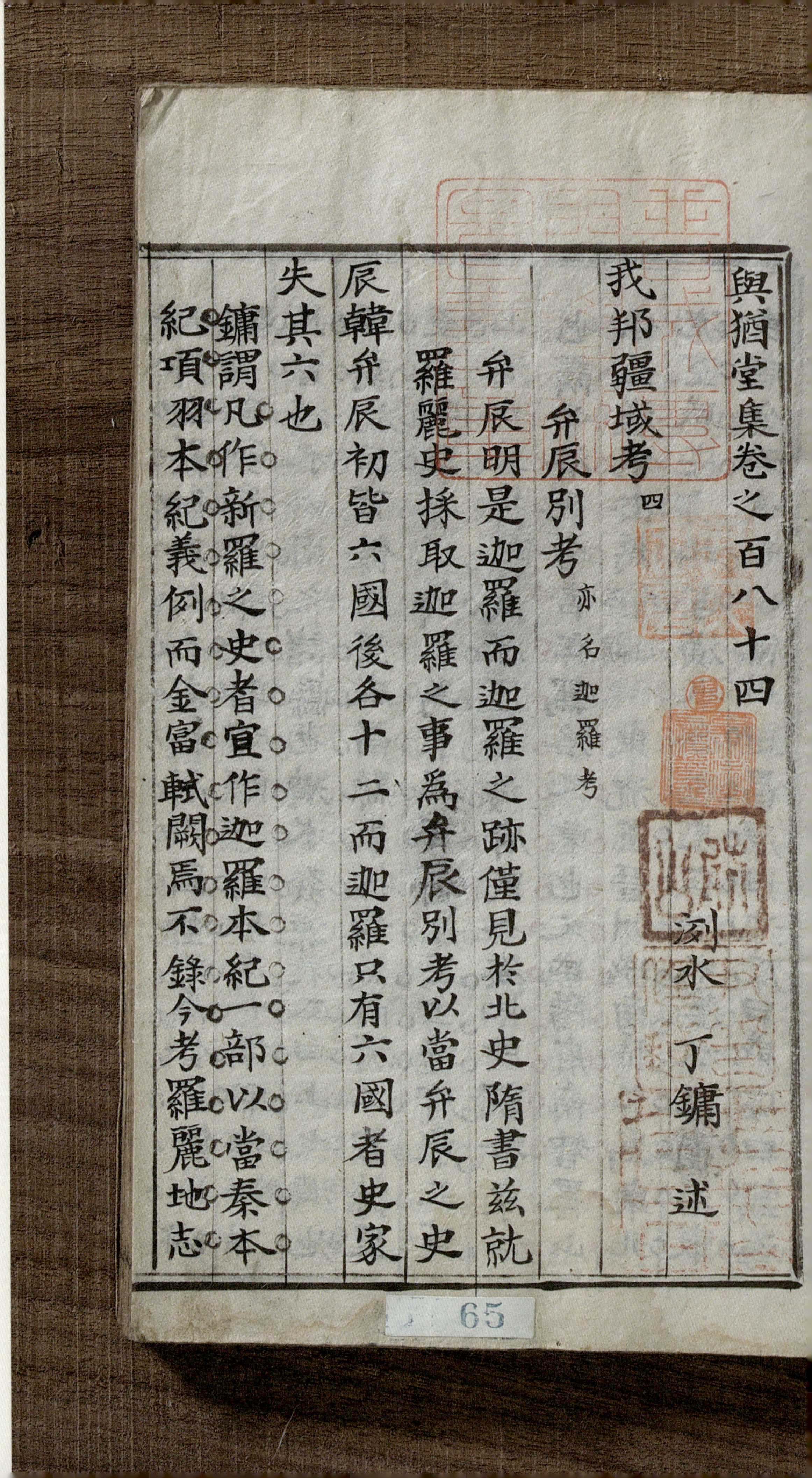
與猶堂集卷之百八十四

洌水 丁鏞 述

我邦疆域考 四

弁辰別考 亦名迦羅考

弁辰明是迦羅而迦羅之跡僅見於北史隋書茲就羅麗史採取迦羅之事爲弁辰別考以當弁辰之史

辰韓弁辰初皆六國後各十二而迦羅只有六國者史家失其六也

鏞謂凡作新羅之史者宜作迦羅本紀一部以當秦本紀項羽本紀義例而金富軾闕焉不錄今考羅麗地志

◈ 정약용丁若鏞
1800
12권 4책
필사본
22.8 × 15.1 cm
貴 425

아방강역고 我邦疆域考

다산茶山 정약용丁若鏞(1762-1836)이 우리나라 역대의 강역을 고찰한 역사지리서이다. 국토의 역사를 우리나라 및 중국의 문헌을 인용하여 고증하고 저자의 의견을 부기했다. 고려대학교 도서관 소장본은 저자의 외손 윤정기尹廷琦(1814-1879)가 필사한 책이다.

Abanggangyeokgo

Written by Dasan Jeong Yak-yong (1762-1836), this book of historical geography discusses the historical changes of the national border of Korea. Ascertained by relevant Korean and Chinese materials, it also includes the author's own comments. The copy in possession of the Korea University Library is a manuscript transcribed by Jeong Yak-yong's grandson (from his daughter) Yun Jeong-gi (1814-1879).

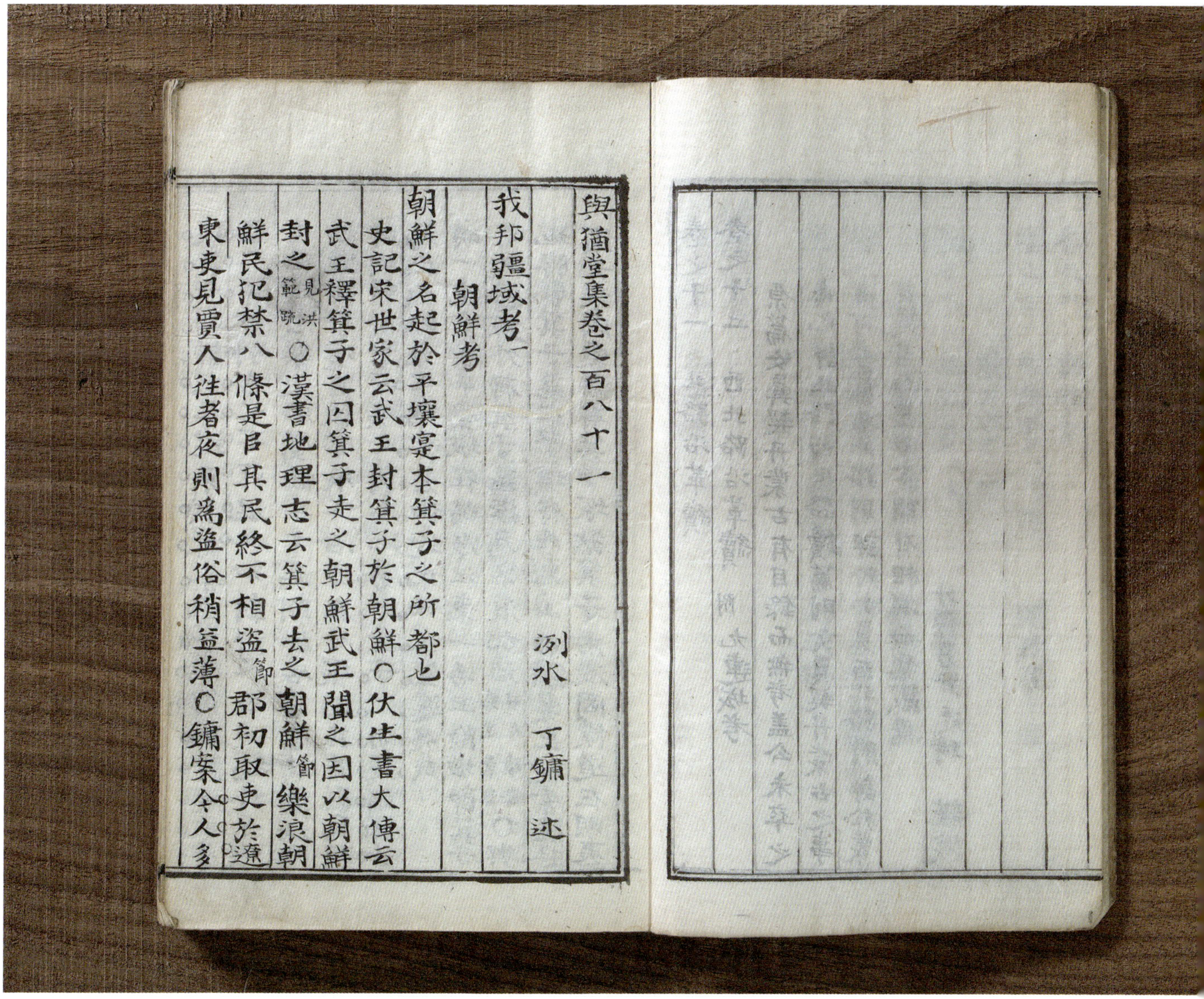
與猶堂集卷之百八十一
我邦疆域考一　洌水　丁鏞　述
朝鮮考
朝鮮之名起於平壤寔本箕子之所都也
史記宋世家云武王封箕子於朝鮮○伏生書大傳云
武王釋箕子之囚箕子走之朝鮮武王聞之因以朝鮮
封之見洪範疏○漢書地理志云箕子去之朝鮮節樂浪朝
鮮民犯禁八條是以其民終不相盜節郡初取吏於遼
東吏見賈人往者夜則爲盜俗稍益薄○鏞案今人多

왕세자입학도첩

王世子入學圖帖

Wangsejaiphakdocheop

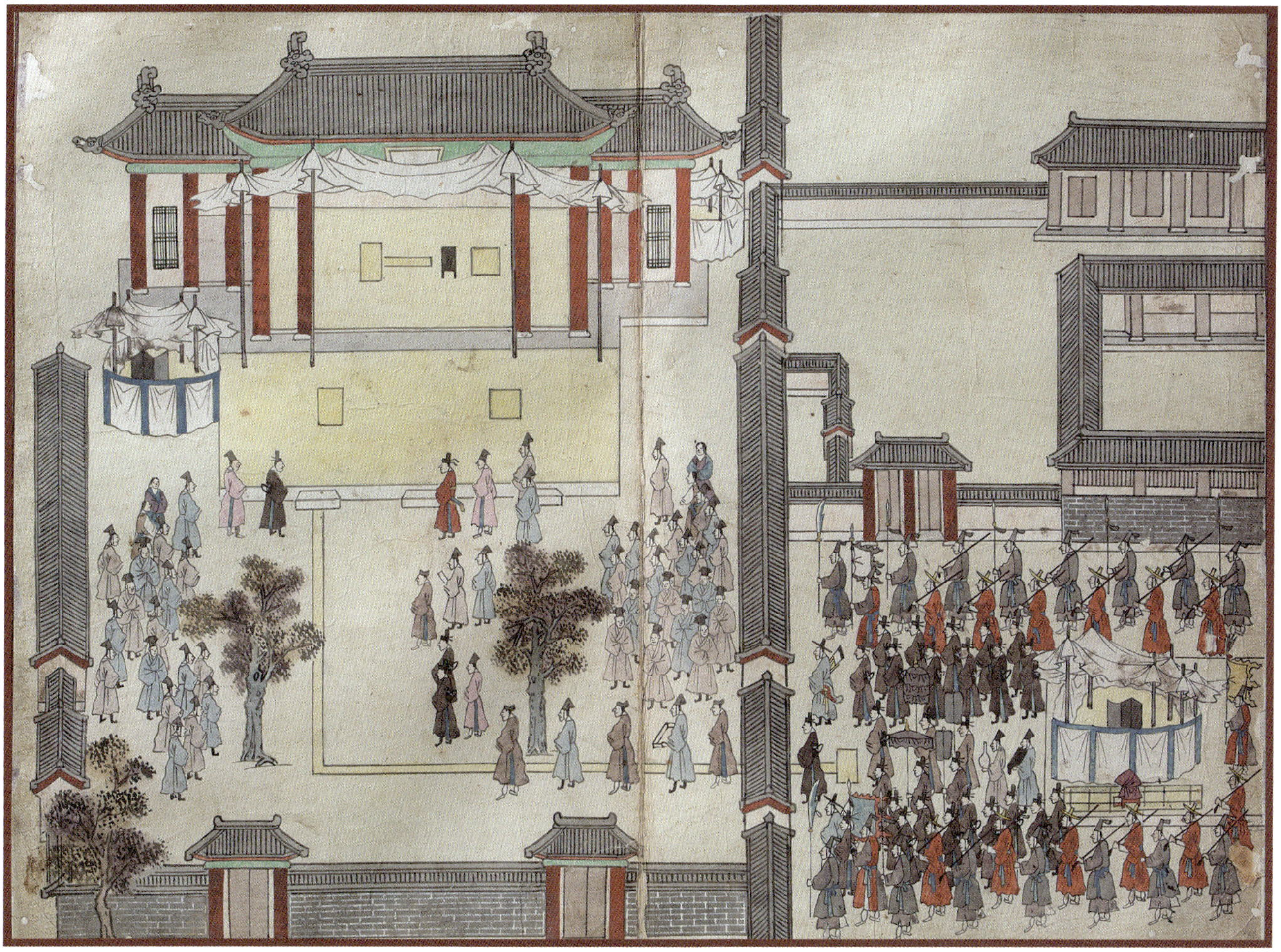

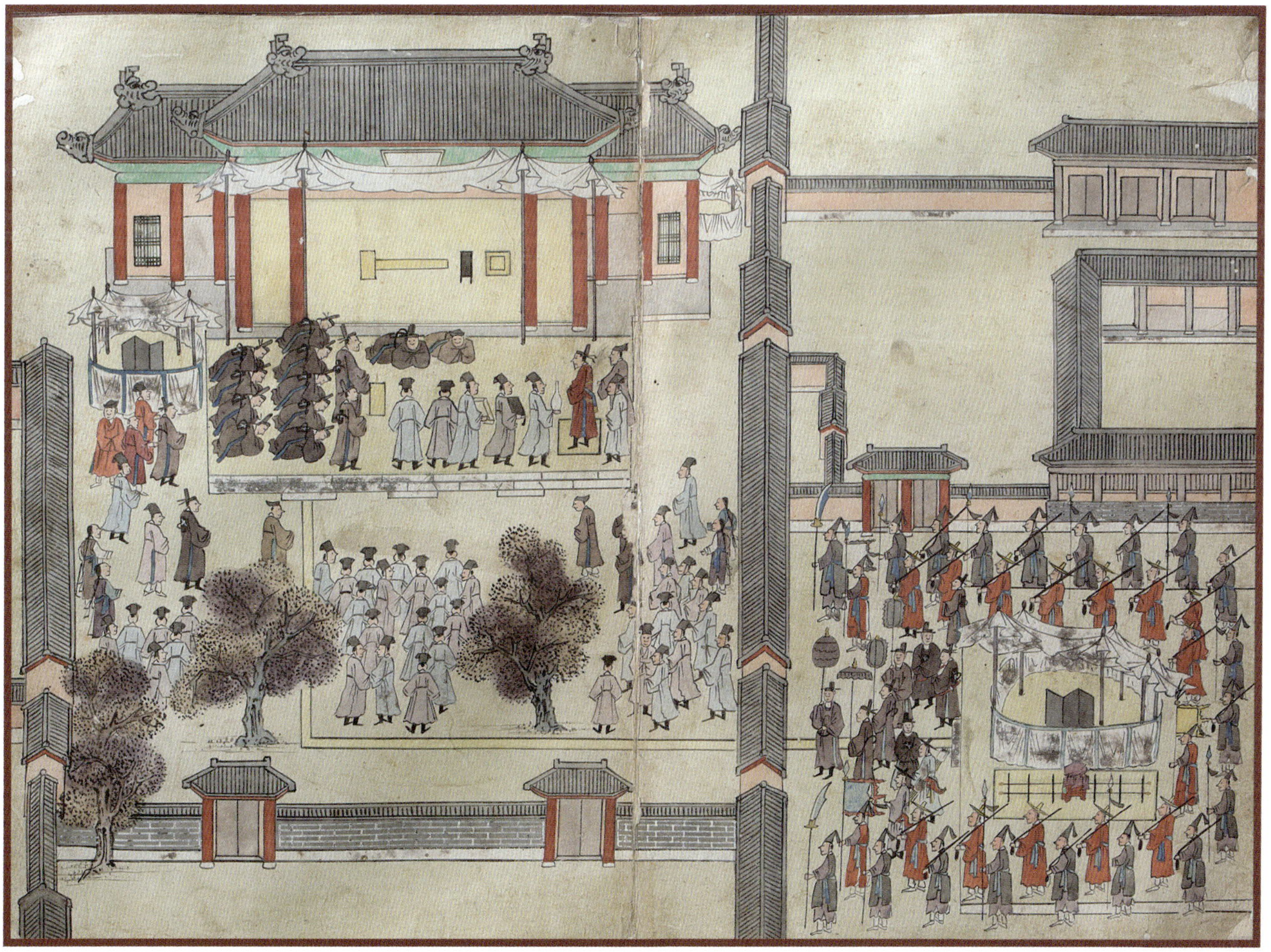

왕세자입학도첩 王世子入學圖帖

1817년 3월 11일 순조의 아들 효명세자孝明世子(1809-1830)의 성균관 입학을 기념하여 제작한 그림첩이다. 제1면부터 제5면까지 입학 의례의 주요한 단계를 그림으로 묘사하고 제6면은 이튿날의 진하례 장면을 묘사했다. 서울시 유형문화재 제307호이다.

Wangsejaiphakdocheop

Produced in celebration of King Sunjo's son Crown Prince Hyomyeong's (1809-1830) entrance to Sunggyungwan (national academy of Confucianism) on March 11th, 1817, the album of paintings describes the key phases of the entrance ceremony on pages one through five and a scene of jinharye ritual on page six. It has been designated as Tangible Cultural Heritage of Seoul Metropolitan Government No. 307.

◈ 세자시강원世子侍講院 편·화編·畫
1817
1첩
필사본(채색화)
40.2 × 26.2 cm
화산 貴 674

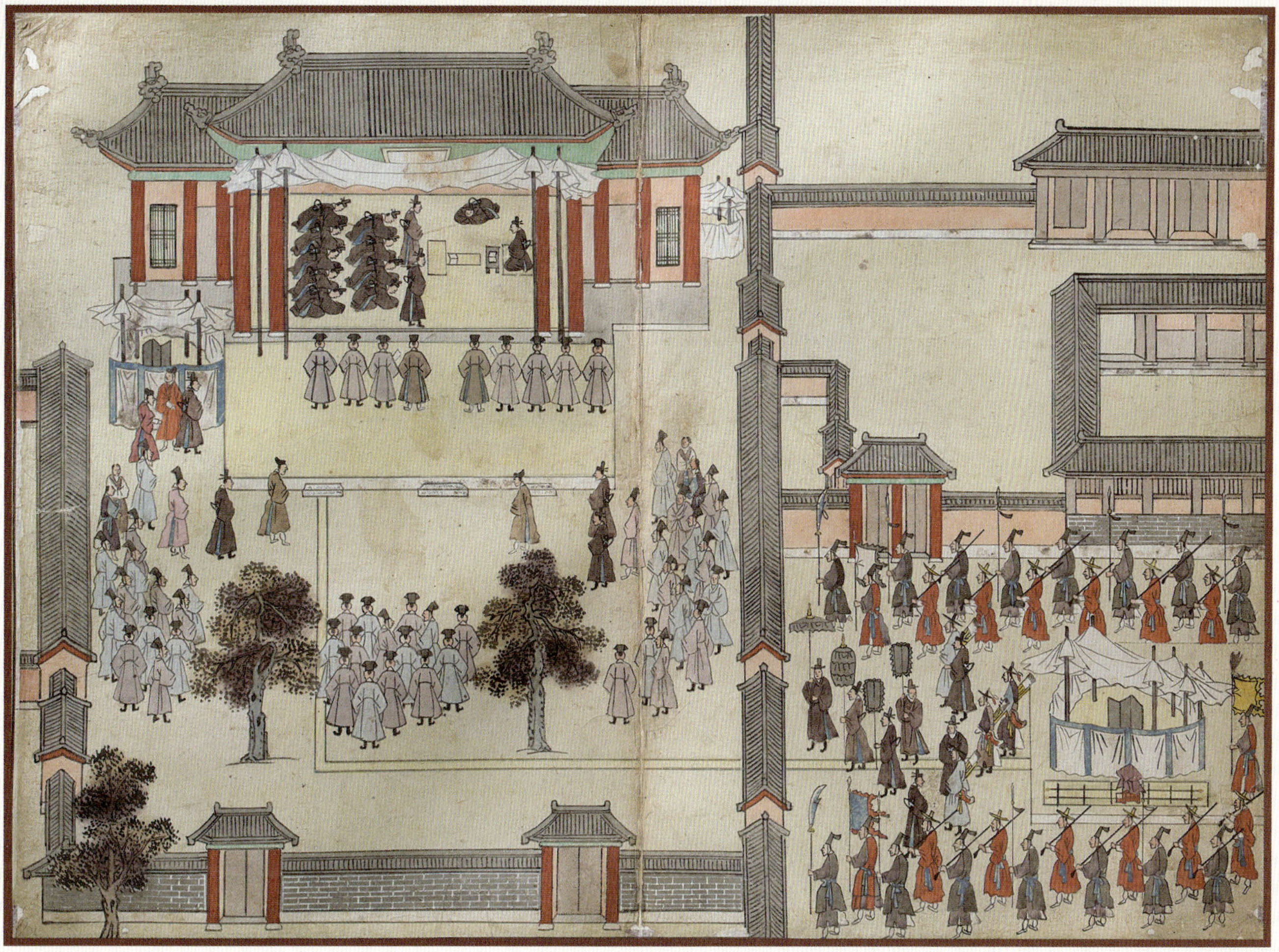

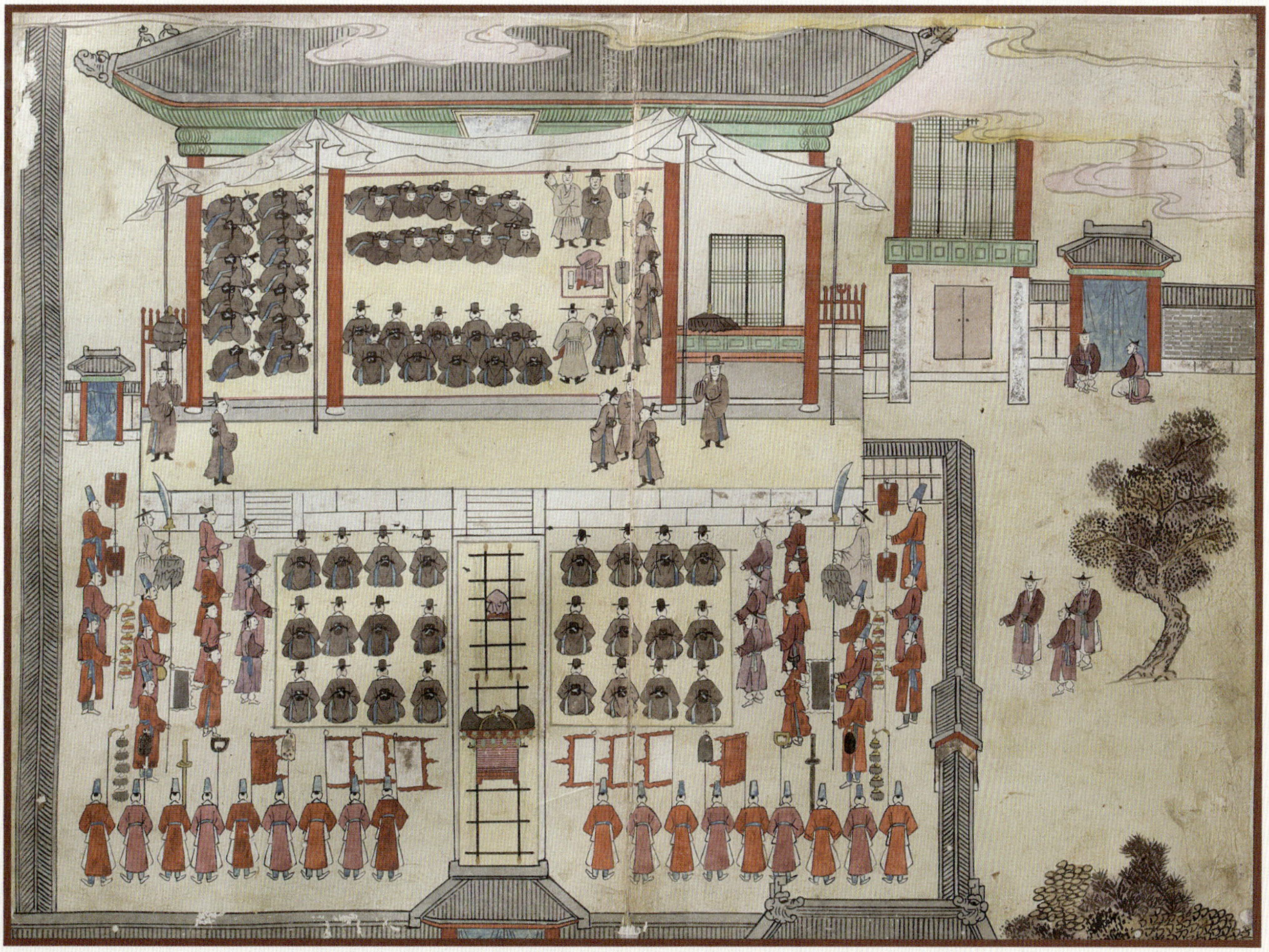

청구도

青邱圖
Cheonggudo

청구도 靑邱圖

고산자古山子 김정호金正浩가 1834년 제작한 우리나라 지도로 채색 필사본이다. 지역을 가로세로 방격方格으로 구분하여 표현한 방안지도方眼地圖로, 1861년 제작된 《대동여지도大東輿地圖》의 바탕이 되었다. 보물 제1594-3호이다.

Cheonggudo

Designated as Treasure No. 1594-3, it is a manuscript in color of the national map produced by Gosanja Kim Jeong-ho in 1834. It is a sectioned map, which segments the entire map horizontally and vertically into numerous sections, providing the foundation for the 1861 national map *Daedongyeojido*, the Map of the Great East.

◈ 김정호金正浩
1834
1책
필사본
30.6 × 20.5 cm
貴 511

[자]

子

Arts and Science

금자사경
金字寫經 • Geumjasagyeong

십팔나한도
十八羅漢圖 • Sippalnahando

십이연생상서경
十二緣生祥瑞經 • Sibiyeonsaengsangseogyeong

양촌선생입학도설
陽村先生入學圖說 •Yangchonseonsaengiphakdoseol

천원옥력상이부
天元玉曆祥異賦 • Cheonwonongnyeoksangyibu

무경소학
武經小學 • Mugyeongsohak

번역소학
飜譯小學 • Beonyeoksohak

식물본초
食物本草 • Singmulboncho

청량답순종심요법문
淸涼答順宗心要法門 • Cheongnyangdapsunjongsimyobeommun

벽송당야로송
碧松堂埜老頌 • Byeoksongdangyarosong

석가여래행적송
釋迦如來行蹟頌 • Seokgayeoraehaengjeoksong

속몽구분주
續蒙求分註 • Sokmonggubunju

천명도해
天命圖解 • Cheonmyeongdohae

우마양저염역병치료방
牛馬羊猪染疫病治療方 • Umayangjeoyeomyeokbyeongchiryobang

신편집성마의방
新編集成馬醫方 • Sinpyeonjipseongmauibang

금자사경

金字寫經

Geumjasagyeong

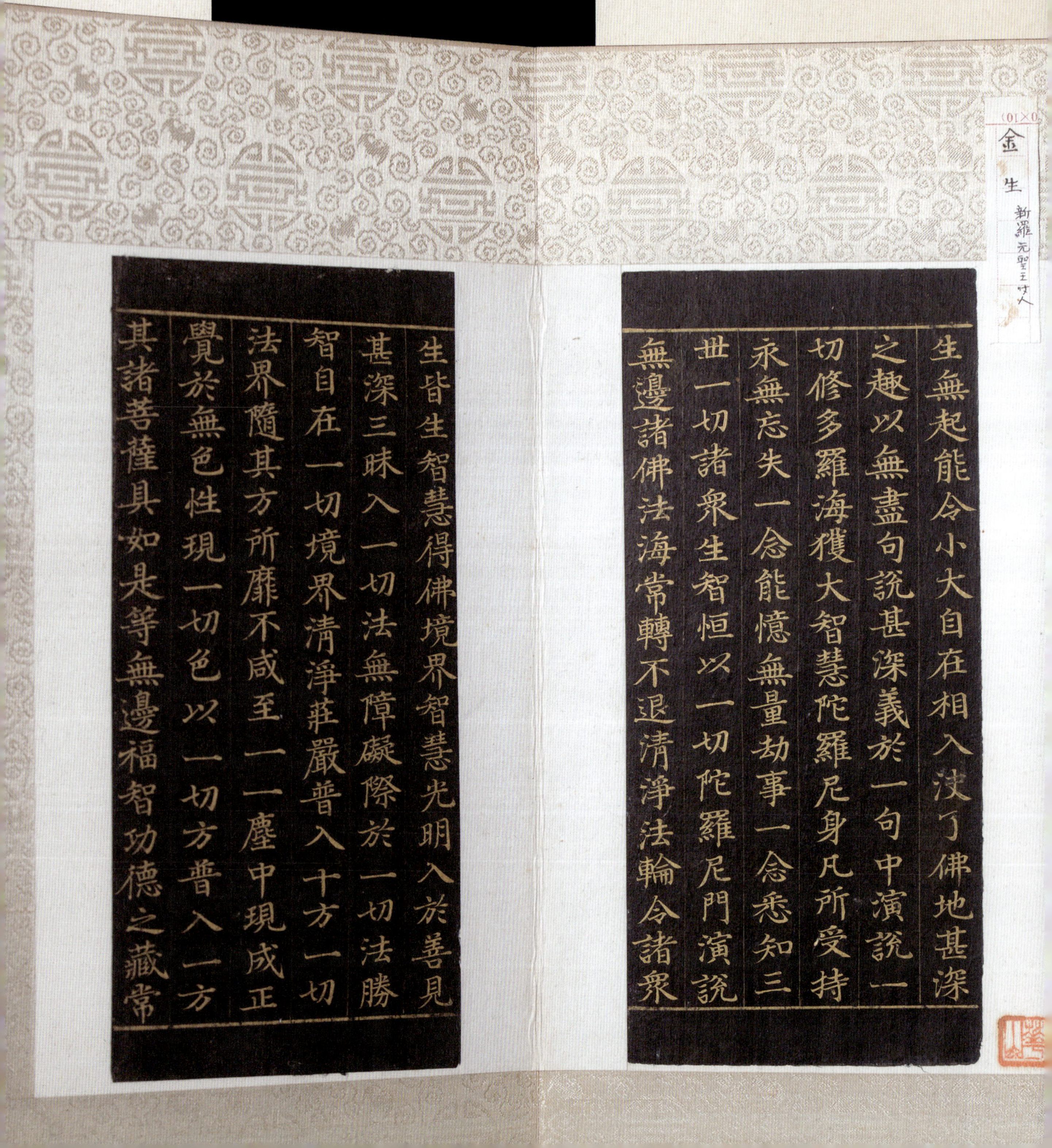

生皆生智慧得佛境界智慧光明入於善見
甚深三昧入一切法無障礙際於一切法勝
智自在一切境界清淨莊嚴普入十方一切
法界隨其方所靡不咸至一一塵中現成正
覺於無色性現一切色以一切方普入一方
其諸菩薩具如是等無邊福智功德之藏常

금자사경 金字寫經

《화엄경華嚴經》을 금가루로 쓴 불교 경전으로, 신라의 명필 김생金生의 글씨라고 전해진다. 고려대학교 도서관 소장본이 유일본이다.

Geumjasagyeong

This is the Buddhist sutra *Hwaeomgyeong* written with gold powder, allegedly by the renowned calligrapher Kim Saeng of Silla. The Korea University Library possesses the only surviving copy.

◈ 김생金生
미상
1첩
필사본
34.7 × 21.6 cm
화산 貴 186

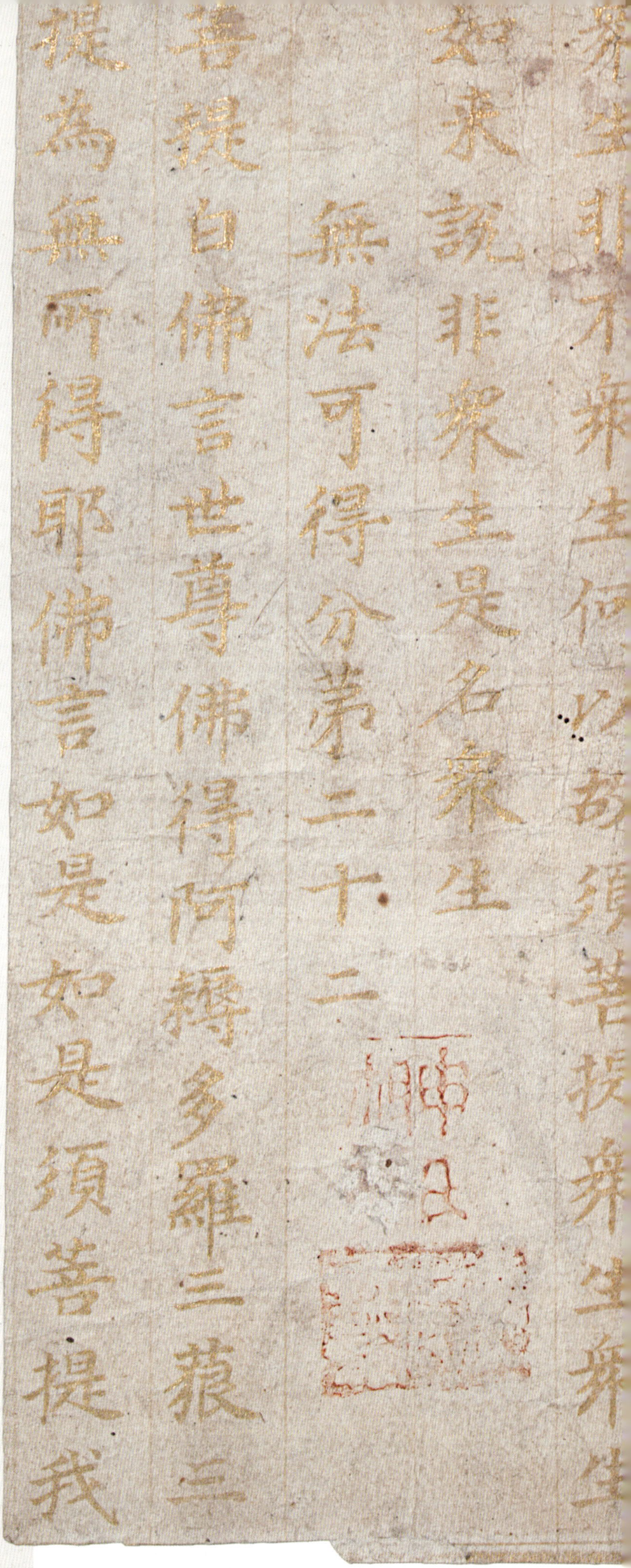

如來說非衆生是名衆生
無法可得分第二十二
菩提白佛言世尊佛得阿耨多羅三藐三
提為無所得耶佛言如是如是須菩提我

爾時普光正見如来以佛威力報
鬼使言無常殺鬼我今現欲爲顛
倒女説長壽命滅罪經且待須臾

價寶珠繫其衣裏與之而去其人醉臥都不
覺知起已遊行到扵他國爲衣食故勤力求
索甚大艱難若少有所得便以爲足扵後親
友會遇見之而作是言咄哉丈夫何爲衣食

法界所謂於念念中放大光明雲充滿十方
悉能開悟一切衆生出一切摩尼寶鈴雲充
滿十方出微妙音偁揚讚歎三世諸佛一切
功德出一切音樂雲充滿十方音中演說一
切衆生諸業果報出一切菩薩種種願行色
相雲充滿十方說諸菩薩所有大願出一切

周經苐六十一　六幅　周經苐六十一　五幅

爲諸佛之所偁歎種種言辭說其功德不能
令盡靡不咸在逝多林中深入如來功德大
海悉見於佛光明所照爾時諸菩薩得不思
議正法光明心大歡喜各於其身及以樓閣
諸莊嚴具并其所坐師子之座徧逝多林一
切物中化現種種大莊嚴雲充滿一切十方

십팔나한도

十八羅漢圖

Sippalnahando

십팔나한도 十八羅漢圖

명明나라 고흡古歙 이국녕李國寧이 십팔十八 나한羅漢의 그림을 그리고 찬贊을 쓴 그림첩이다. 검은 바탕에 금가루와 은가루를 사용하여 그렸다. 고려대학교 도서관 소장본이 유일본이다.

Sippalnahando

This is the album of the paintings and eulogies of the eighteen disciples of Buddha by Guxi Li Gouning of the Ming Dynasty. It was produced on a black-colored background with gold and silver powder. The Korea University Library possesses the only surviving copy.

◈ 이국녕李國寧
미상
1첩
필사본
27.2 × 16.0 cm
화산 貴 182

空山
225636

십이연생상서경

十二緣生祥瑞經

Sibiyeonsaengsangseogyeong

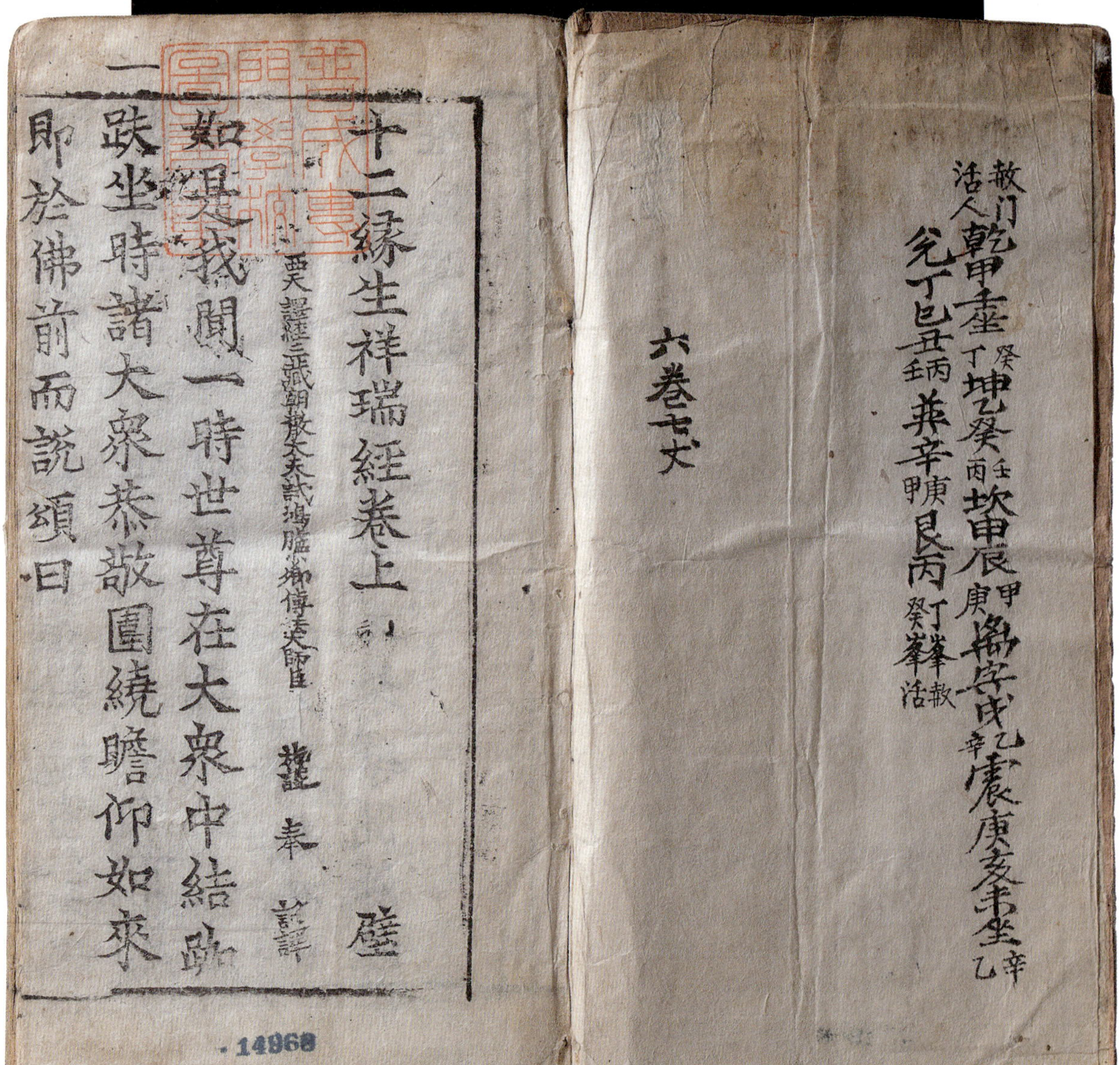

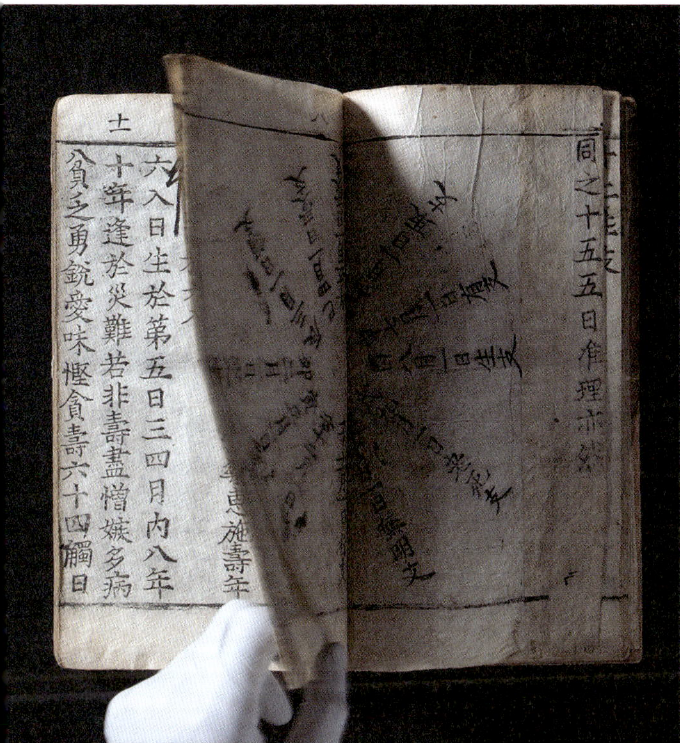

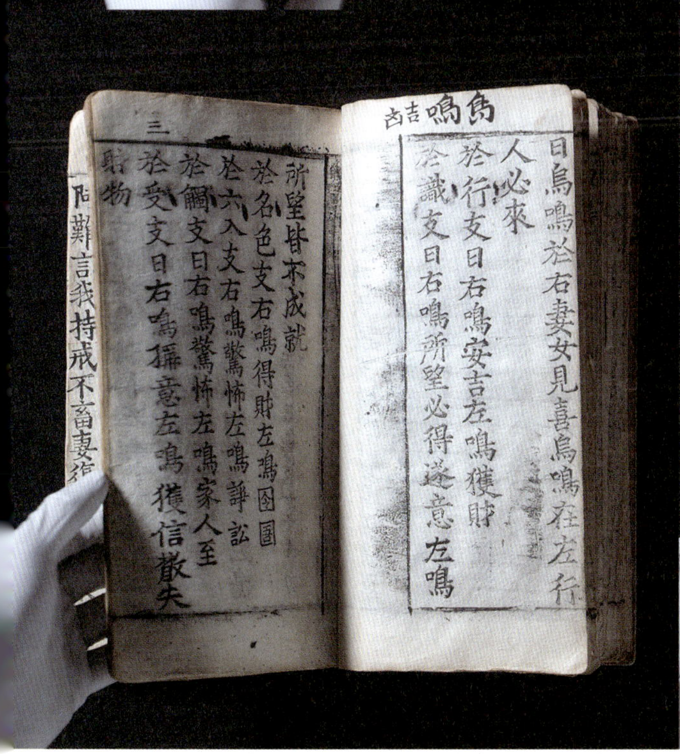

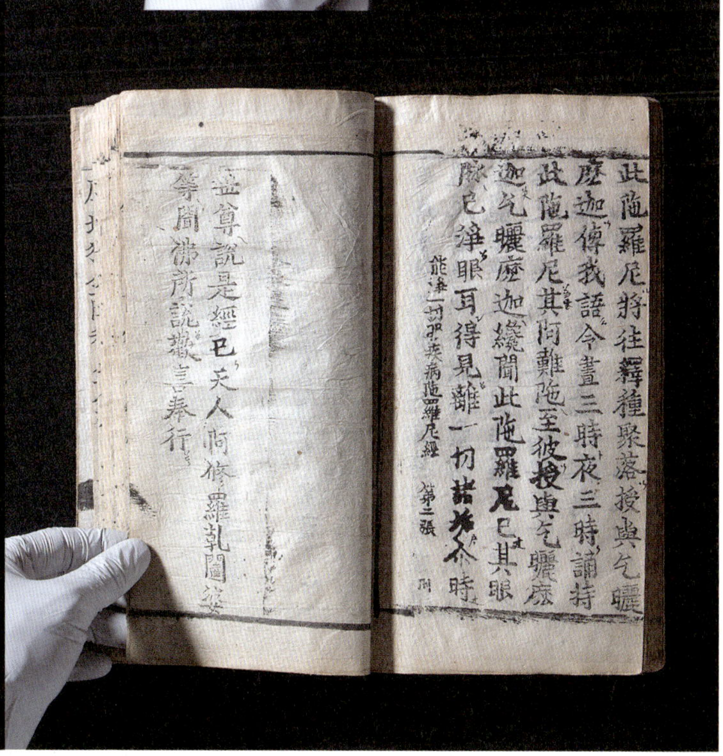

십이연생상서경 十二緣生祥瑞經

북송北宋 시대 인도 출신
역경승譯經僧 시호施護가 번역한
《십이연생상서경十二緣生祥瑞經》과 8종의
불서를 모아서 대장도감大藏都監에서 간행한
책이다. 고려 시대 목판본으로, 불경 가운데
희귀한 판본이다.

Sibiyeonsaengsangseogyeong

This is a compilation of eight Buddhist sutras along with *Sibiyeonsaengsangseogyeong* translated by Shihu, the Indian-born Buddhist monk-translator in the Northern Song Dynasty. Printed with woodblocks in the Goryeo Dynasty at the Daejangdogam (the national bureau for Tripitaka printing), this copy is one of the rarest Buddhist classics.

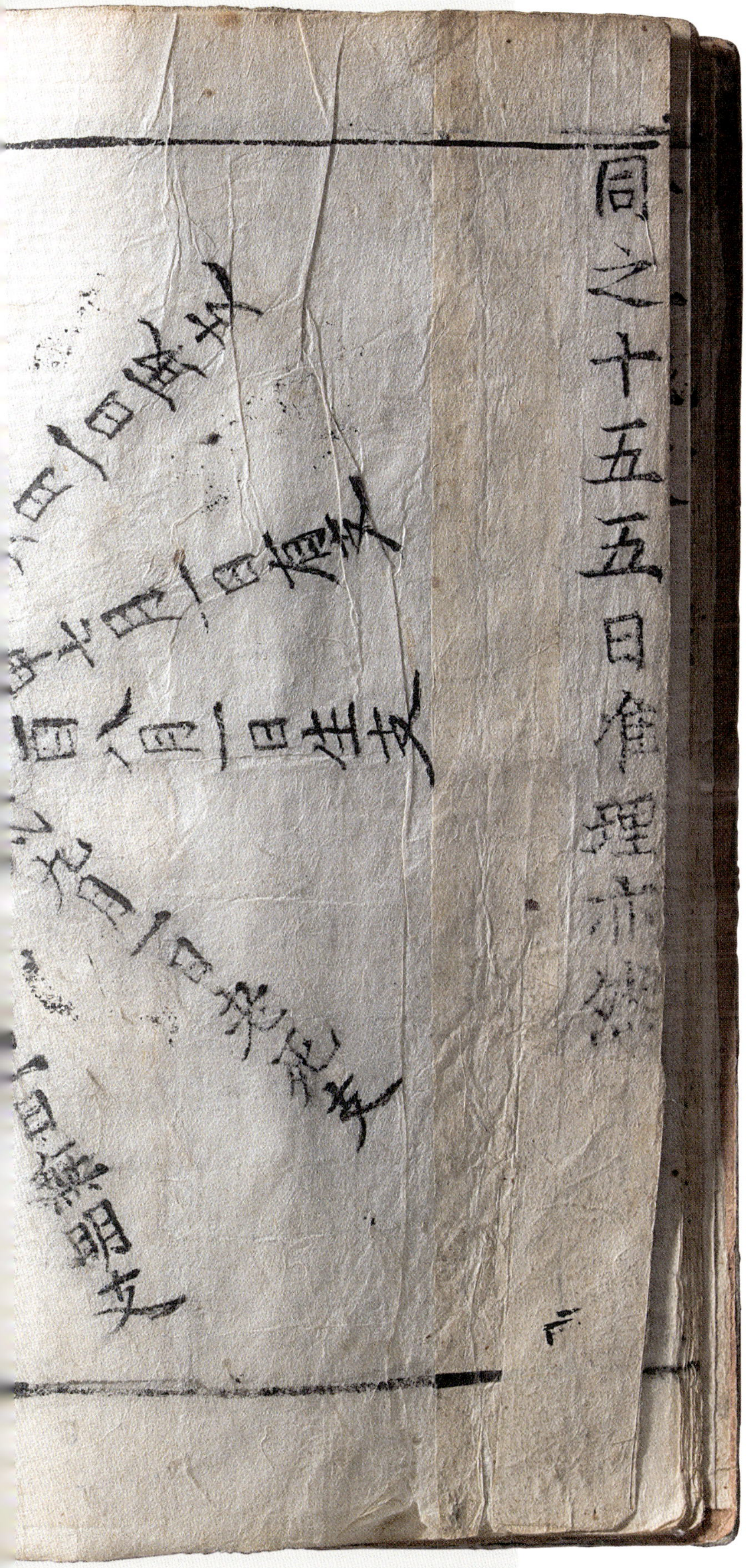

◈ 시호施護 역譯
미상
1책
목판본
28.1 × 16.4 cm
貴 70

양촌선생입학도설

陽村先生入學圖說

Yangchonseonsaengiphakdoseol

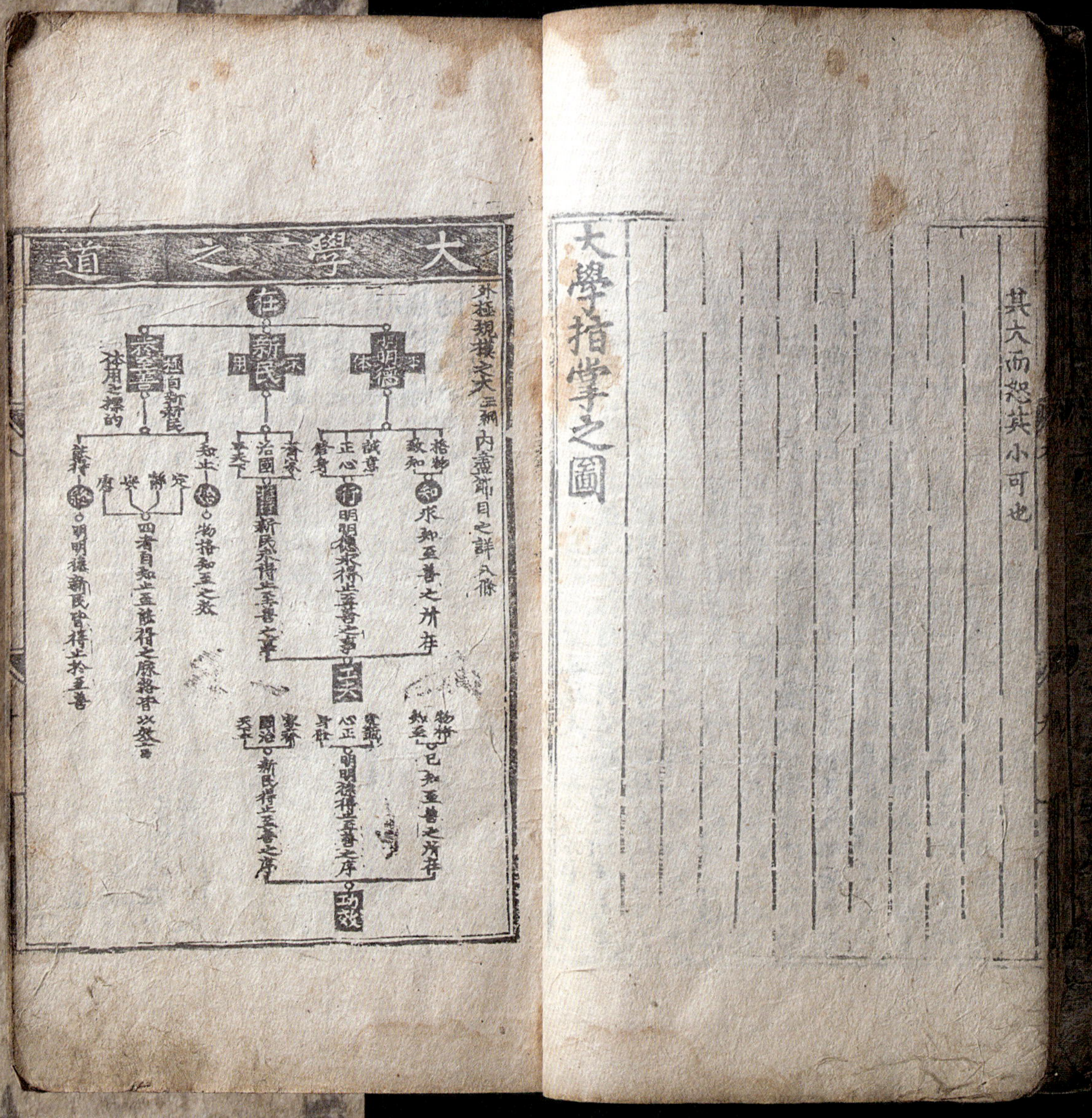

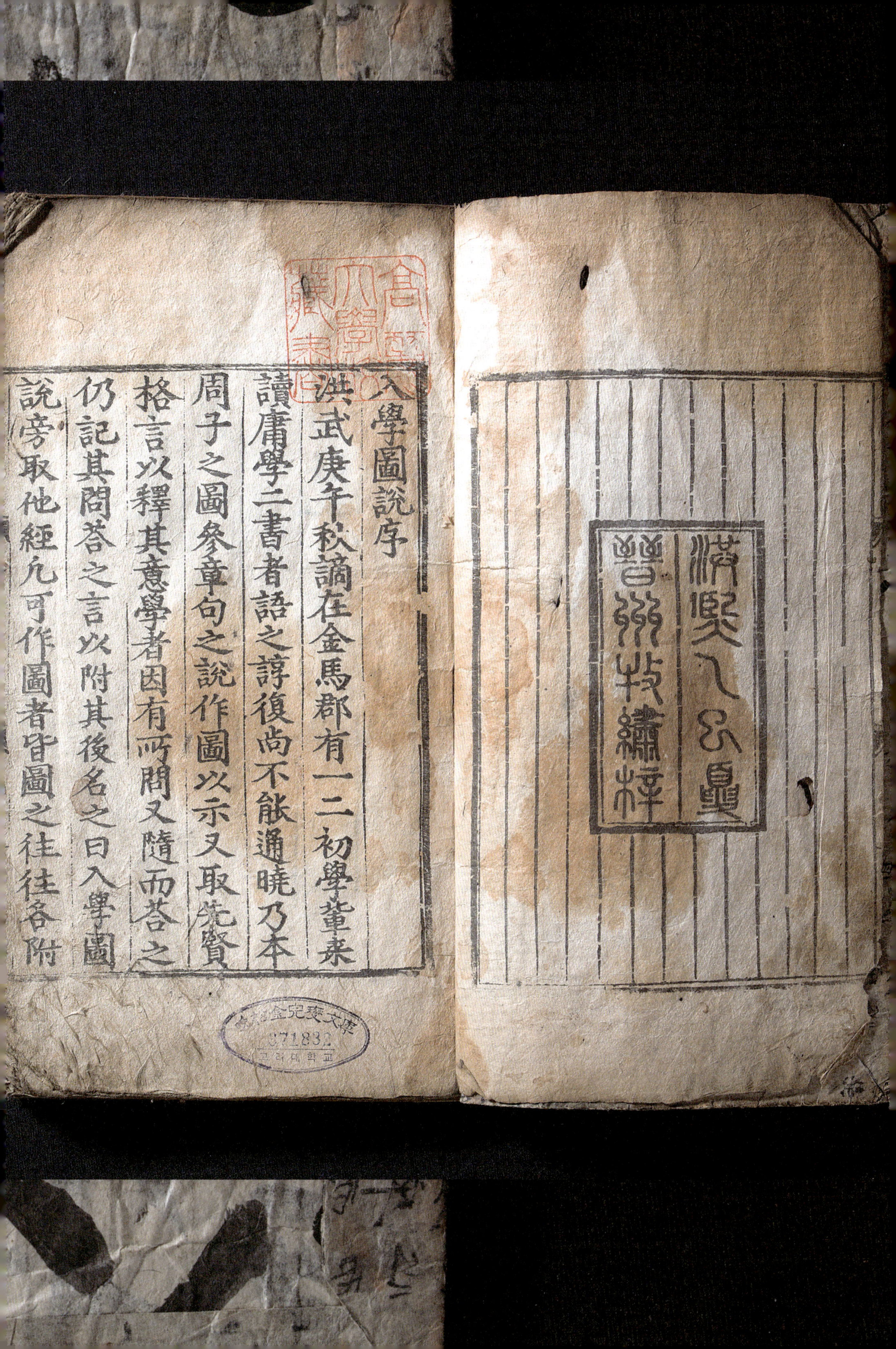
入學圖說序
洪武庚午秋謫在金馬郡有一二初學輩來
讀庸學二書者語之諄復尚不能通曉乃本
周子之圖叅章句之說作圖以示又取先賢
格言以釋其意學者因有所問又隨而荅之
仍記其問荅之言以附其後名之曰入學圖
說旁取他經凡可作圖者皆圖之往往各附
晉州牧繡梓

양촌선생입학도설 陽村先生入學圖說

양촌陽村 권근權近(1352-1409)이 성리학 원리를 도해圖解한 책이다. 고려대학교 도서관 소장본은 1397년에 경상도 진주晉州에서 목판으로 간행한 초간본이다.

Yangchonseonsaengiphakdoseol

Written by Yangchon Gwon Geun (1352-1409), it diagrammatically illustrates the principles of Neo-Confucianism. The copy in possession of the Korea University Library is the first edition, woodblock printed in 1397 in Jinju, Gyeongsang-do.

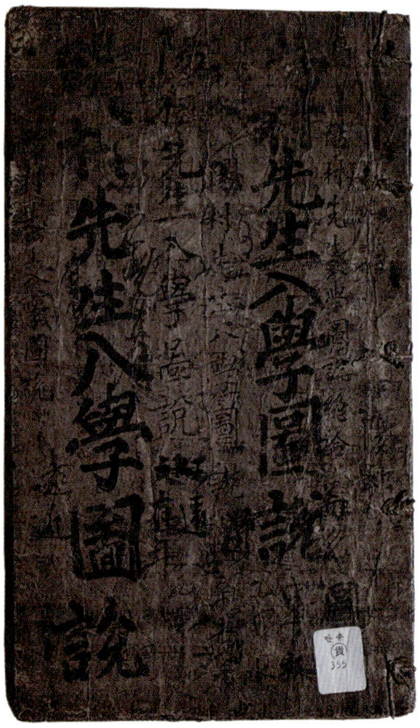

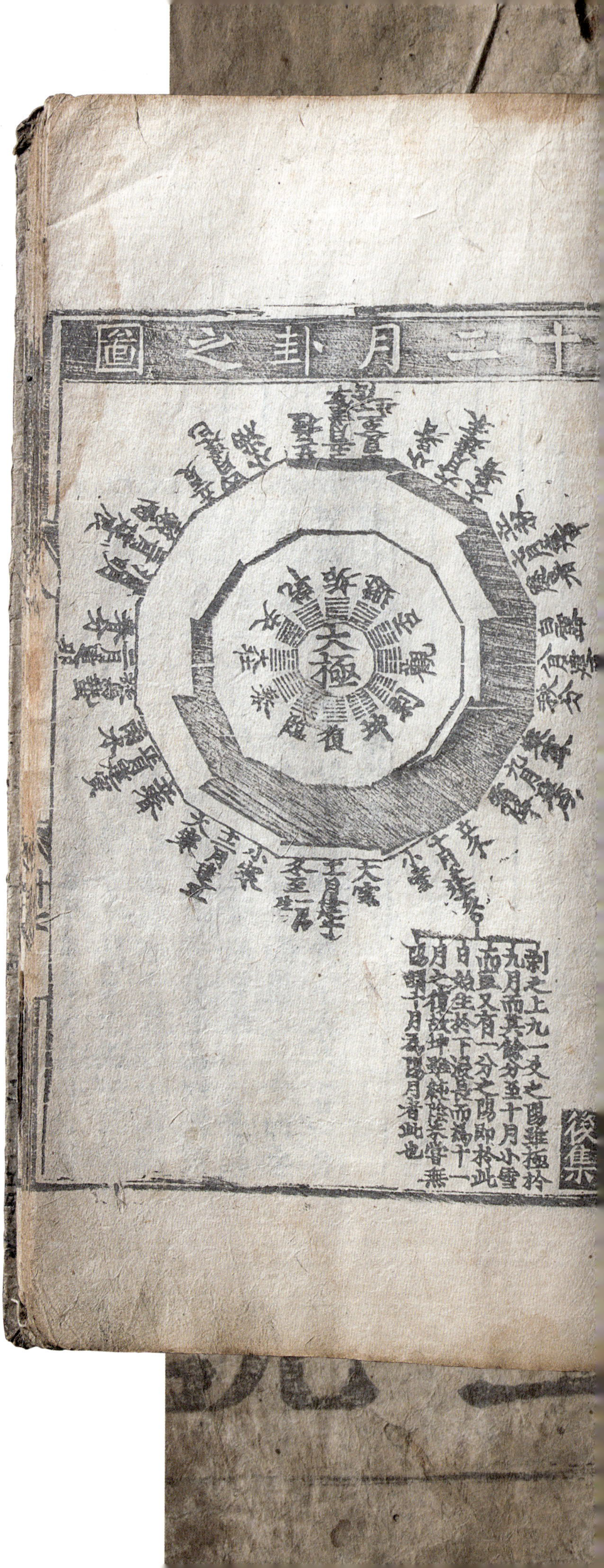

◈ 권근權近
1397
1책
목판본
26.3 × 15.3 cm
만송 貴 355

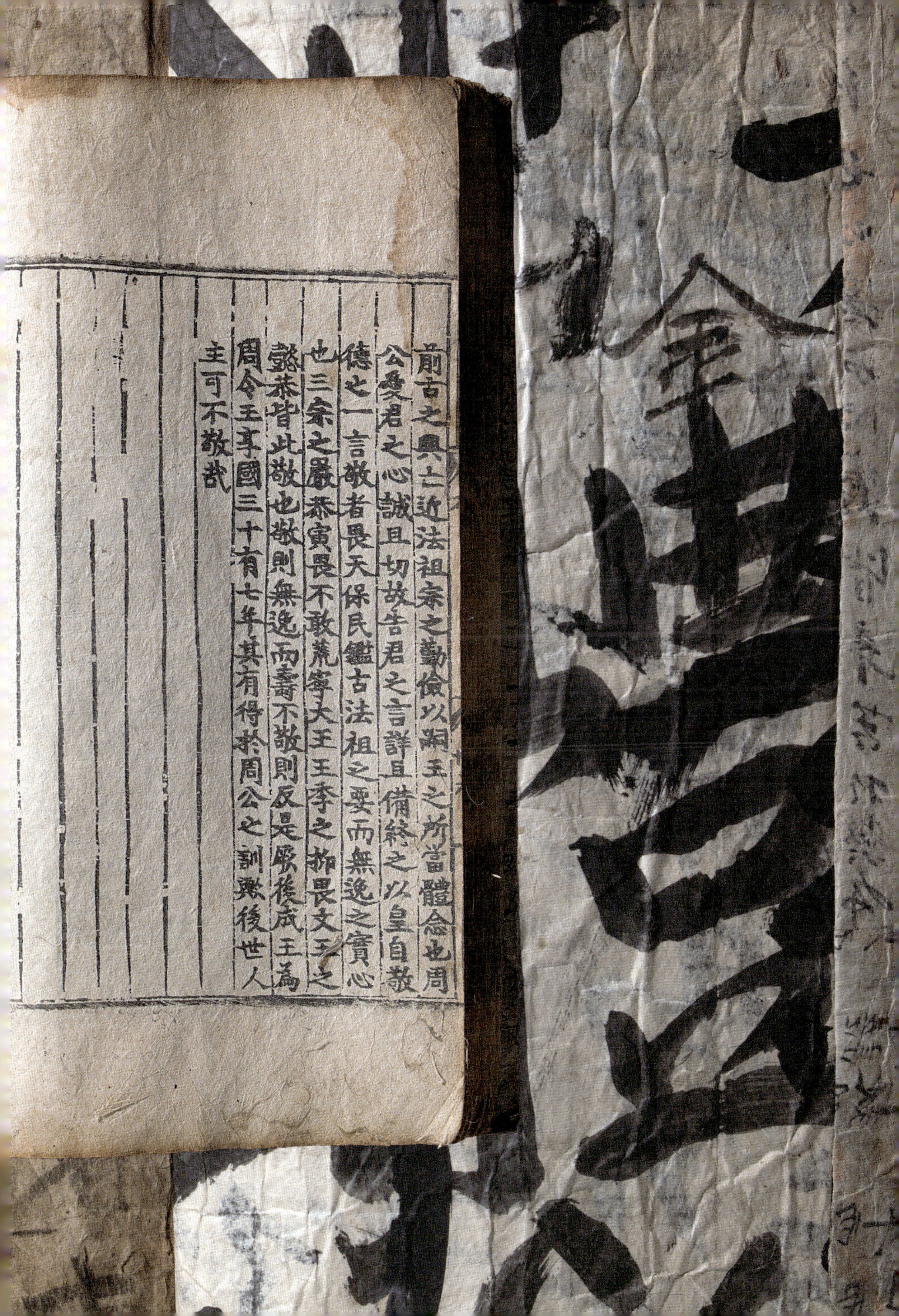
前古之興亡近法祖宗之勤儉以嗣王之所當體念也周
公憂君之心誠且切故告君之言詳且備終之以皇自敬
德之一言敬者畏天保民鑑古法祖之要而無逸之實心
也三宗之嚴恭寅畏不敢荒寧大王王季之抑畏文王之
懿恭皆此敬也敬則無逸而壽不敬則反是厥後成王爲
周令王享國三十有七年其有得於周公之訓歟後世人
主可不敬哉

천원옥력상이부

天元玉曆祥異賦

Cheonwonongnyeoksangyibu

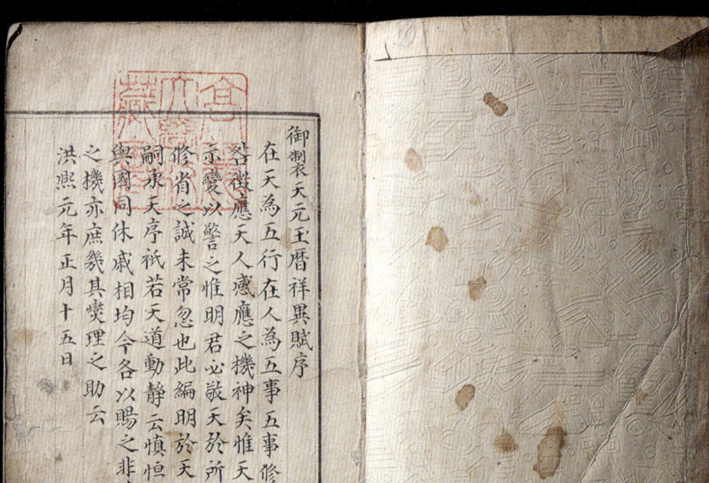

天雨金鐵占

朱文公曰
雨金鐵則残酷之由
宋志曰
天雨金鐵是謂刑獄兵灾
隋書曰
天雨金銀非吉祥有亂臣
也

천원옥력상이부 天元玉曆祥異賦

명明나라 인종仁宗이 친히 지었다고 전해지는 점술서이다. 여러 색을 배합하여 그린 그림과 해서로 필사한 글로 구성되었다. 조선 인조 때 관상감觀象監의 《재이고災異考》 편찬에 참고가 되었다.

Cheonwonongnyeoksangyibu

Allegedly written by Hongxi Emperor of the Ming Dynasty himself, this book on fortune-telling presents illustrations in multiple colors and texts calligraphed in the Haeseo font and was referred to in the writing of *Jaeigo* by Gwansanggam (the government office of astronomy and weather observation) under the reign of King Injo of the Joseon Dynasty.

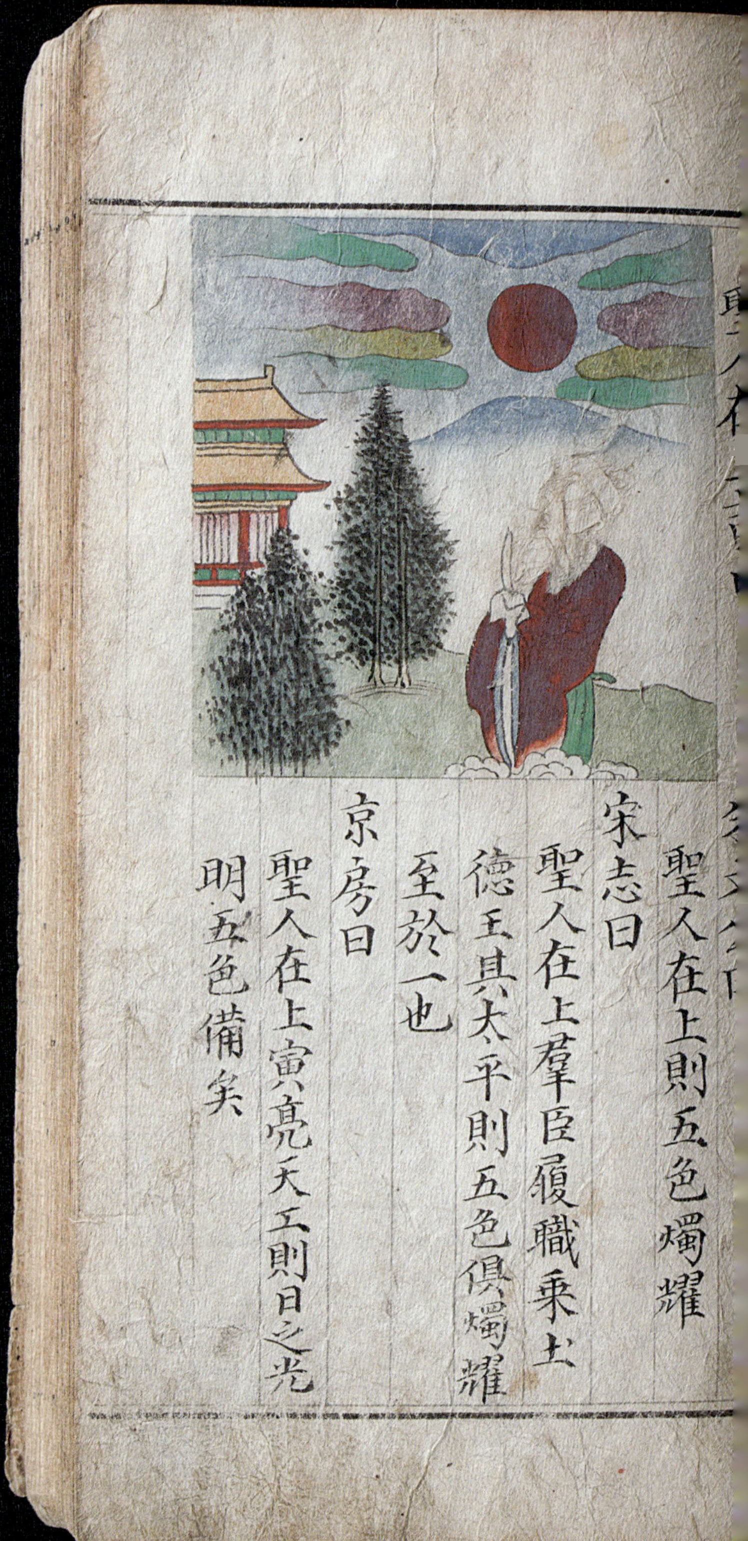
聖人在上則五色燭耀
宋志曰
聖人在上羣臣履職秉土
德王其太平則五色俱燭耀
至於一也
京房曰
聖人在上寅亮天工則日之光
明五色備矣

揚光耀占

朱文公曰
揚光耀德政之祥

宋志曰
人君德政皆則德色精明而
揚光轉異於常也

◈ 명明 인종仁宗
미상
10책
필사본
26.4 × 15.6 cm
만송 貴 319

무경소학

武經小學

Mugyeongsohak

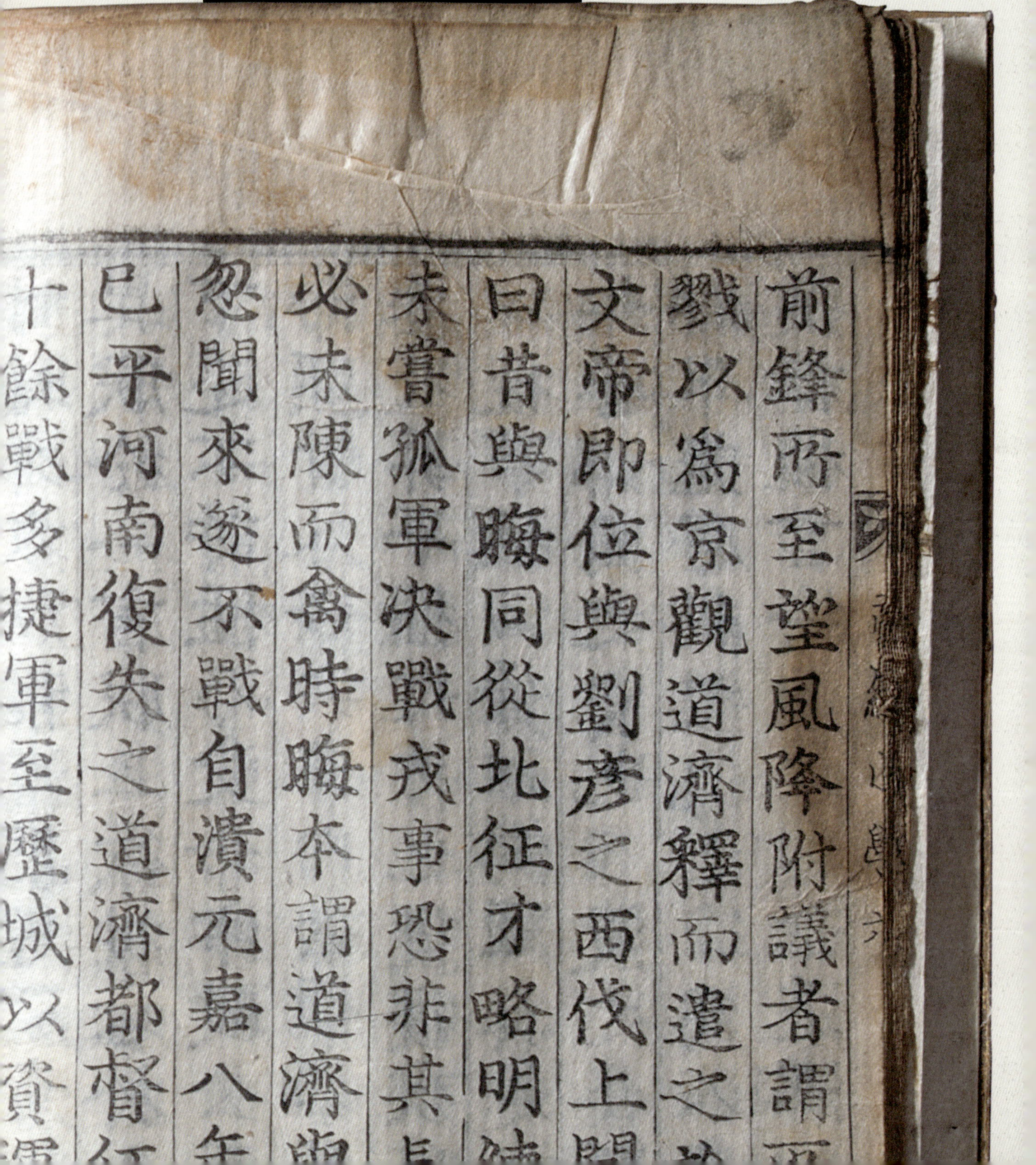

武經小學卷之四

四明後學張[illegible]纂

兵略第三下　內篇

尉繚子曰兵有去備徹威而勝者以其有[illegible]故也有器用之蚤定也其應敵也周其總[illegible]也極故五人而伍十人而什百人而卒千[illegible]而率萬人而將已周已極其朝死則朝[illegible]死則暮代權敵審將而後舉兵故[illegible]集[illegible][illegible]里者旬日百里者一日必[illegible]

무경소학 武經小學

명明나라 장해張楷가 편찬한 중국 병서兵書이다. 조선 성종 연간에 을해자乙亥字로 간행되었으며, 조선 시대 병법 강습에 많이 이용되었다. 고려대학교 도서관 소장본인 낙질본 1책을 제외하고는 아직 전질이 발견되지 않았다.

Mugyeongsohak

Originally authored by Zhang Kai of the Ming Dynasty, this Chinese military treatise was printed with eulhaeja type under the reign of King Seongjong of the Joseon Dynasty and widely employed in military trainings in the nation. Among the complete set, only one volume has been found so far, which belongs to the Korea University Library collection.

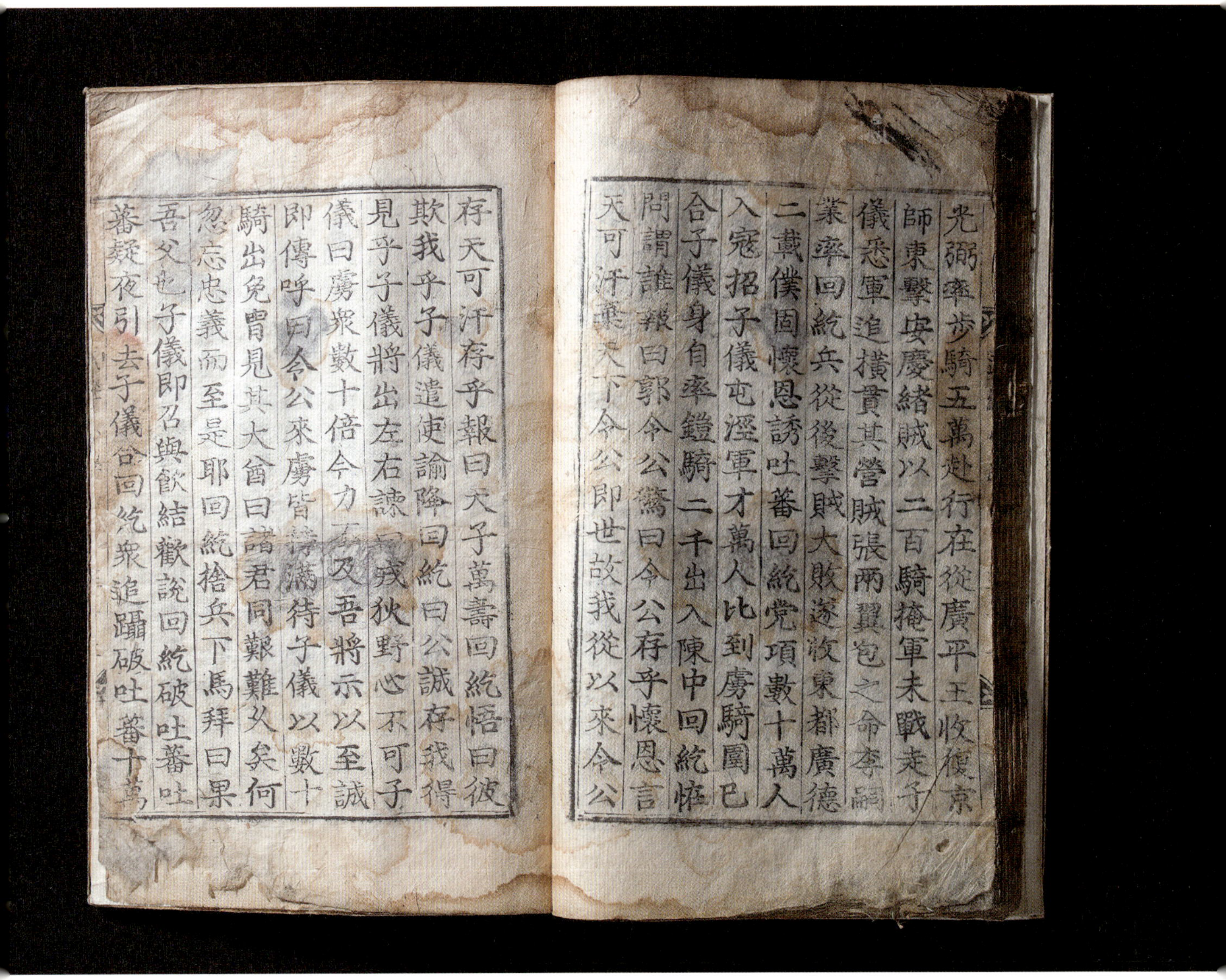

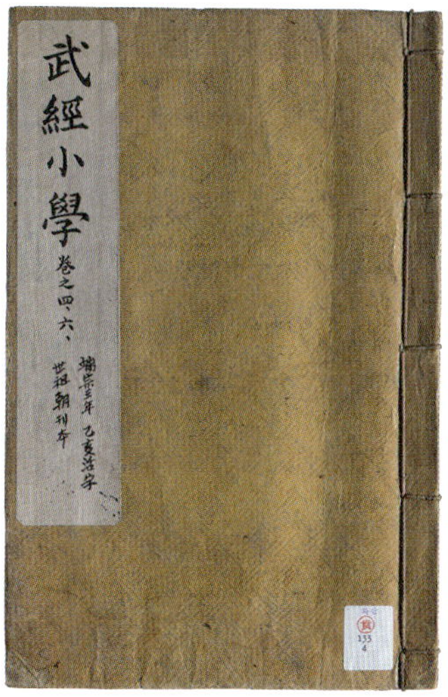

◈ 장해張楷

미상

영본零本 1책

금속활자본(을해자)

29.7 × 19.4 cm

화산 貴 133

번역소학

飜譯小學

Beonyeoksohak

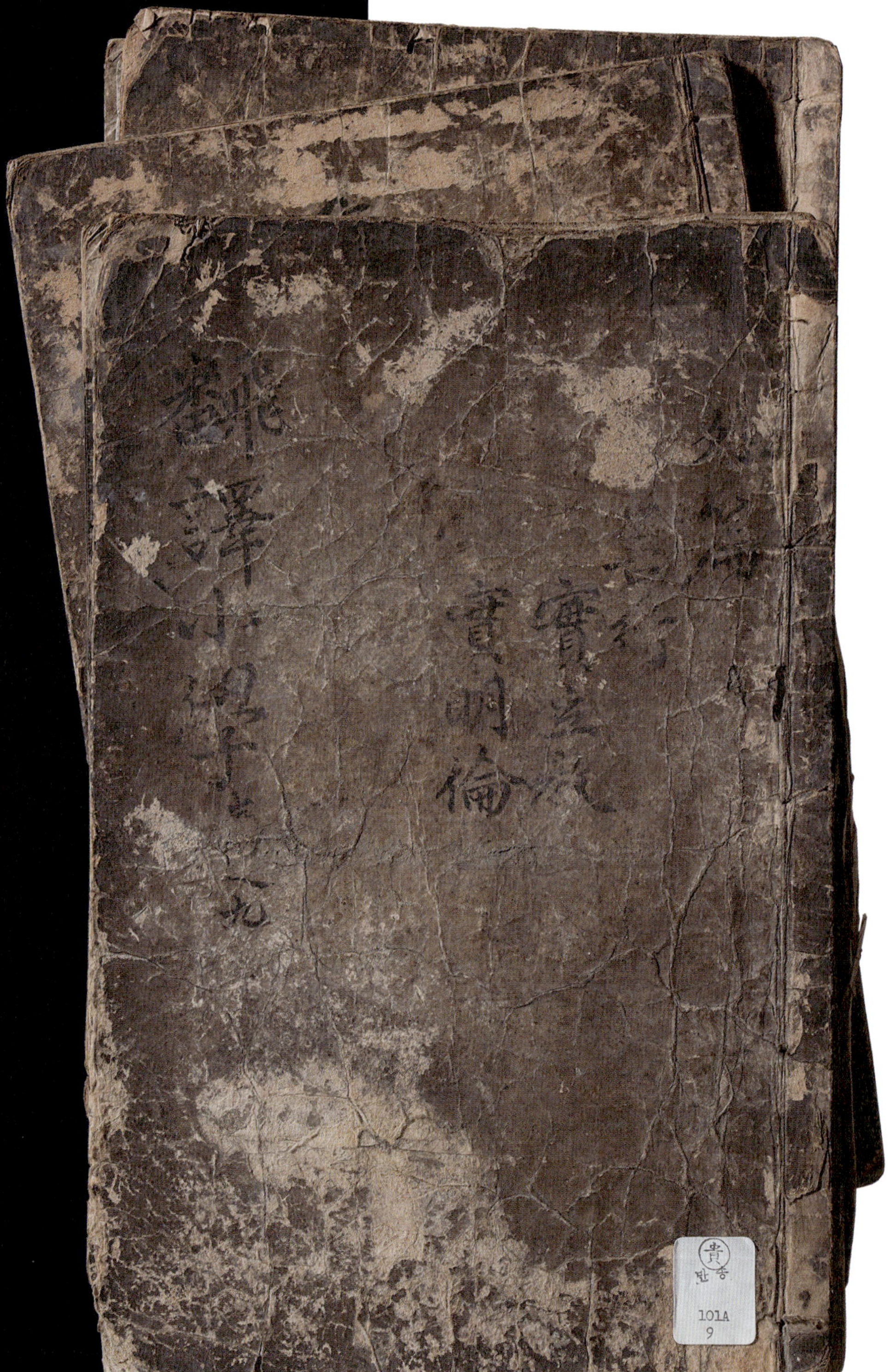

飜번譯역小쇼學ᄒᆞᆨ卷권之지八팔

外외篇편

董동仲듕舒셔ㅣ曰왈仁인人신者쟈ᄂᆞᆫ正졍其기誼의不블謀모其기利리ᄒᆞ며明명其기道도ㅣ不블計계其기功공이니라

董동仲듕舒셔ㅣ닐오ᄃᆡ仁인ᄒᆞᆫ사ᄅᆞᄆᆞᆫ올ᄒᆞᆫ이ᄅᆞᆯ정다이ᄒᆞ고리케ᄒᆞ요ᄆᆞᆯ꾀ᄒᆞ디아니ᄒᆞ며도리ᄅᆞᆯᄇᆞᆯ기고공효ᄅᆞᆯ혜아리디아니ᄒᆞᄂᆞ니라

번역소학 飜譯小學

나헌懶軒 김전金詮(1458-1523)과 충재忠齋 최숙생崔淑生(1457-1520) 등이 중종의 명으로 간행한《소학小學》번역서이다. 원元나라 하사신何士信의《소학집성小學集成》10권 10책을 저본底本으로 삼아 의역을 한 것이다. 초간본은 전하지 않는다. 고려대학교 도서관 소장본은 16세기 복각본으로 제6-8권이다.

Beonyeoksohak

Translated from *Sohak* by Naheon Kim Jeon (1458-1523), Chungjae Choe Suk-saeng(1457-1520) and others on the orders of King Jungjong, *Beonyeoksohak* takes its origin from ten volumes bound into ten books of *Sohakjipseong* by He Shixin of the Yuan Dynasty. Its initial prints no longer exist, and the Korea University Library houses volumes VI-VIII reprinted in the 16th Century.

◈ 김전金詮 등 역譯
1518
영본零本 1책
목판본
32.2 × 21.2 cm
만송 貴 101A

식물본초

食物本草

Singmulboncho

食物本草 單

식물본초 食物本草

명明나라 노화盧和가 지은 동아시아 약용식물학인 본초학本草學 저술이다. 387종의 식물을 여덟 가지 범주로 분류하고, 각각의 맛과 성분, 이용 방법, 효능 및 부작용을 설명했다. 조선에서는 내의원內醫院에서 명종, 선조 초에 갑진자甲辰字 활자본을 간행하였다. 고려대학교 도서관 소장본은 갑진자를 바탕으로 목활자를 섞어 간행되었다.

Singmulboncho

Written by Lu He of the Ming Dynasty, this book of East Asian bonchohak or herbal medicine categorizes 387 species of plants into eight groups and explains how each of them tastes and may be used, as well as their nutritional facts, effects, and side-effects. In the Joseon Dynasty, Naeuiwon (Royal Pharmaceutical Office) published it by using gapjinja type under the rule of King Myeongjong and the early reign of his successor King Seonjo. The copy in the Korea University Library was printed mainly with gapjinja type and supplementary wood type.

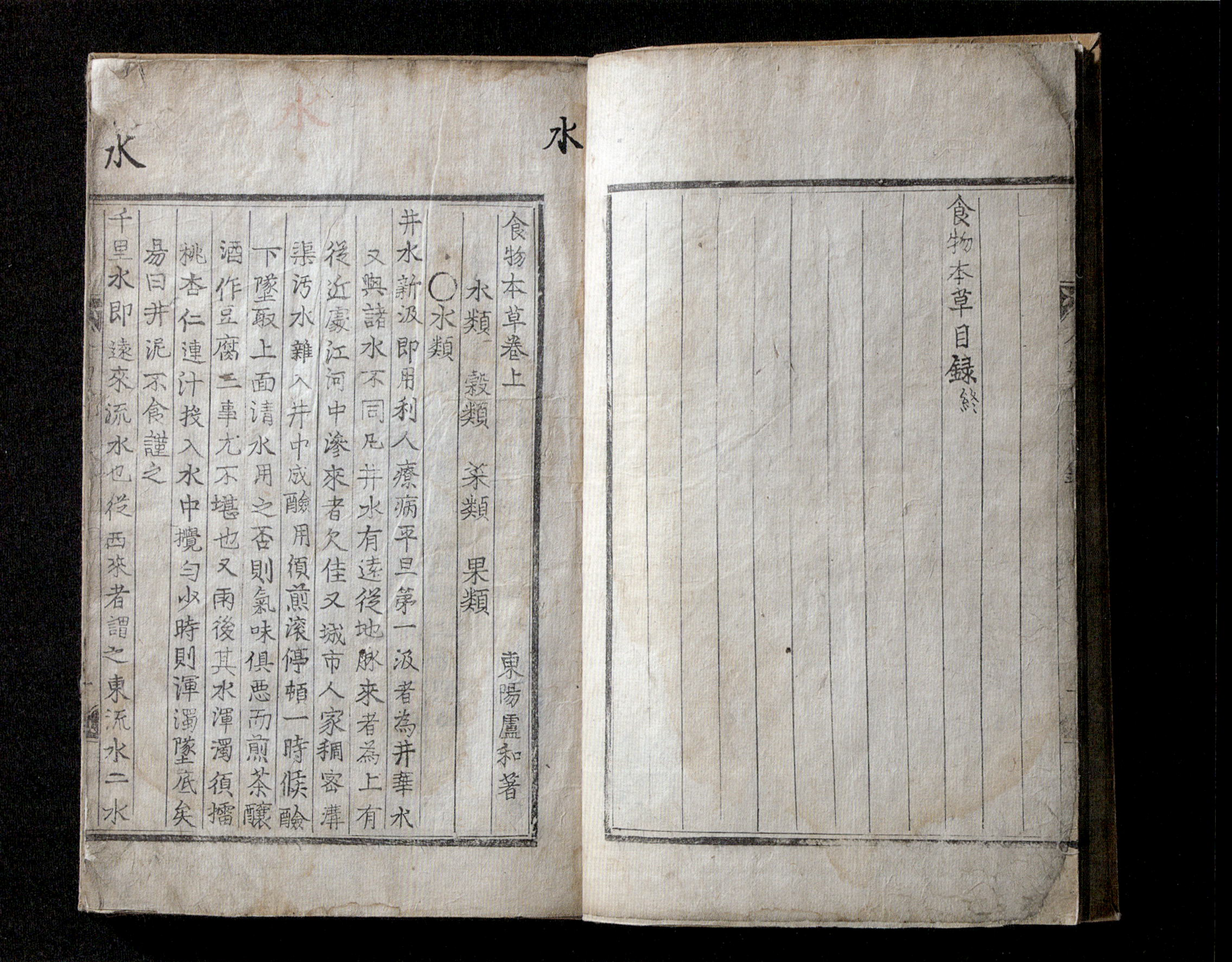

◈ 노화盧和

1526

2권 1책

금속활자본(갑진자), 목활자본

29.6 × 19.5 cm

화산 貴 547

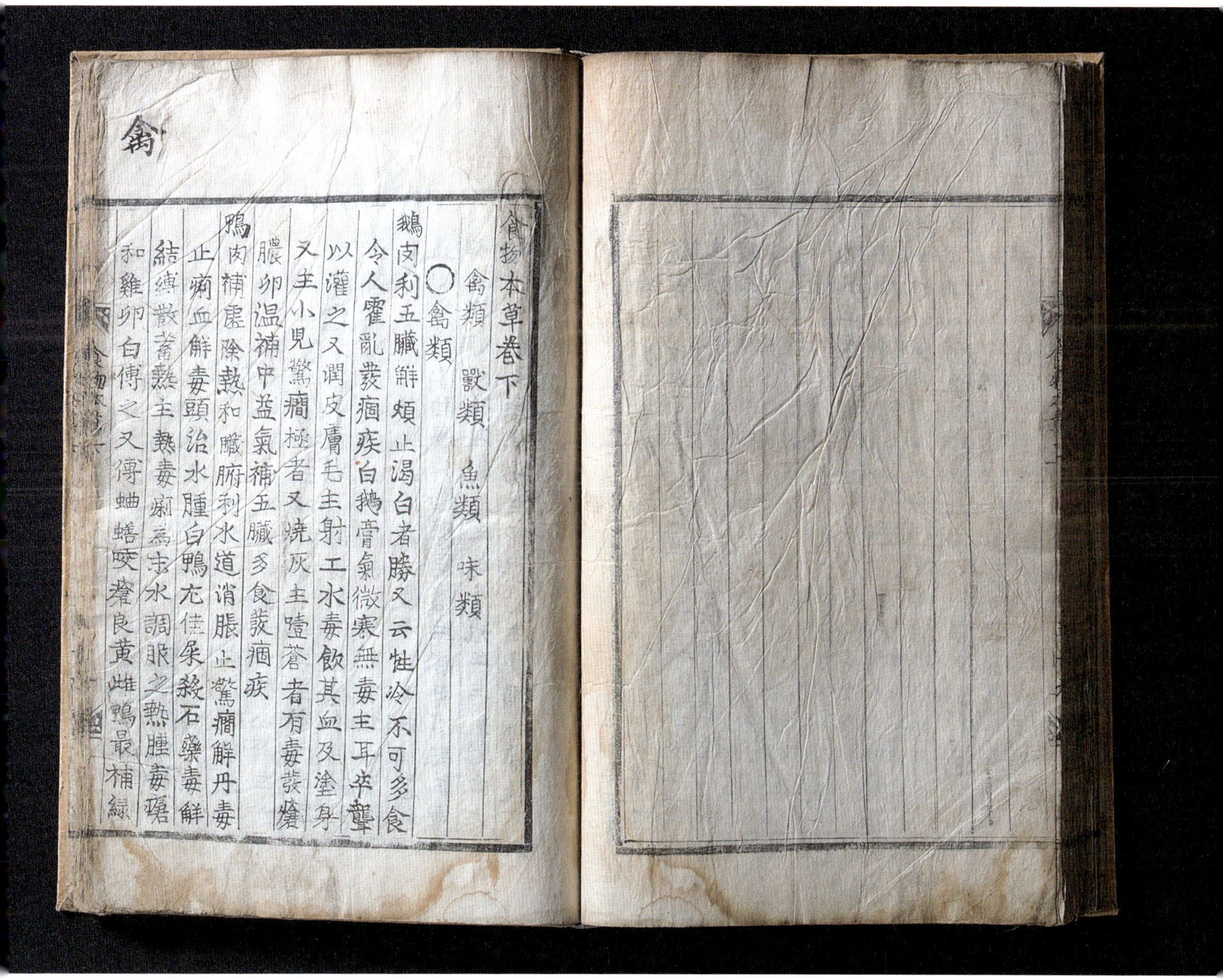

禽

食物本草卷下

禽類 獸類 魚類 味類

○禽類

鵝肉利五臟解煩止渴白者勝又云性冷不可多食令人霍亂發痼疾白鵝膏氣微寒無毒主耳卒聾以灌之又潤皮膚毛主射工水毒飲其血及塗身又主小兒驚癇極者又燒灰主噎蒼者有毒發瘡膿卵温補中益氣補五臟多食發痼疾

鴨肉補虛除熱和臟腑利水道消脹止驚癇解丹毒止痢血解毒頭治水腫白鴨尤佳尿殺石藥毒解結縛散蓄熱主熱毒痢為末水調服之熱腫毒瘡和雞卵白傅之又傳蚰蜒咬聾良黃雌鴨最補綠

청량답순종심요법문

清涼答順宗心要法門

Cheongnyangdapsunjongsimyobeommun

華外賽香金乃道巖大

陝山柘廣寺開刊 助緣

大施主洪方礼兩主 金硯同兩主

金實祿兩主 文章兩主

朴成發兩主 金敬祖兩主

宋和兩主 徐貴連兩主 鍾敎

李心非保体 刻手張守明敬仅

一九七七正 印玄 岱

靈芝庵 主祇行

청량답순종심요법문 淸涼答順宗心要法門

화엄종 제4대 교조 청량국사淸涼國師 징관澄觀(738-839)이 당唐나라 순종順宗과 마음에 관해 나눈 문답을 기록한 불서이다. 책 첫머리에 순종이 징관에게 합장하여 경의를 표하는 그림이 있다. 고려대학교 도서관 소장본은 1531년에 전라도 조계산 송광사松廣寺에서 간행한 목판본이다.

Cheongnyangdapsunjongsimyobeommun

This Buddhist transcript recounts the dialogues on the human mind between the 4th leader of the Huanyan School of Buddhism Cheungguan (738-839) or "Cheongnyang Guksa" and the Emperor Shunzong of Tang China. In the beginning, there is a painting of Shunzong with his hands joined together paying respects to Chengguan. This copy in the Korea University Library was printed with woodblocks in 1531 in Songgwangsa Temple of Jogyesan Mountain, Jeolla-do.

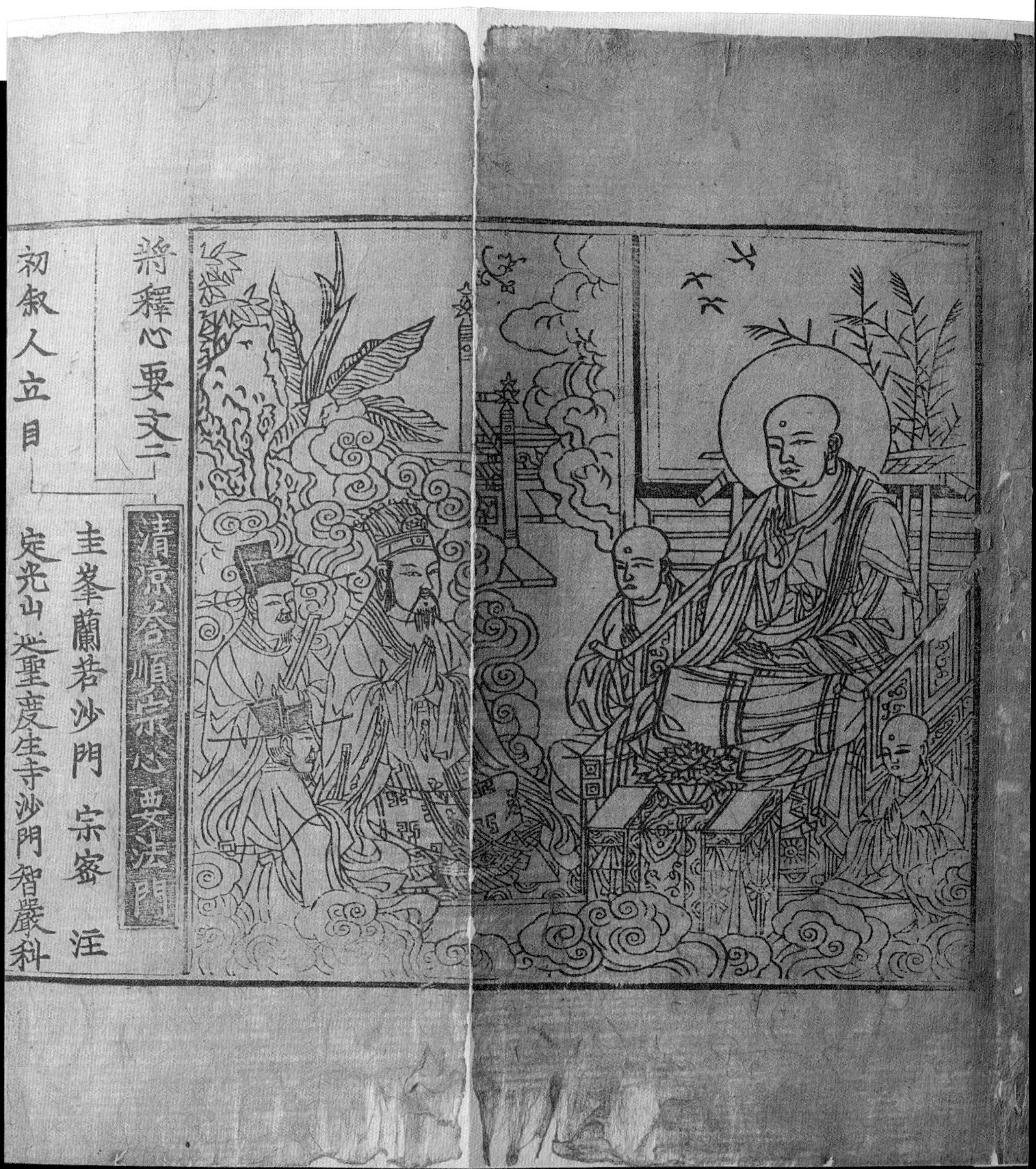

◈ 징관澄觀
1531
1책
목판본
25.0 × 13.9 cm
貴 96

벽송당야로송

碧松堂埜老頌

Byeoksongdangyarosong

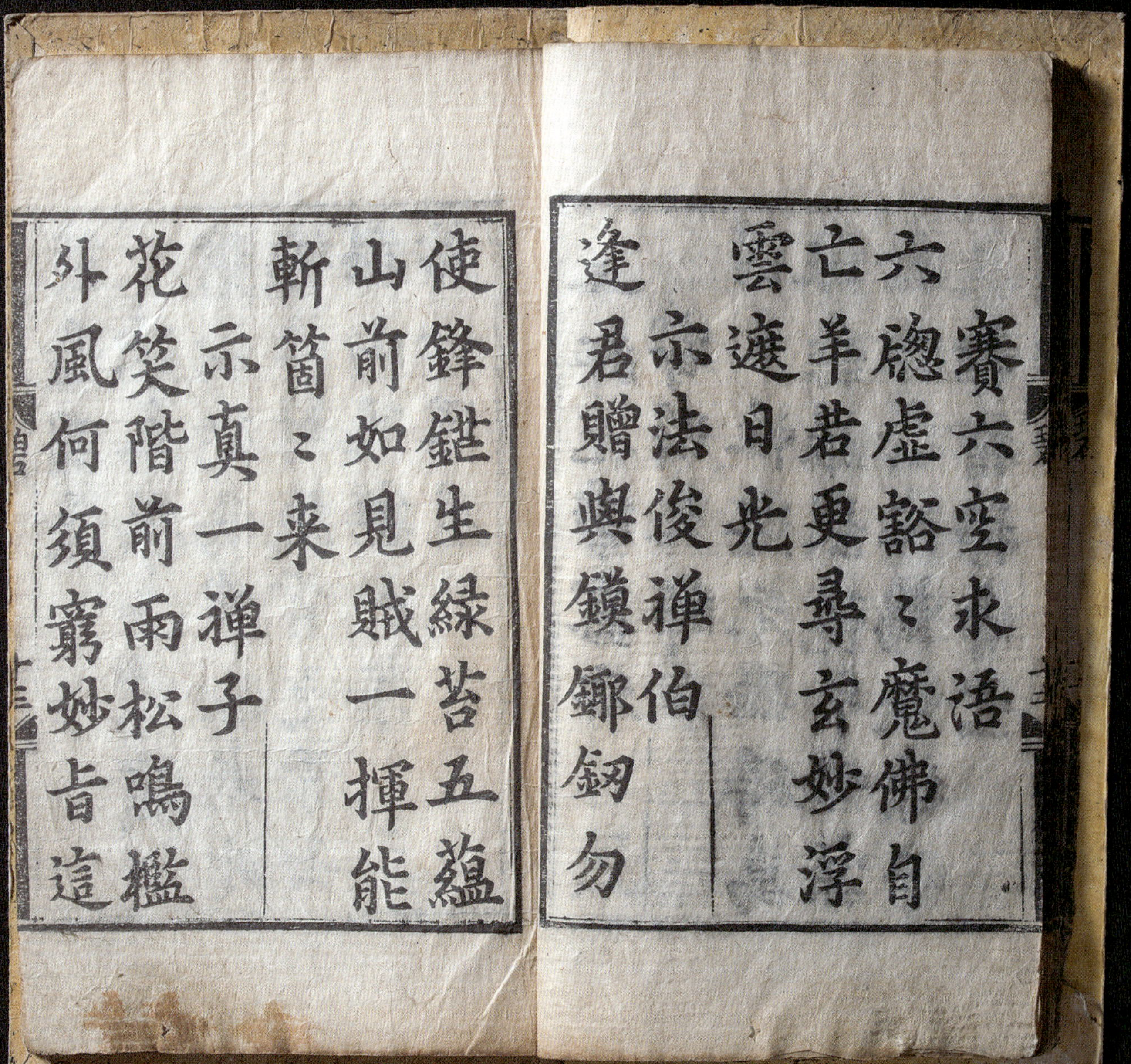

慶聖堂禪禪子眞

贊曰

師初来也
一顆明珠
師今去也
五箇神珠
入火不變
入水不渝
常照常寂
劫石須臾

벽송당야로송 碧松堂埜老頌

벽송당碧松堂 야로埜老(1464-1534)의 행록行錄과 그의 제자 경성당慶聖堂 휴옹休翁(1488-1568)의 행록, 그리고 벽송당의 가송歌頌 20수를 수록한 책이다. 고려대학교 도서관 소장본은 1569년에 평안도 묘향산 보현사普賢寺에서 간행한 목판본이다.

Byeoksongdangyarosong

This is a compilation of the anecdotes of Byeoksongdang Yaro (1464-1534) and his pupil Gyeongseongdang Hyuong (1488-1568) in addition to twenty odes praising Byeoksongdang. This copy housed in the Korea University Library was printed with woodblocks in 1569 at Bohyeonsa Temple of Myohyangsan Mountain, Pyeongan-do.

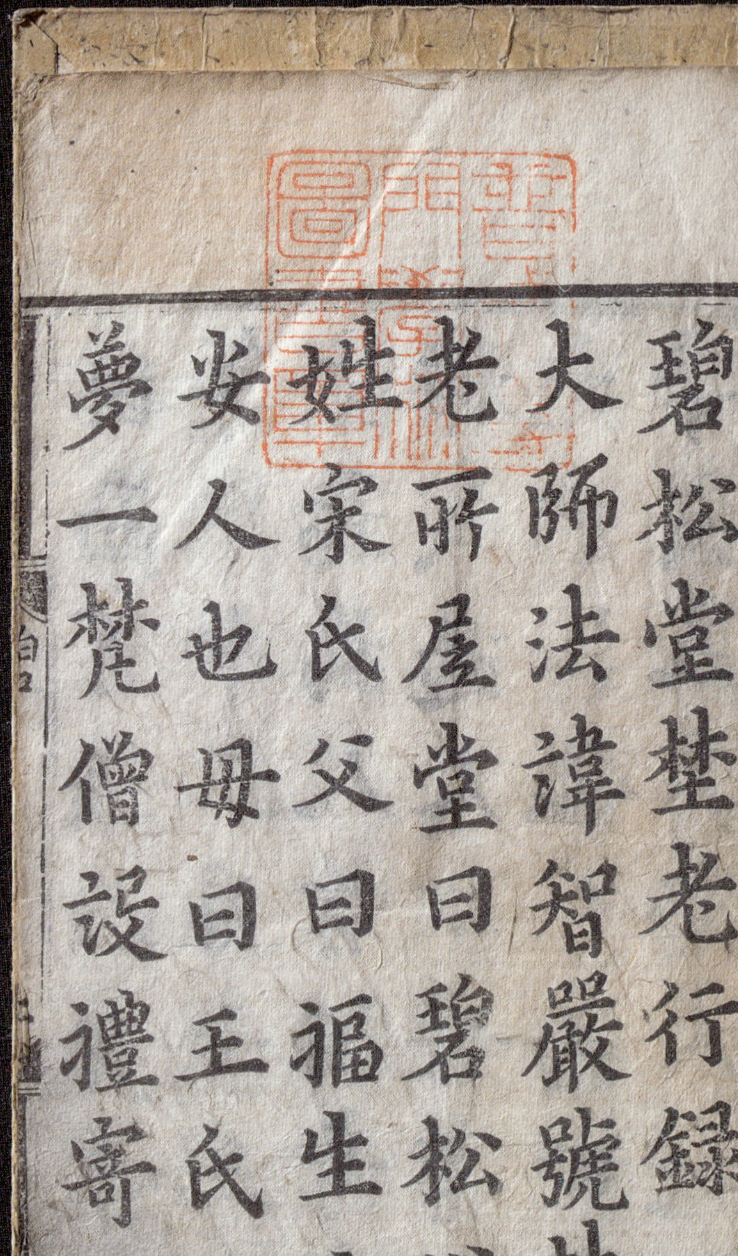

碧松堂埜老行録
大師法諱智嚴號埜
老所居堂曰碧松俗
姓宋氏父曰福生扶
安人也母曰王氏王
夢一梵僧設禮寄宿

◈ 지엄智嚴
1569
1책
목판본
27.6 × 16.4 cm
貴 218

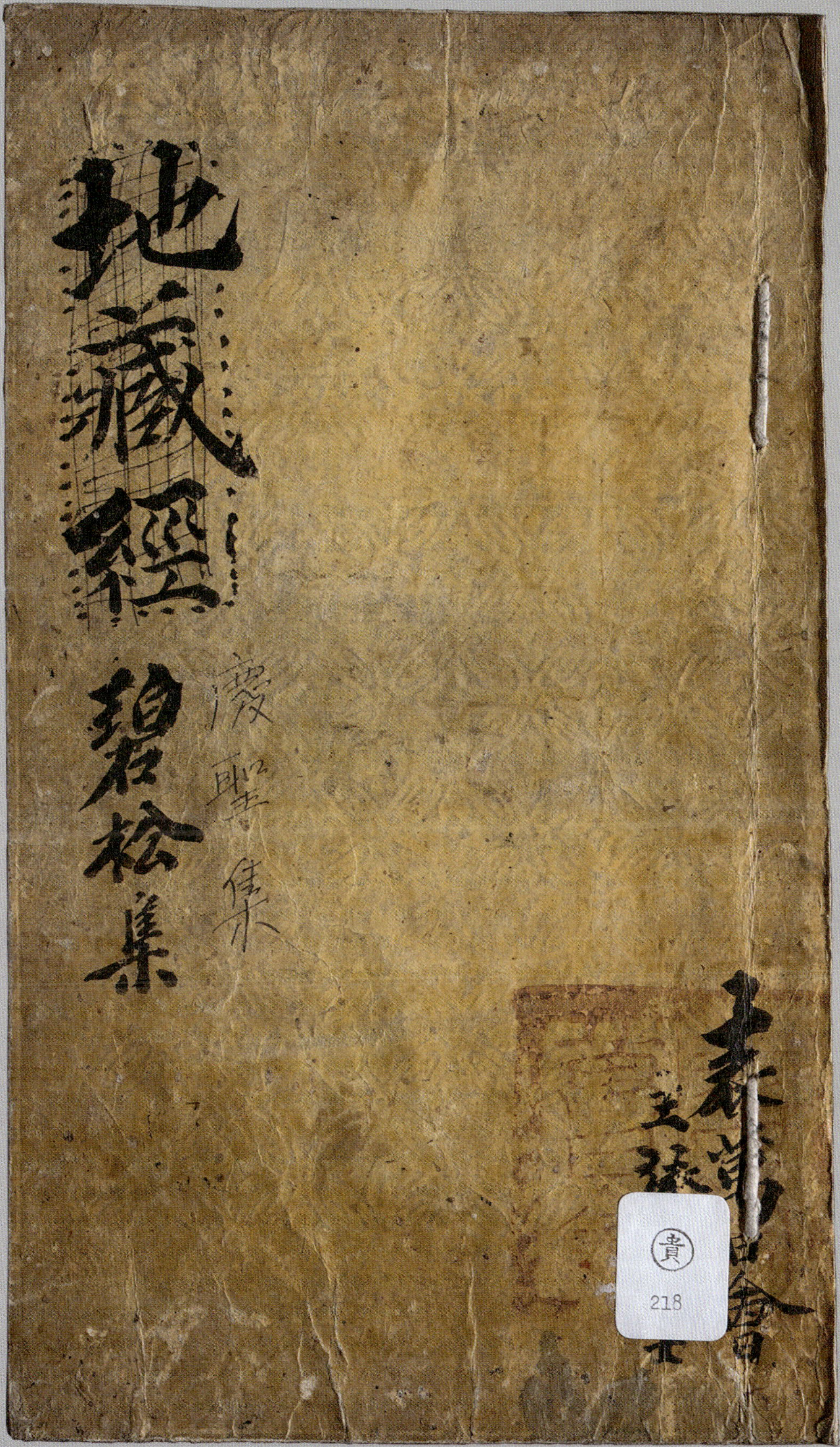
地藏經
碧松集
慶聖集

석가여래행적송

釋迦如來行蹟頌

Seokgayeoraehaengjeoksong

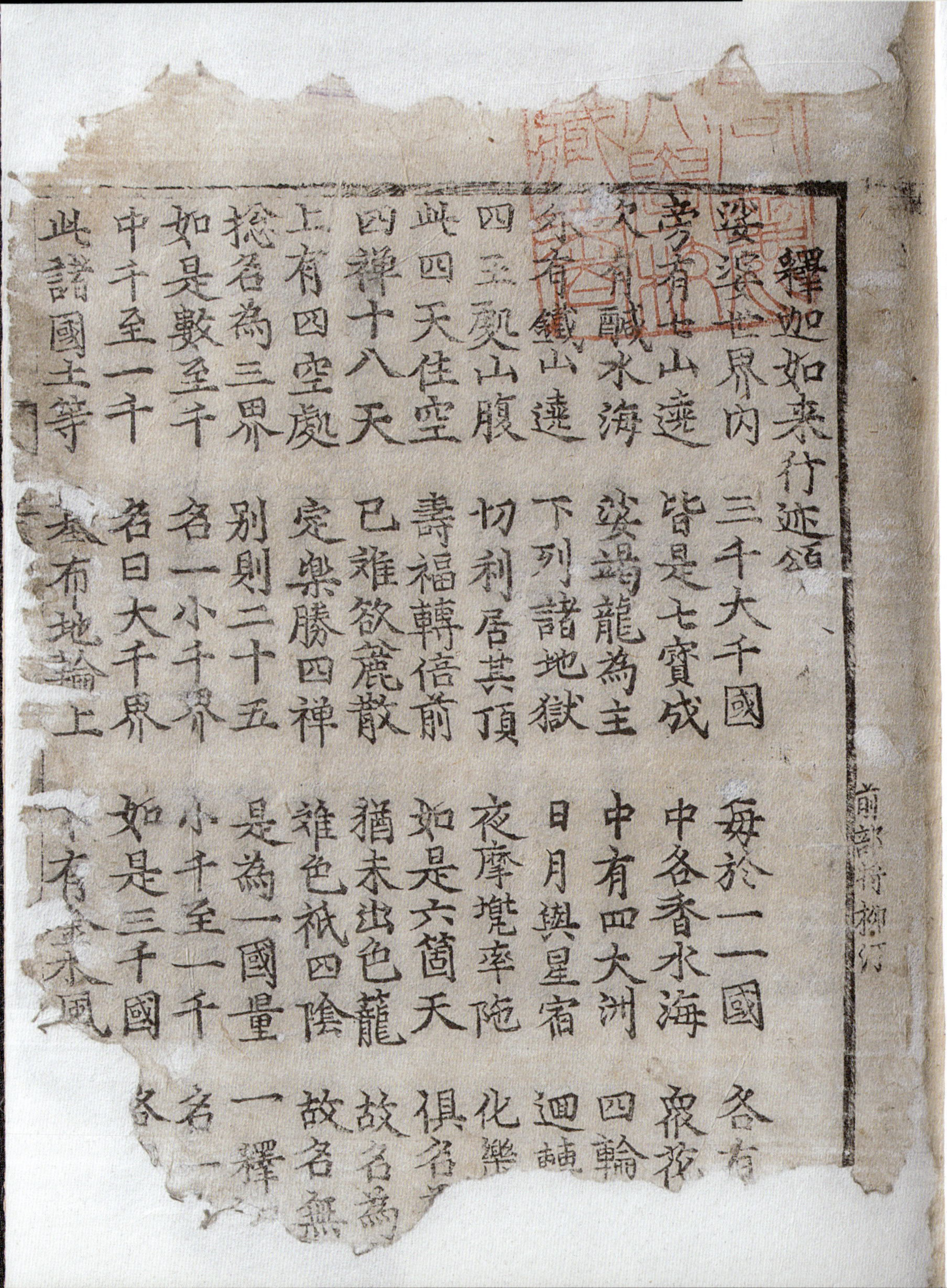

釋迦如來行迹頌
娑婆世界內 三千大千國 每於一一國 各有
旁有七山遶 皆是七寶成 中各香水海 衆在
又有鹹水海 娑竭龍為主 中有四大洲 四輪
外有鐵山遶 下列諸地獄 日月與星宿 迴轉
四王處山腹 忉利居其頂 夜摩兜率陁 化樂
此四天住空 壽福轉倍前 如是六箇天 俱名
四禪十八天 已離欲麁散 猶未出色籠 故名為
上有四空處 定樂勝四禪 離色祇四陰 故名無
捴名為三界 別則二十五 是為一國量 一釋
如是數至千 名一小千界 小千至一千 名一
中千至一千 名曰大千界 如是三千國 各
此諸國土等 本布地輪上 下有金水風

平等王殿

下界念
那佛一千
解地獄
大圓明
出羣星
多種罪
敢近君

석가여래행적송 釋迦如來行蹟頌

1328년 고려 승려 부암浮庵 무기無寄가 석가모니 행적을 5언 766구의 게송偈頌에 담아 주석을 붙인 불서이다. 고려대학교 도서관 소장본은 1529년에 전라도 백운산 만수암萬壽庵에서 간행한 목판본이다.

◈ 무기無寄
1529
1책
목판본
29.3 × 19.1 cm
만송 貴 246

Seokgayeoraehaengjeoksong

Written by the Buddhist monk Buam Mugi of the Goryeo Dynasty in 1328, it recounts stories of Sakyamuni in the form of Gesong (hymns praising the virtues and teachings of Buddha) of '5-eon 766-gu' (766 lines of five-character phrases) with the author's annotations. The copy in the Korea University Library was printed with woodblocks in 1529 at Mansuam Hermitage of Baegunsan Mountain, Jeolla-do.

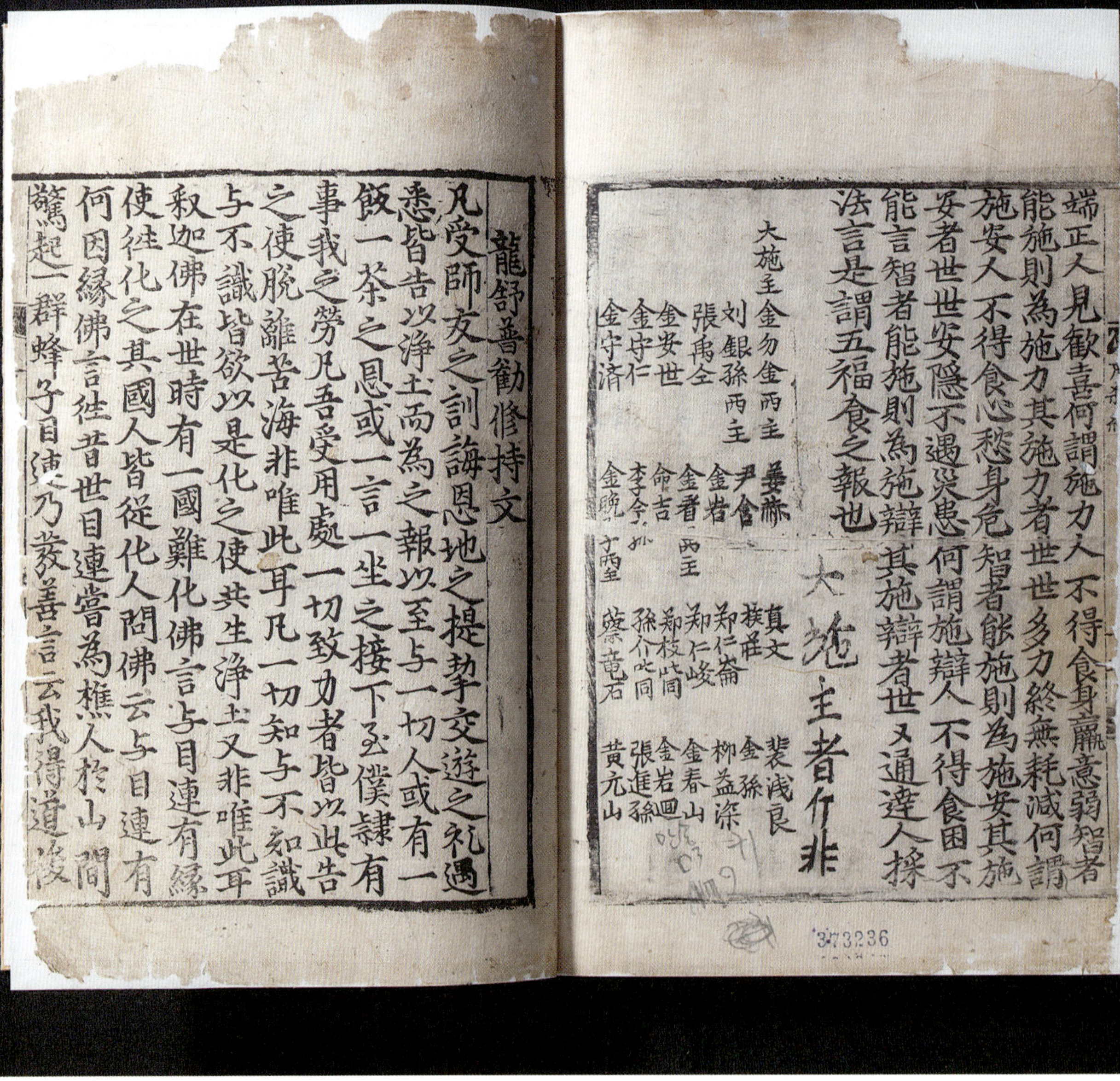

二十三日伏遇 變成王殿

天大將軍殿下界念

南無大勢至菩薩一千

遍不墮毒蛇地獄

菩薩慈悲廣大多

救苦常教出愛河

九品蓮華霑有分

毒蛇豈敢輒相過

속몽구분주

續蒙求分註

Sokmonggubunju

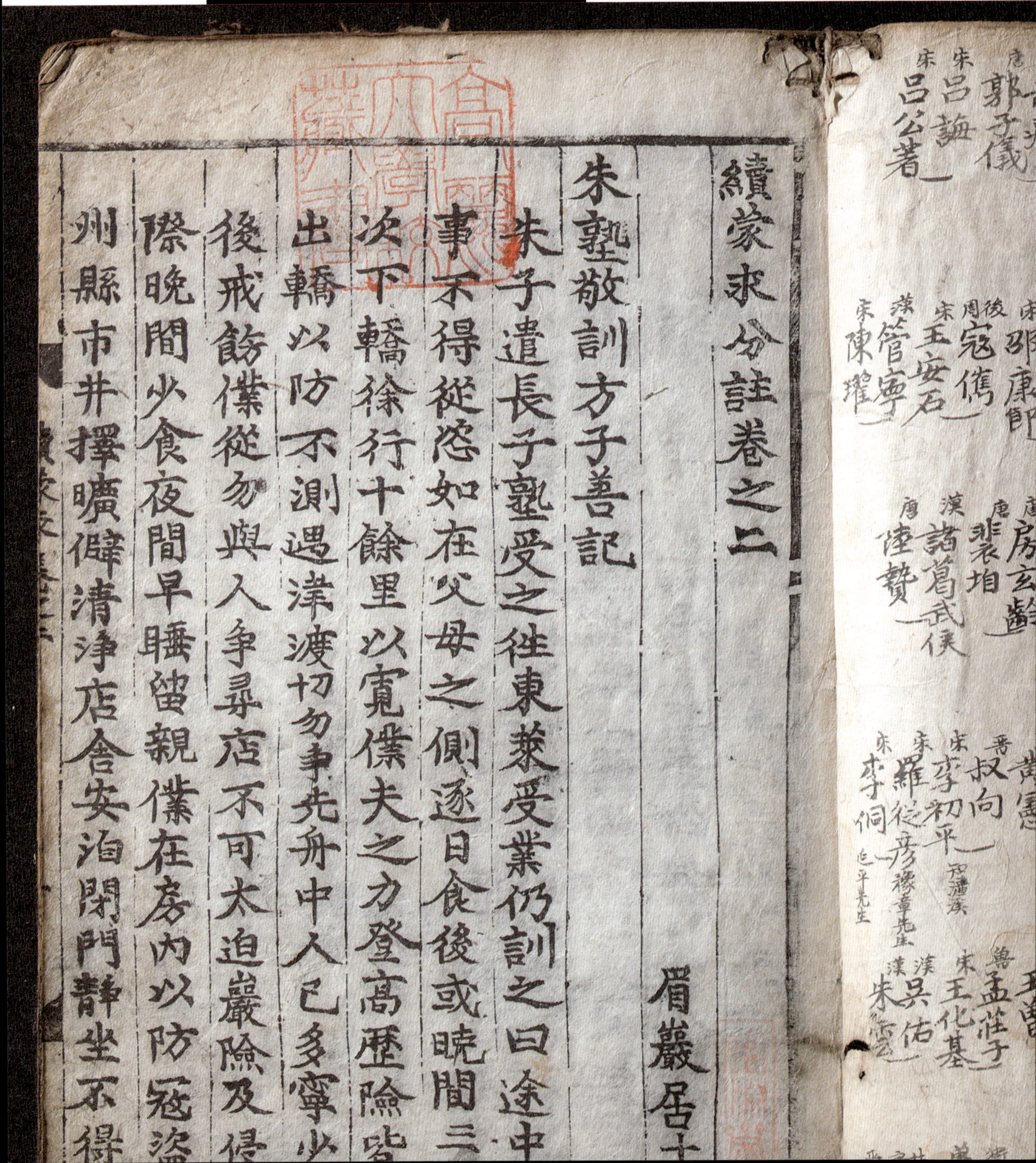
續蒙求分註卷之二

眉巖居士

朱塾敬訓方子善記

朱子遣長子塾受之往東萊受業仍訓之曰途中

事不得從恣如在父母之側逐日食後或晩間三

次下轎徐行十餘里以寬僕夫之力登高歷險皆

出轎以防不測遇津渡切勿爭先舟中人已多寧少

後戒飭僕從勿與人爭辱店不可太迫巖險及侵

際晩間少食夜間早睡留親僕在房內以防寇盜

州縣市井擇曠僻清淨店舍安泊閉門靜坐不得

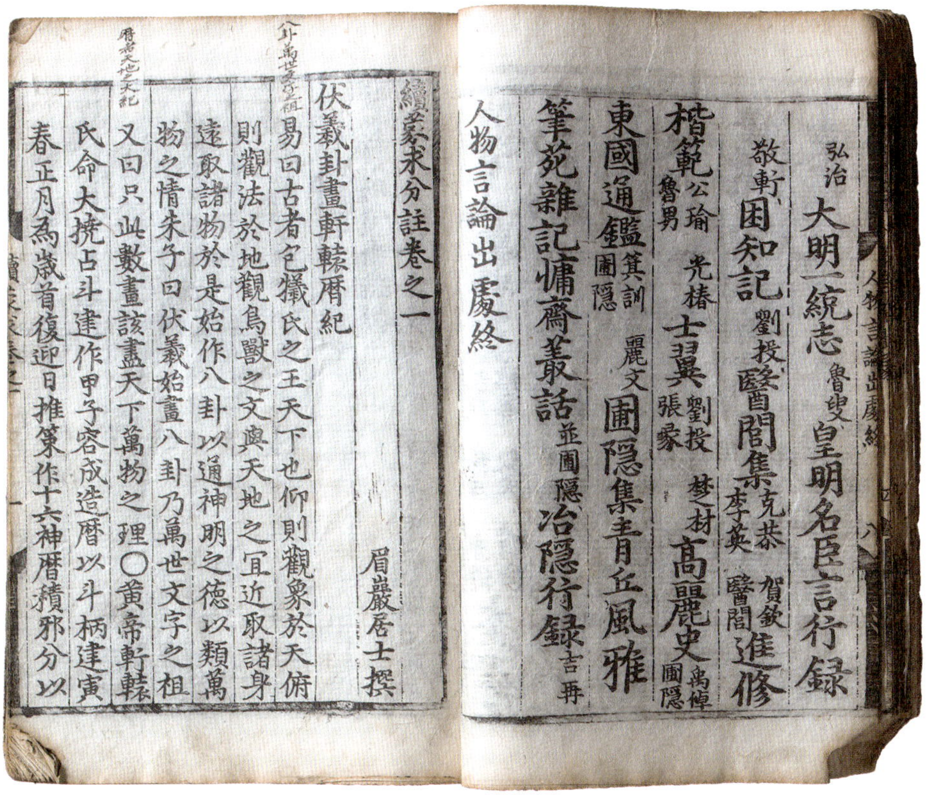
弘治 大明一統志 魯史 皇明名臣言行録
敬軒 困知記 劉投 醫閭集 克恭 賀欽 李英 醫閭 進修
楷範 公瑜 魯男 光椿 士翼 劉投 張豪 夢材 高麗史 禹倬 圃隱
東國通鑑 箕訓 圃隱 麗文 圃隱集 青丘風雅
筆苑雜記 慵齋叢話 並圃隱 冶隱行録 吉再
人物言論出處終
續蒙求分註卷之一
眉巖居士撰
伏羲卦畫軒轅曆紀
易曰古者包犧氏之王天下也仰則觀象於天俯
則觀法於地觀鳥獸之文與天地之宜近取諸身
遠取諸物於是始作八卦以通神明之德以類萬
物之情朱子曰伏羲始畫八卦乃萬世文字之祖
又曰只此數畫該盡天下萬物之理○黃帝軒轅
氏命大撓占斗建作甲子容成造曆以斗柄建寅
春正月為歲首復迎日推策作十六神曆積邪分以

속몽구분주 續蒙求分註

미암眉巖 유희춘柳希春(1513-1577)이 이한李瀚의 《몽구蒙求》를 보완하여 저술한 어린이 학습서이다. 우리나라와 송宋나라 학자의 일화를 사자성어로 제시하고 주석을 단 책이다. 고려대학교 도서관 소장본은 1575년에 간행한 목판본이다.

Sokmonggubunju

Authored by Miam Yu Hui-chun (1513-1577), it is designed to supplement *Monggu* by Yi Han for children's reading. Episodes of scholars of Korea and the Song Dynasty are narrated in the form of sajaseongeo (four-character idioms of Chinese characters) and annotated. This copy in the Korea University Library is a 1575 woodblock print edition.

◈ 유희춘柳希春
1575
4권 4책
목판본
25.2 × 17.3 cm
만송 貴 295

천명도해

天命圖解

Cheonmyeongdohae

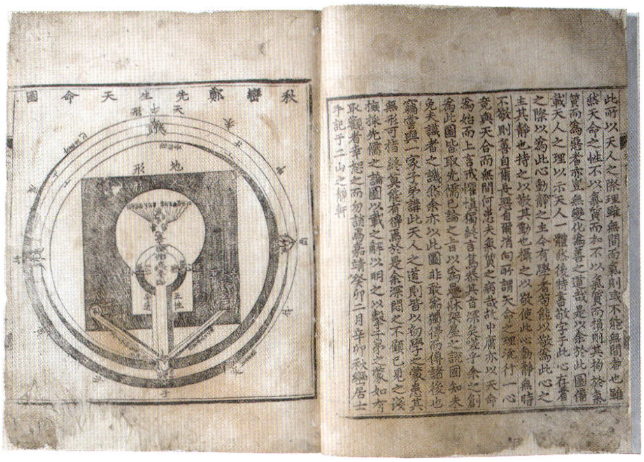

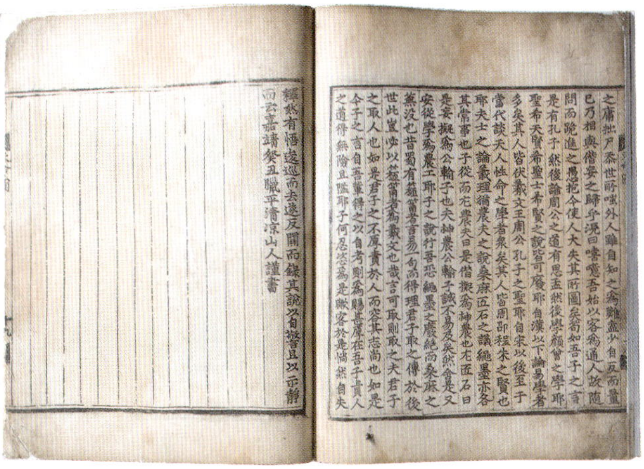

河西金先生天命圖
天
地
人
五性
旁通
頭圓足方

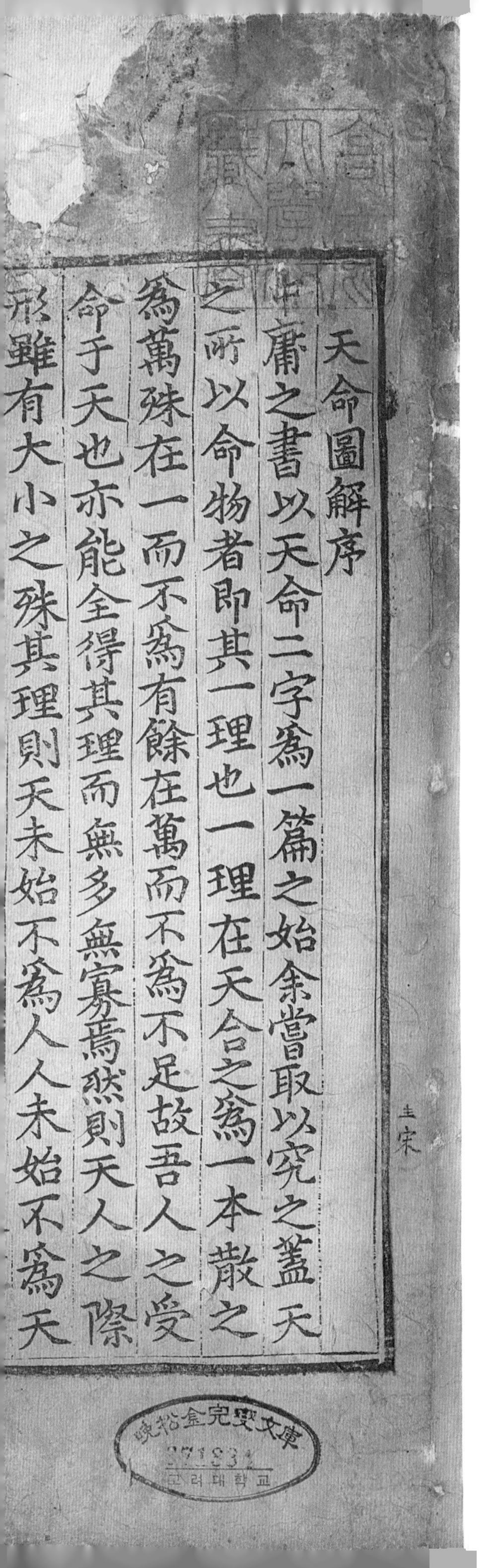

天命圖解序
中庸之書以天命二字爲一篇之始余嘗取以究之蓋天
之所以命物者即其一理也一理在天合之爲一本散之
爲萬殊在一而不爲有餘在萬而不爲不足故吾人之受
命于天也亦能全得其理而無多無寡焉然則天人之際
形雖有大小之殊其理則天未始不爲人人未始不爲天

천명도해 天命圖解

추만秋巒 정지운鄭之雲(1509-1561)이 '천명天命'에 대한 것을 그림으로 그리고 해설을 붙인 성리학서이다. 처음에는 스승인 김안국金安國, 김정국金正國에게 질의하여 만들었고, 후에 퇴계退溪 이황李滉의 의견을 따라 수정했다. 고려대학교 도서관 소장본은 1578년 전라도 나주羅州에서 간행한 목판본이다.

Cheonmyeongdohae

Illustrated and annotated by Chuman Jeong Ji-un (1509-1561), this Neo-Confucianist transcript discusses 'Cheonmyeong' or the Heavenly Order through diagrams. Its writing was initially supervised by his teachers Kim Anguk and Kim Jeongguk and later revised following the advice of Toegye Yi Hwang. This copy in the Korea University Library was printed with woodblocks in 1578 in Naju, Jeolla-do.

◈ 정지운鄭之雲
1578
1책
목판본
38.4 × 28.9 cm
만송 貴 356

秋巒鄭先生天命圖

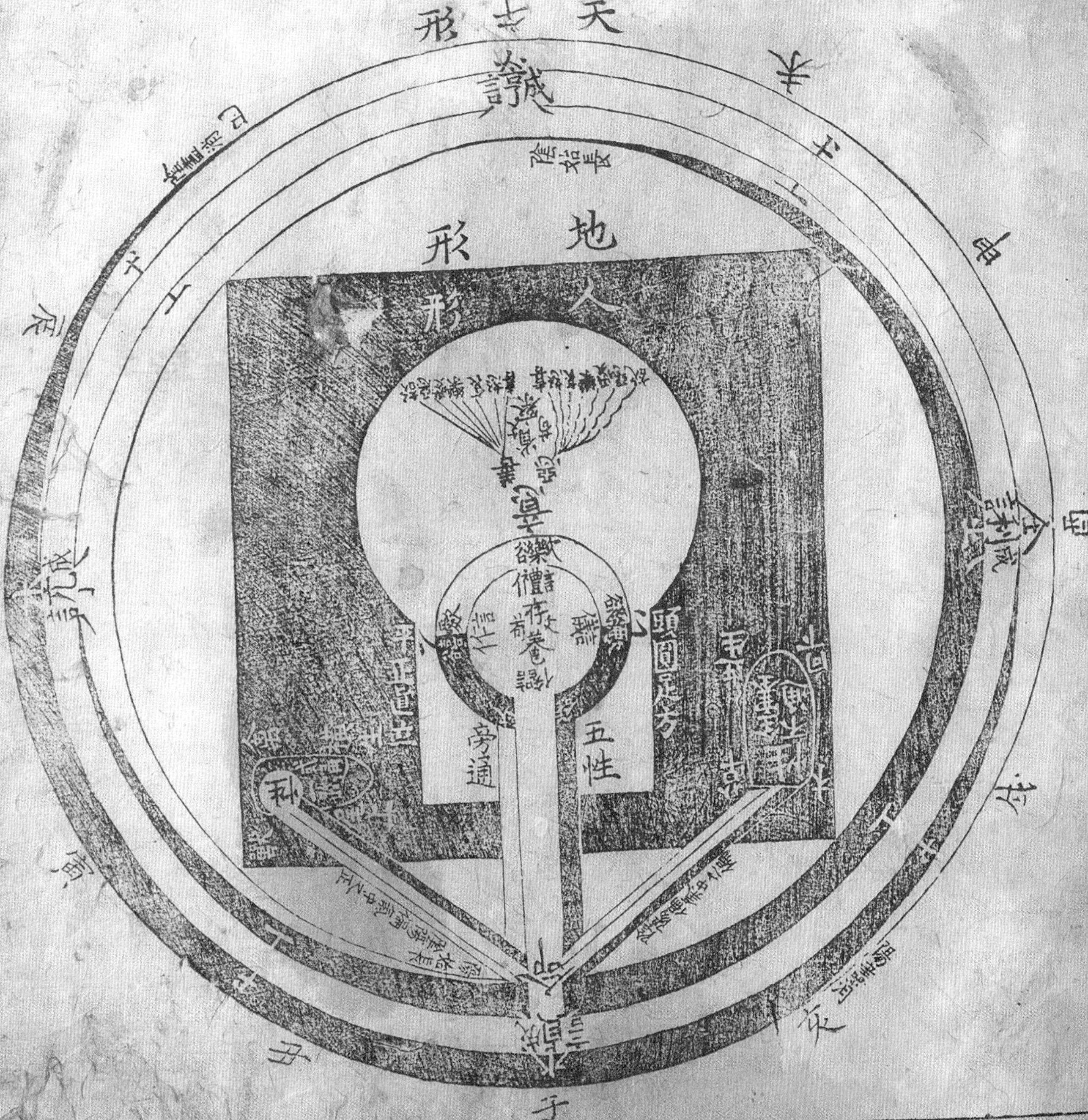

우마양저염역병치료방

牛馬羊猪染疫病治療方

Umayangjeoyeomyeokbyeongchiryobang

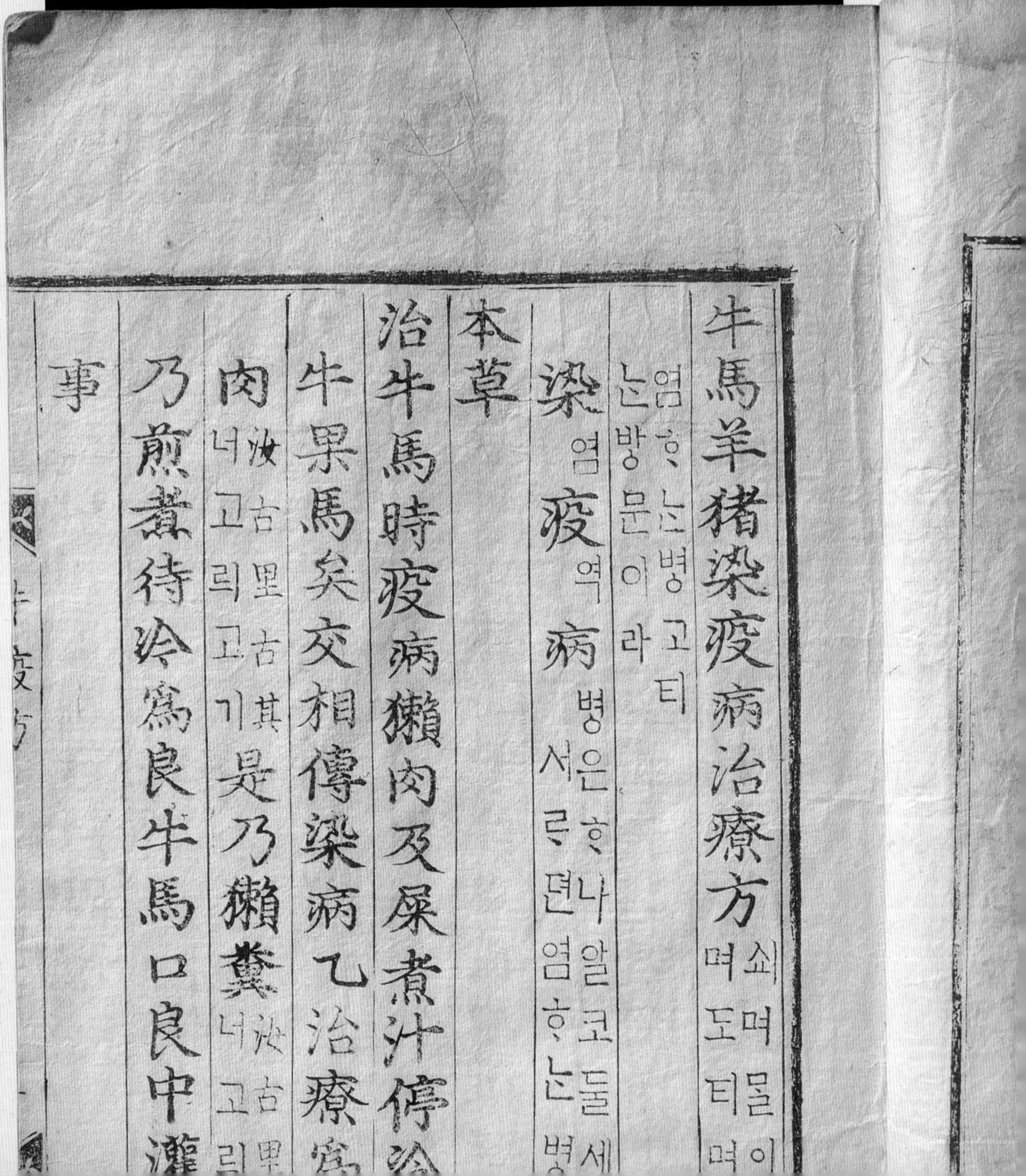

牛馬羊猪染疫治療方

우마양저염역병치료방 牛馬羊猪染疫病治療方

조선 중종의 명에 의해 가축의 전염병에 대한 치료 방문을 모아서 번역, 간행한 수의서獸醫書이다. 한문 원문과 한글 번역을 함께 실었다. 고려대학교 도서관 소장본은 1578년에 간행한 목활자본이며, 행부호군行副護軍 이중량李仲樑(1504-1582)이 받은 내사본內賜本이다.

Umayangjeoyeomyeokbyeongchiryobang

Published on the orders of King Jungjong of the Joseon Dynasty, this book of veterinary medicine is a translated edition of the original Chinese compilation of documented cases of medical practices regarding contagious diseases of livestock. The original Chinese text and translation in Hangeul are juxtaposed. This copy in the Korea University Library, once awarded to Haengbuhogun (military officer) Yi Jung-ryang (1504-1582) by the King, is a 1578 wood type print edition.

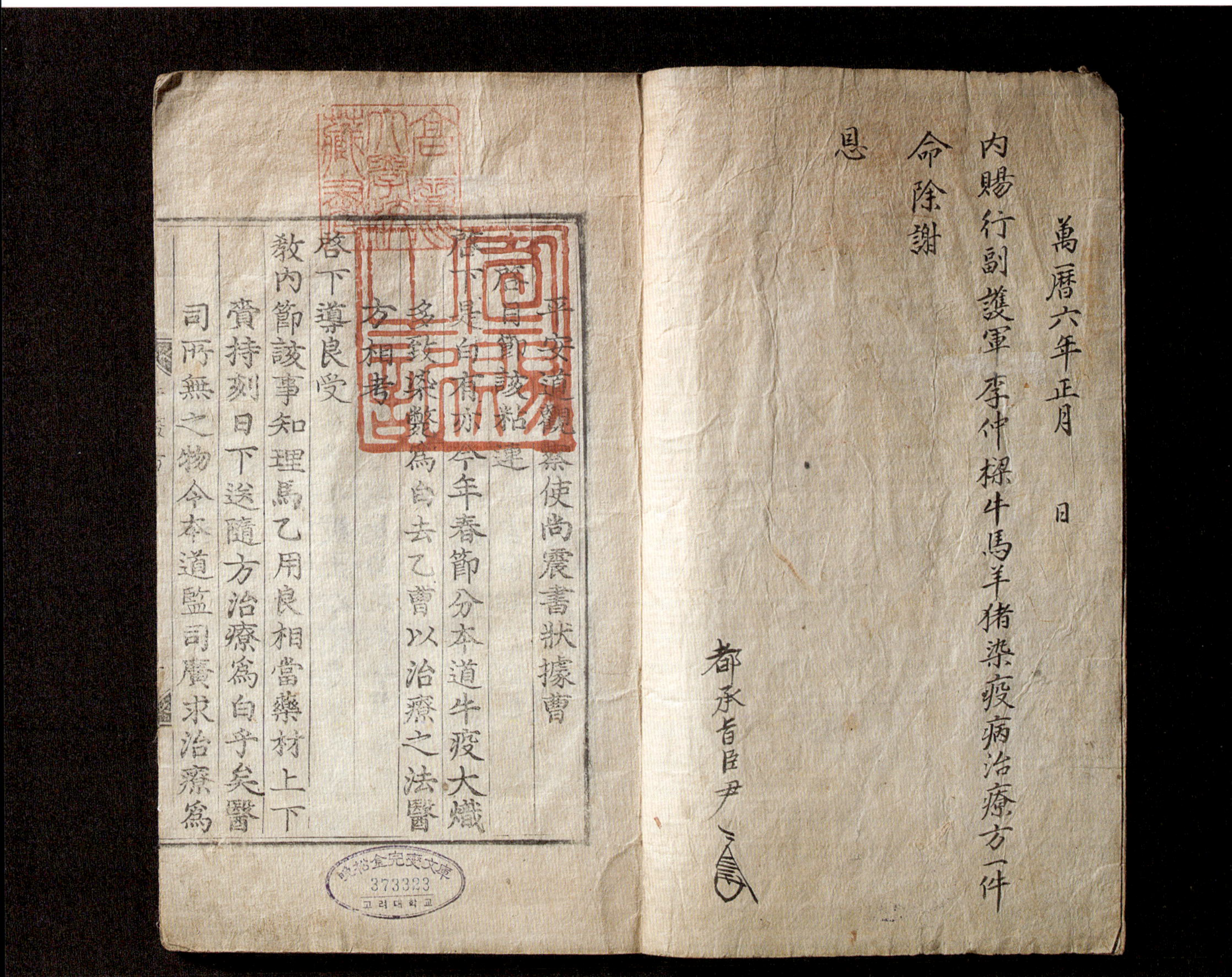

◈ 권응창權應昌 편編
1578
1책
목활자본
31.8 × 20.0 cm
만송 貴 522

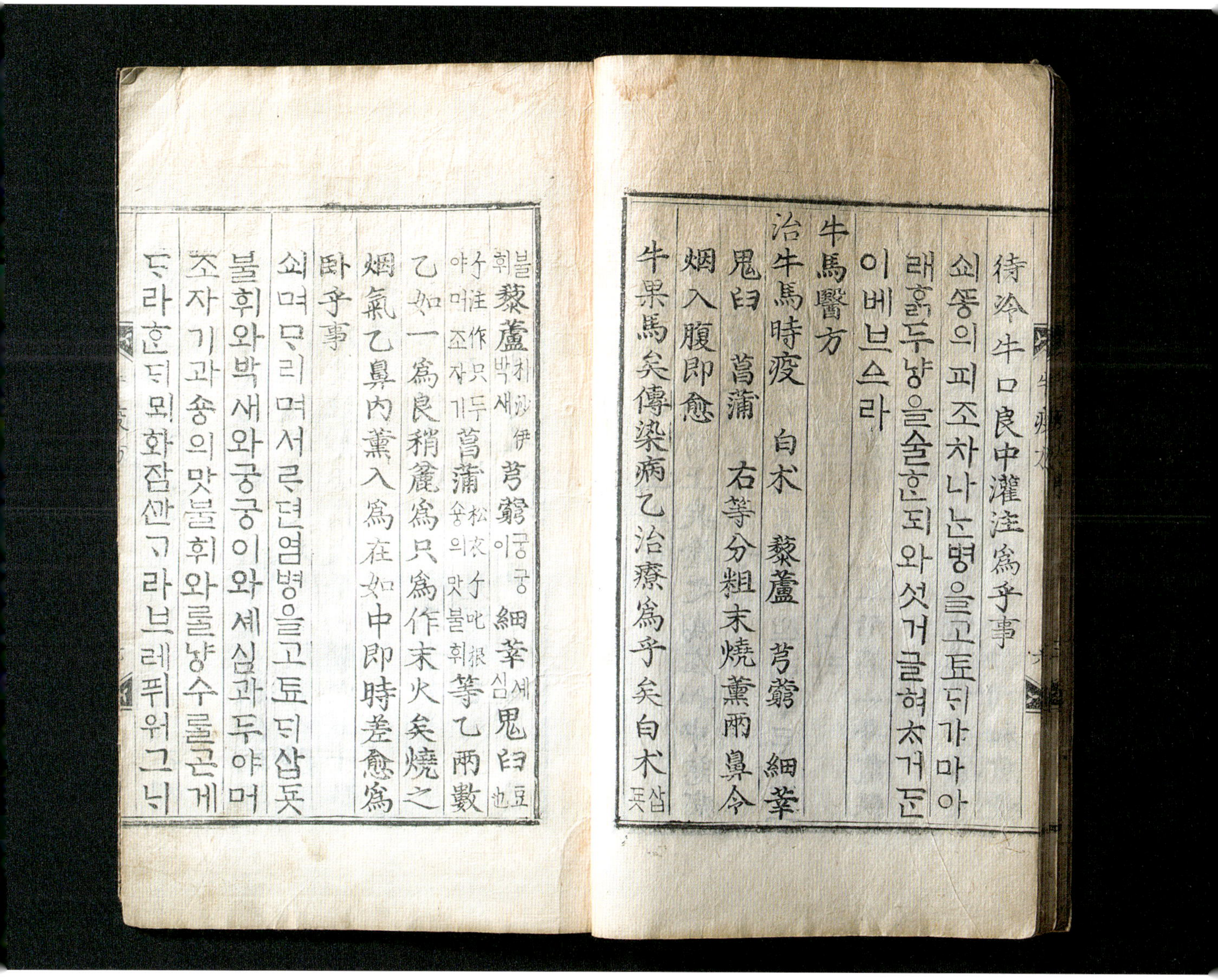
待令牛口良中灌注爲乎事
쇠똥의피조차나ᄂᆞᆫ병을고툐ᄃᆡ가마아
래ᄒᆞᆫ두냥을ᄉᆞᆯ흔ᄃᆡ와섯거글혀ᄎᆞ거든
이베브스라
牛馬醫方
治牛馬時疫　白朮　藜蘆　芎藭　細莘
鬼臼　菖蒲　右等分粗末燒薰兩鼻令
烟入腹即愈
牛果馬矣傳染病乙治療爲乎矣白朮 삽됴
藜蘆 박새불휘 芎藭 궁궁이 細莘 셰심 鬼臼
只注作只 두여머조자기 菖蒲 松衣亇叱根 숑의맛불휘 等乙兩數
乙如一爲良稍麄爲只爲作末火矣燒之
烟氣乙鼻內薰入爲在如中即時差愈爲
臥乎事
쇠며ᄆᆞ리며서르뎐염병을고툐ᄃᆡ삽됴
불휘와박새와궁궁이와세심과두야머
조자기과숑의맛불휘와ᄅᆞᆯ냥수ᄅᆞᆯ곤게
ᄃᆞ라ᄒᆞᆫᄃᆡ뫼화잠ᄡᅡᆫᄀᆞ라브레퓌워그늬

신편집성마의방

新編集成馬醫方

Sinpyeonjipseongmauibang

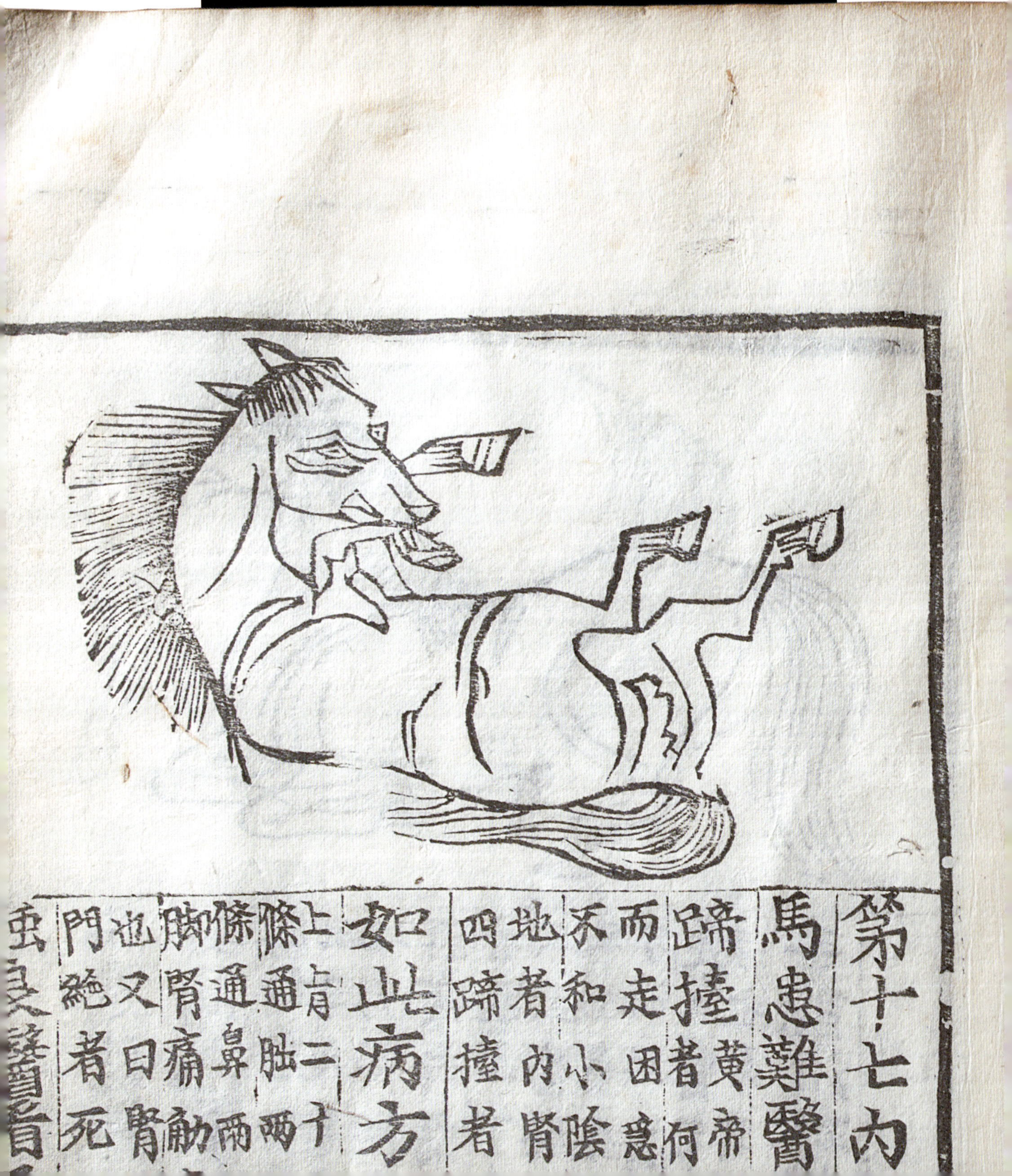

第十六着

馬患着草噎

黄帝問

遲草噎者

未定乘飽

噎也六陰

令熱不知

熱而口中

而使氣便

噎也

步貿莫孫

蔦芸薹子

便下顔

신편집성마의방 新編集成馬醫方

우재吁齋 조준趙浚(1346-1405) 등이 중국의 수의서獸醫書를 바탕으로 우리나라 경험방經驗方을 수집하여 편찬한 수의서이다. 1399년 처음 목판으로 간행되었다. 고려대학교 도서관 소장본은 1633년 제주도에서 간행한 중간본重刊本이다.

Sinpyeonjipseongmauibang

Written by Ujae Jo Jun (1346-1405) and others, this book of veterinary medicine is based on other established publications in China and includes clinical cases in Korea. While *Sinpyeonjipseongmauibang* was initially published in woodblock prints in 1399, this particular copy housed in the Korea University Library is a 1633 edition republished in Jeju-do.

◈ 조준趙浚 등 찬撰
1633
1책
목판본
34.5 × 22.0 cm
만송 貴 392A

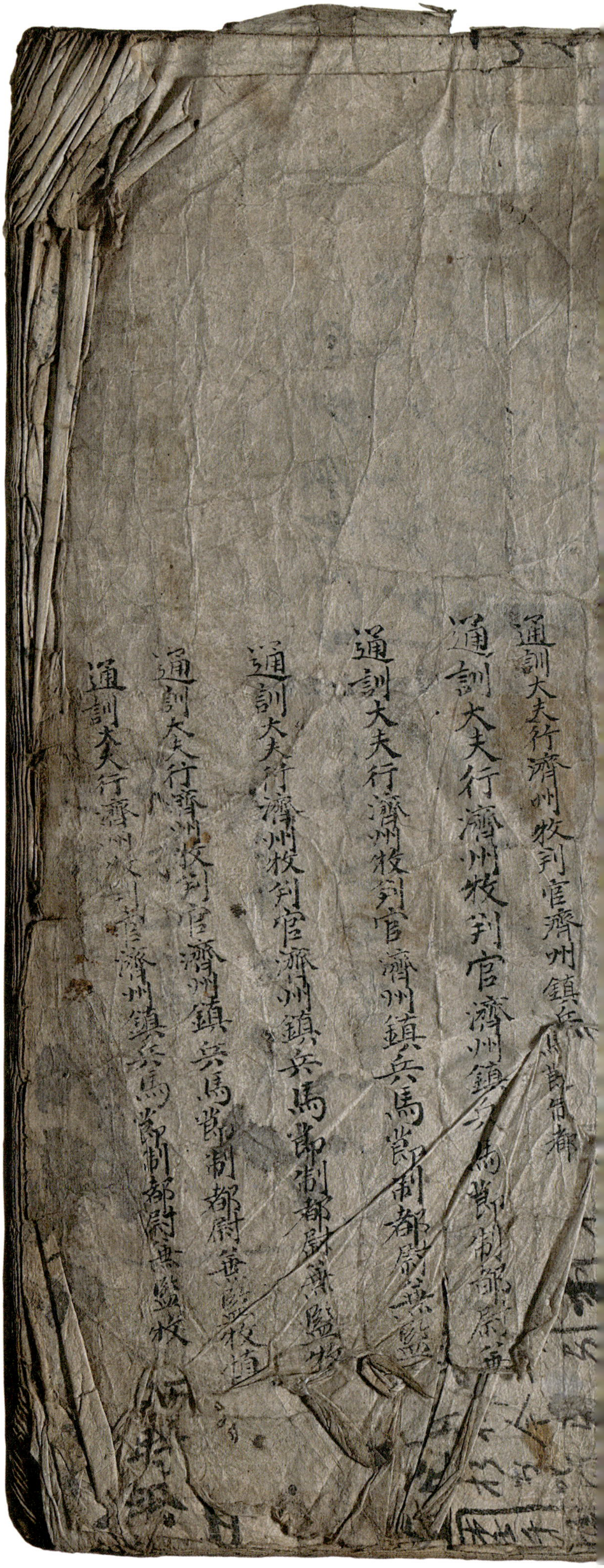

新編集成馬醫方序

馬之於天地間其用大矣周禮不書校獸人目夏官大司馬以總焉重其用也盖國之大事戎政也戎非馬無以制敵控變奮武威而安邦國也豈徒曰任重致遠置郵傳命而已哉是以甲天下曰萬乘貳天下曰千乘乘乘乘馬也天下國家之大小強弱皆以是第之其重也為何如騶服廢矣自上達下直便於鞍馬之歸其有功於天下也尤為重夫良駿

[집]

集

Literature

동인지문사륙
東人之文四六 • Donginjimunsaryuk

용비어천가
龍飛御天歌 • Yongbieocheonga

필원잡기
筆苑雜記 • Pilwonjapgi

포은시고
圃隱詩藁 • Poeunsigo

북행록
北行錄 • Bukhaengnok

점필재선생유두류록
佔畢齋先生遊頭流錄 • Jeompiljaeseonsaengyuduryurok

기재기이
企齋記異 • Gijaegi-i

조천기
朝天記 • Jocheongi

일본록
日本錄 • Ilbonnok

동인지문사륙

東人之文四六

Donginjimunsaryuk

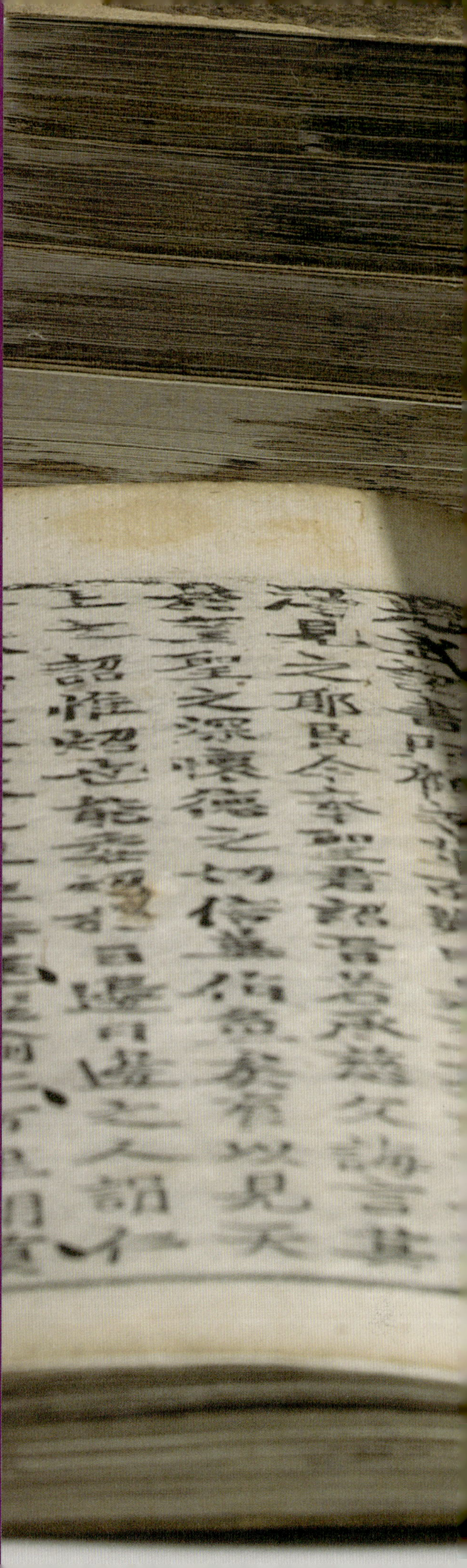

동인지문사륙 東人之文四六

졸옹拙翁 최해崔瀣(1287-1340)가 신라와 고려의 사륙변려문四六騈儷文을 선별하여 편집한 책으로, 1355년 목판으로 간행되었다. 12권 4책은 보물 제710-1호(권1-6, 권10-15), 6권 2책은 보물 제710-2호(권1-6), 3권 1책은 보물 제710-4호(권7-9)이다.

Donginjimunsaryuk

Published in woodblock print by Jorong Choe Hae (1287-1340) in 1355, it is a selected compilation of writings in the 'saryukbyeollyeomun' style of the Silla and Goryeo Dynasties. Its twelve volumes bound into four books (Volumes I-VI and X-XV) have been designated as Treasure No. 710-1; six other volumes bound into two books (Volumes I-VI) are Treasure No. 710-2; and the other three volumes bound into one book (Volumes VII-IX) are Treasure No. 710-4.

◈ 최해崔瀣
1355
영본零本 7책
목판본
32.0 × 19.0 cm
만송 貴 364

拙齋 編

事大表狀

新羅謝唐賜地表 開元二十三年聖德王行

伏奉恩勅賜浿江以南地境臣生居海裔沐化
聖朝雖丹素爲心而無功可効以忠貞爲事而
勞不足賞陛下降雨露之恩發日月之詔錫臣
土境廣臣邑居遂使墾闢有期農桑得所臣奉
絲綸之旨荷恩寵之深粉骨糜身無由上荅

新羅賀正表

崔致遠

용비어천가

龍飛御天歌

Yongbieocheonga

용비어천가 龍飛御天歌

세종의 명으로 정인지鄭麟趾(1396-1478) 등 집현전 학사들과 안평대군安平大君(1418-1453)이 태조의 고조 목조穆祖부터 태종까지의 사적을 한글 노래와 한시 각 125편으로 칭송하고 권계의 뜻을 실은 악장집이다. 고려대학교 도서관 소장본은 1447년에 간행한 초간본으로 권1-2, 권7-8 부분이다. 보물 제1463-4호이다.

Yongbieocheonga

This is a book of musical notes composed by Prince Anpyeong (1418-1453) and the scholars of Jiphyeonjeon (the Hall of Worthies) such as Jeong In-ji (1396-1478) on the orders of King Sejong. There are 125 songs in Hangeul lyrics and 125 Hansi (classical Chinese poetry) that reprove vices and praise the virtues of the members of the royal family, ranging from King Taejo's great grandfather Mokjo to King Taejong. This copy in the Korea University Library, designated as Treasure No. 1463-4, is the first edition published in 1447 and includes volumes I-II and VII-VIII.

◈ 정인지鄭麟趾 등 봉명찬奉命撰
1447
영본零本 2책
목판본
35.4 × 22.4 cm
만송 貴 369B

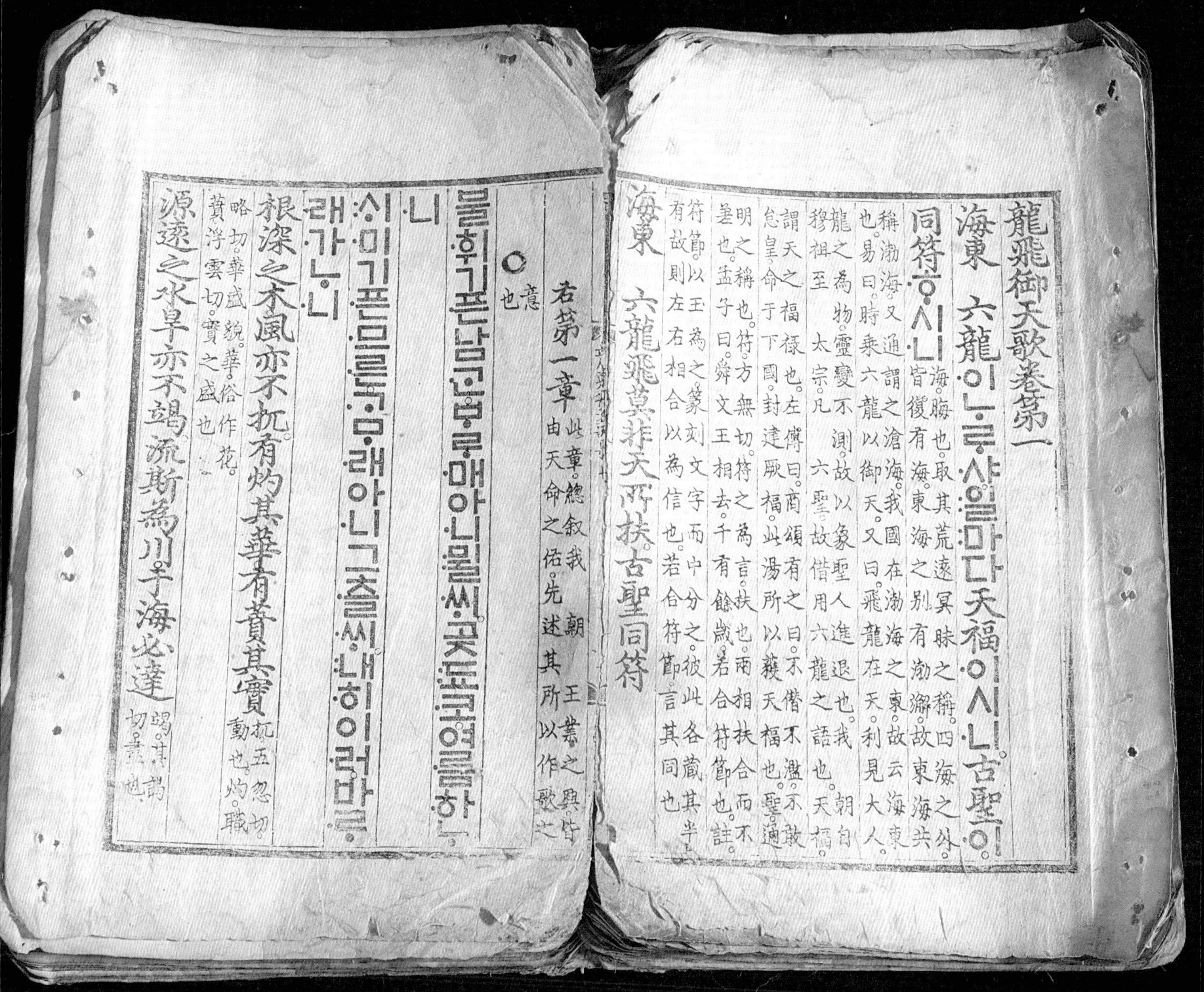
龍飛御天歌卷第一

海東 六龍이 ᄂᆞᄅᆞ샤 일마다 天福이시니 古聖이 同符ᄒᆞ시니

海東六龍飛莫非天所扶古聖同符

右第一章

불휘 기픈 남ᄀᆞᆫ ᄇᆞᄅᆞ매 아니 뮐ᄊᆡ 곶 됴코 여름 하ᄂᆞ니

ᄉᆡ미 기픈 므른 ᄀᆞᄆᆞ래 아니 그츨ᄊᆡ 내히 이러 바ᄅᆞ래 가ᄂᆞ니

根深之木風亦不扤有灼其華有蕡其實

源遠之水旱亦不竭流斯爲川于海必達

필원잡기

筆苑雜記

Pilwonjapgi

筆苑雜記序

筆苑雜記吾仲父四佳先生所著也先生以文章大手平生著述甚多三國史節要東國通鑑東文選輿地勝覽皆受 命與諸公同撰而大抵皆出於公手五行摠括歷代年表東人詩話勝覽續集滑稽傳皆平居所著而筆苑雜記亦其一也盖法歐陽

필원잡기 筆苑雜記

사가정四佳亭 서거정徐居正(1420-1488)이 일화逸話와 한담閑談을 수집하여 기록한 책이다. 그의 《태평한화골계전太平閑話滑稽傳》과 함께 문인 관료의 일상과 시대상을 잘 보여 준다. 고려대학교 도서관 소장본은 1487년에 간행한 목판본이다.

Pilwonjapgi

A compilation of a variety of anecdotes and miscellaneous topics of Sagajeong Seo Geo-jeong (1420-1488). This book demonstrates clearly the aspects of the daily lives of civil officials, along with his other book *Taepyeonghanhwagolgyejeon*. This copy in the Korea University Library was printed in 1487 using woodblocks.

◈ 서거정徐居正
1487
2권 1책
목판본
27.1 × 18.8 cm
만송 貴 336

포은시고

圃隱詩藁
Poeunsigo

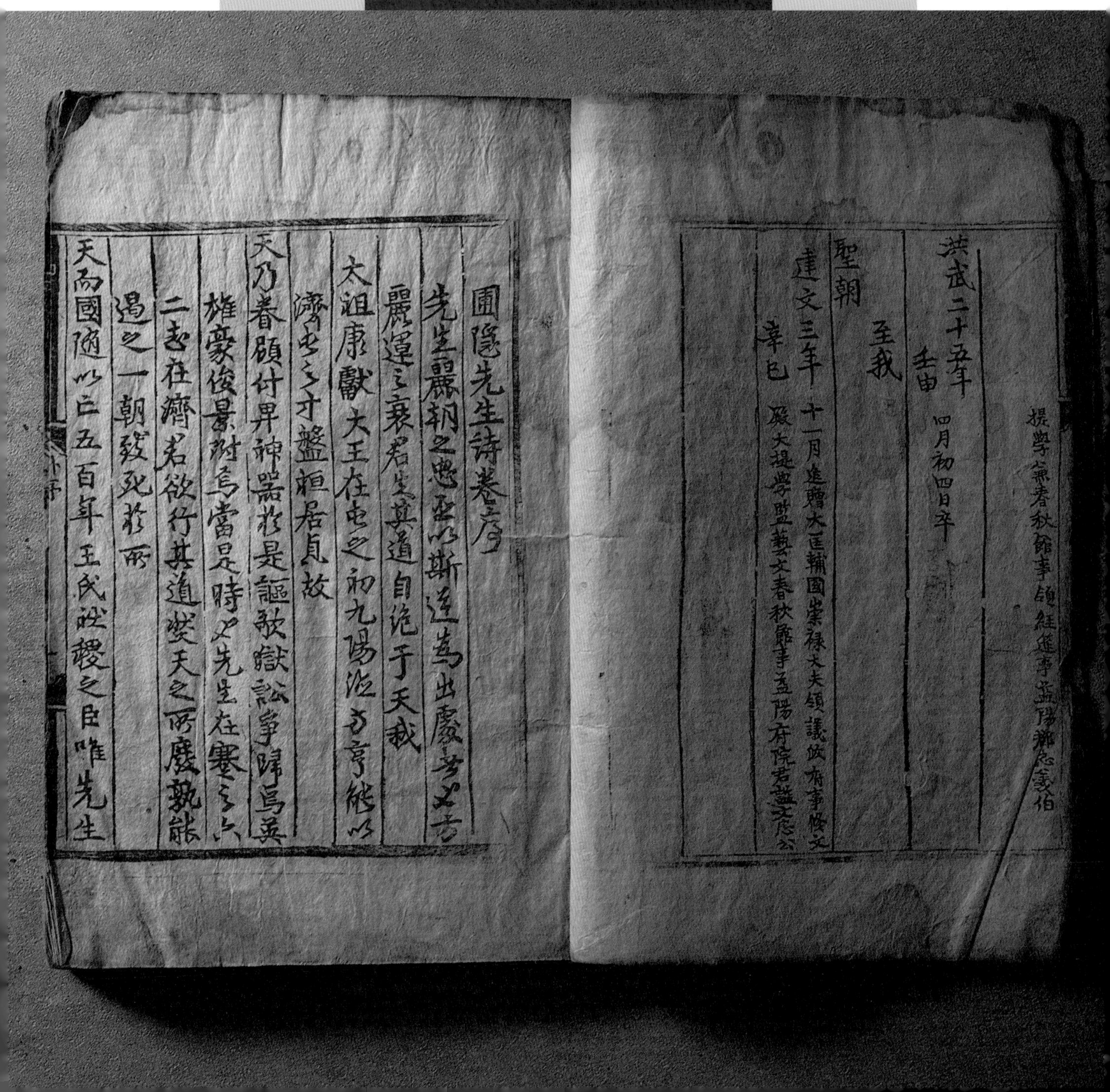

圃隱先生年譜

至元三年丁丑 十二月公生

至正十五年乙未 正月父沒廬墓三年

至正十七年丁酉 夏御史大夫申君平監試公中第三名

至正二十年庚子 政堂文學金公得培知貢擧樞密院直學士韓公方信同知貢擧公中乙科第一人連魁三場

至正十二年壬寅 三月拜藝文檢閱十月陞修撰

포은시고 圃隱詩藁

포은圃隱 정몽주鄭夢周(1337-1392)의 시집이다. 1439년 정몽주의 아들 정종성鄭宗誠(1374-1442)이 303수를 수집하여 처음 간행했으나, 현재 전하지 않는다. 1533년 후손 정세신鄭世臣이 다시 목판으로 간행했다. 고려대학교 도서관 소장본은 1533년 황해도 신계新溪에서 간행한 목판본이다.

Poeunsigo

This is a book of poetry by Poeun Jeong Mong-ju (1337-1392) initially published in 1439 by his son Jeong Jong-seong (1374-1442) who managed to collect 303 poems of his father. Whereas its first edition no longer exists, one of Jeong Mong-ju's descendants Jeong Se-sin republished it using woodblocks in 1533. This copy in the Korea University Library was printed using woodblock in 1533 in Singye, Hwanghae-do.

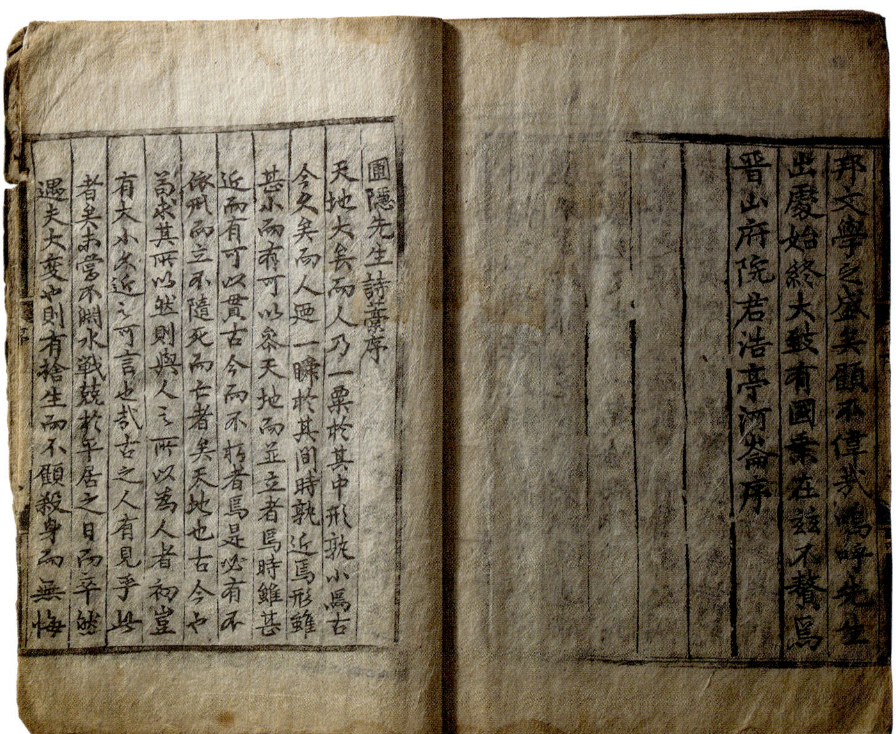

◈ 정몽주鄭夢周
1533
2권 1책
목판본
27.7 × 18.9 cm
만송 貴 345

북행록

北行錄
Bukhaengnok

歲丙申仲夏初一日午時 承政院之牌進詣 闕下同付
牌招掌樂正金益性承文校檢朴守良司僕正金益壽輔德
金應豐司成安士彥豐儲守陳素卿麻家金光乾軍器正
繼文賢歷九人而河以病不進其餘八人同進于出緩
待命以簡付自內封緘所帳踏 頭字分八道而降各
鼎某道 其面云某道某色名疏度於 命諸官
陶出 闕門不日已沒矣陳素卿京圻金益壽忠清安士彥
海朴守良江原金益性黃海金應豐全羅金光乾平安
咸鏡也八道之中咸鏡道路最遠而阻險處也命之後人
慰諭之辭返家與湜相別遂出興仁門之
不辨人矣常來於東書吏孫頤良也於門外棄一馬之際其
性不馴朱妹騎逸入門而余初不知其為之逸至無際波

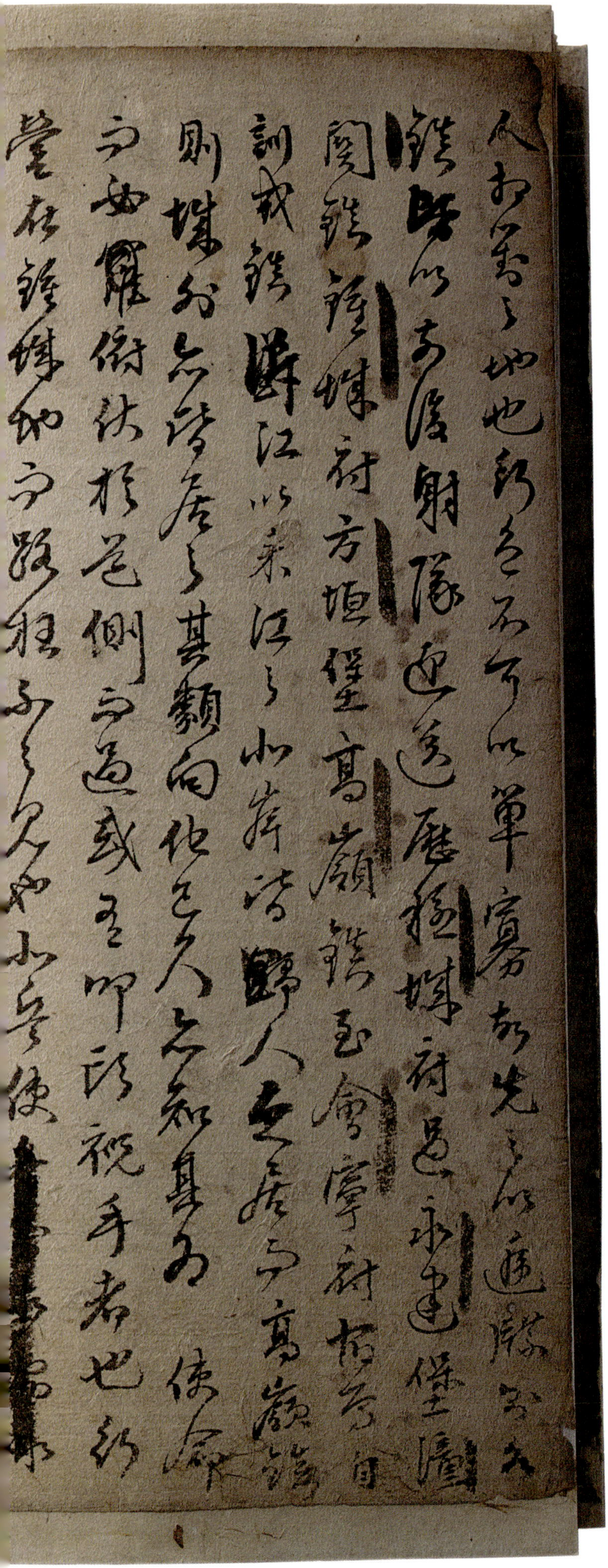

북행록 北行錄

퇴계退溪 이황李滉의 형인 온계溫溪 이해李瀣(1496-1550)가 1536년 5월 1일부터 5월 24일까지 함경도 어사御史로 나가 백성의 생활상, 관리와의 교유, 국경 지역 정보, 서울과 함경도를 왕래한 경로 등을 기록한 친필 행록이다. 고려대학교 도서관 소장본이 유일본이다.

Bukhaengnok

This is a journal handwritten by Ongye Yi Hae (1496-1550), the older brother of Toegye Yi Hwang. *Bukhaengnok* documents what Yi Hae had observed from the daily lives of the common people, his encounters with local officials, information on the nearby national border, and his route to and fro from Seoul to Hamgyeong-do during his position as an Eosa (Royal Emissary) to Hamgyeong-do from May 1st to 24th, 1536. This copy housed in the Korea University Library is the last surviving one.

◈ 이해李瀣
1537
1책
필사본
31.7 × 20.0 cm
만송 貴 377

今上……貢周徑懸乎是在鏡樓吉討吳命所以
水沿水合嶽東奔回故進於行舟中艣撐劇於鍇
磧衝泉之乎也 十一日 白星日晴 晚出發過一岐入痛寧討
男予於談為過蘇島上撐茶酒吉而慶於手是討之使

以下於大門內邀迎候示入客館自接官廳接之客
婦帶一室如掃之所可接如畫匠生寄于客廳國
庭軍器又照甚高鍇軍卒則六年閣寄寓內以
廳中一廳美備使喚子弟亦從外鍇軍也至于以
進上使上京未還者二人也其養還者知其隱亦而
廢器甚繁等所謂為上達數處者大家所也
以進上使上京亦二人 應達討使見於也 討使尹爲也
午後觀門過輪樓至鏡樓討使亭候命而歸
而震假趙公壽千東安冒昧陪行請見趙公之回還
年長而寄新在也亦從之知京在迎見命酒陪之來吾
今止乎毋多行酒無也可辭。十二日 星日晴 晚出發歷所行接吏行日

점필재선생유두류록

佔畢齋先生遊頭流錄

Jeompiljaeseonsaengyuduryurok

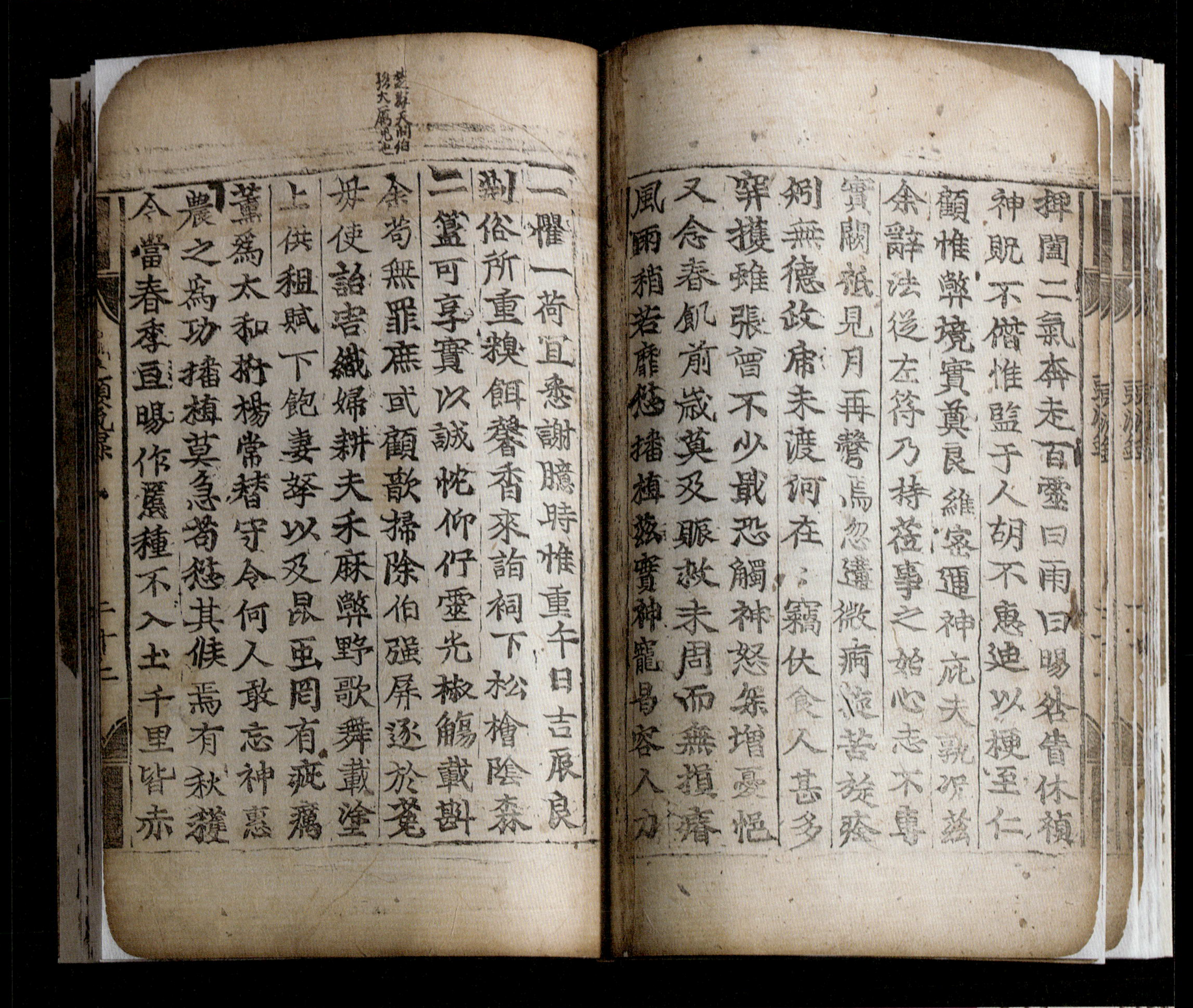

子遊化人之宮俯
視之若累塊積薪
一作蘇

有頭流雄崑崙萬〻古地軸東西
擘首尾想像造物功繫我〻之仙骨
飄逢牵絲古速含茲山在雷封省
曲時序秋正中携試二三子戢月

捫蘿滌登頓足之力寄短笻山靈似我
雲無顛風齋心且默禱庶湯介滯
忽清霽神明諒吾衷遂志再陟滂
鴻濛浩〻俯積蘇如脫天地籠群
朝眼底夫窮崇址望白玉京城没

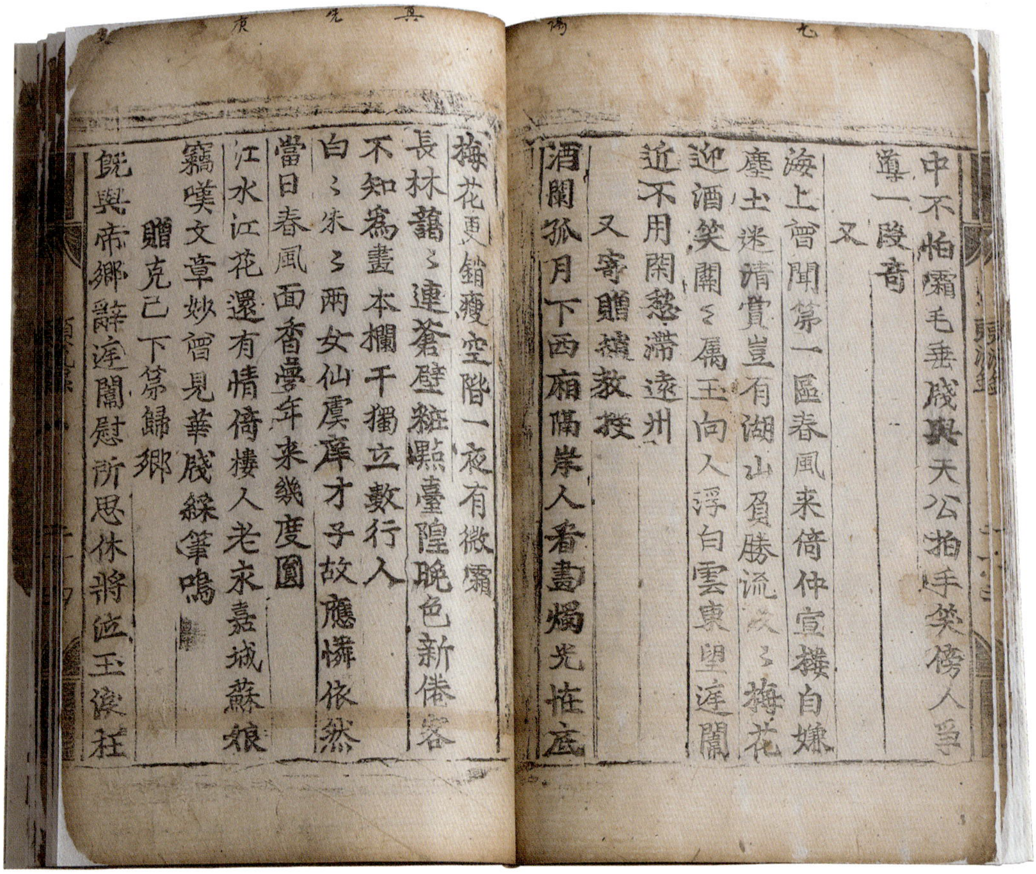

점필재선생유두류록 佔畢齋先生遊頭流錄

점필재佔畢齋 김종직金宗直(1431-1492)이 작성한 지리산 기행문이다. 김종직이 1472년 함양咸陽 군수郡守로 재임하며 제자 유호인兪好仁, 조위曺偉 등과 함께 8월 14일부터 18일까지 5일간 지리산을 유람하고 썼다. 고려대학교 도서관 소장본은 1520년에 간행한 목활자이다.

Jeompiljaeseonsaengyuduryurok

Written by Jeompiljae Kim Jong-jik (1431-1492), it recounts his travel to Jirisan Mountain with his pupils including Yu Hoin and Jo Wi from August 14th to 18th, 1472 when he was the Gunsu (governor) of Hamyang. This copy in the Korea University Library was printed with wood type in 1520.

◈ 김종직金宗直
1520
1책
목활자본
29.3 × 19.0 cm
만송 貴 269

氣浸空對馬島以南蜃氣接天眼界已
窮不復了了也使克己志其可識者如
右遂相顧自慶曰自古登此峯者有矣
豈若吾曹今日之快耶下壘踰磴而坐
酌數盃日已亭午望靈神坐高臺尚遠
函穿石門而下登中山亦土峯也郡人
由嚴川而上者以北第二峯爲中自馬
川而上者甑峯爲第一此爲第二故亦
稱中焉自是皆由山脊而行其間奇峯

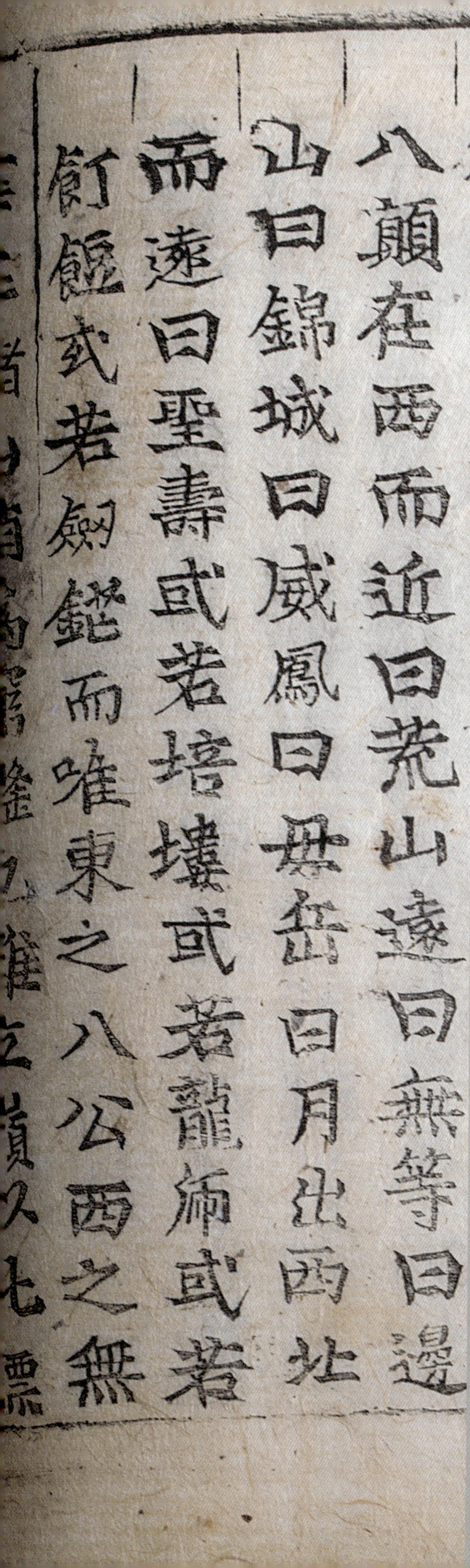
八顚在西而近曰荒山遠曰無等曰邊
山曰錦城曰威鳳曰毋岳曰月出西北
而遠曰聖壽或若培塿或若龍飾或若
飣餖或若劍鋩而唯東之八公西之無

기재기이

企齋記異

Gijaegi-i

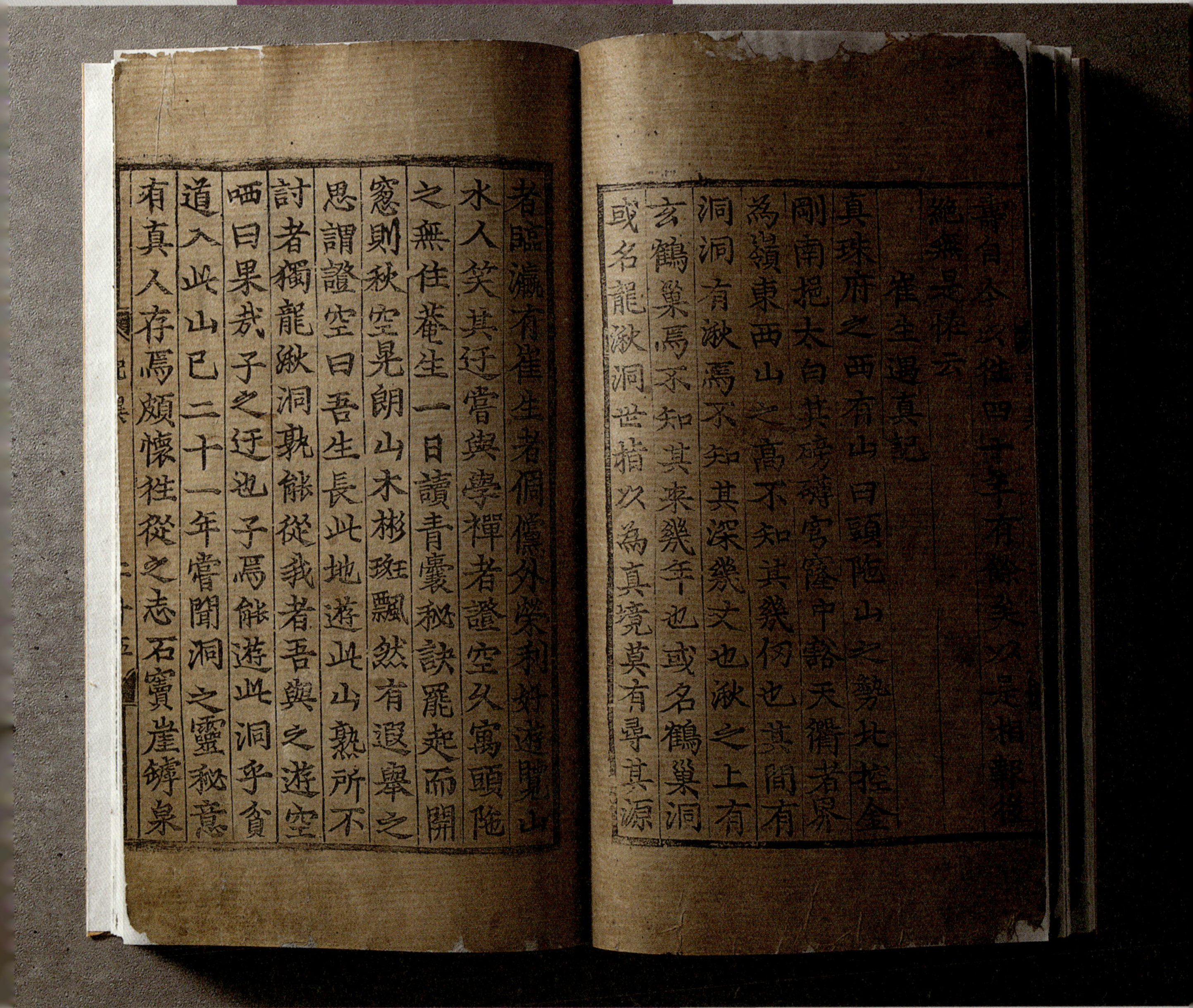
壽自今以往四千年有餘矣以是相繫
絕無是怪云
崔生遇眞記
眞珠府之西有山曰頭陁山之勢北控金
剛南挹太白其磅礴穹窿中觡天衢者累
爲嶺東西山之高不知其幾仞也其間有
洞洞有湫焉不知其深幾丈也湫之上有
玄鶴巢焉不知其來幾年也或名鶴巢洞
或名龍湫洞世稍以爲眞境莫有尋其源
者臨瀛有崔生者倜儻外榮利好遊覽山
水人笑其迂嘗與學禪者證空久寓頭陁
之無住菴生一日讀靑囊祕訣罷起而開
窻則秋空晃朗山木彬斑飄然有遐擧之
思謂證空曰吾生長此地遊此山熟所不
討者獨龍湫洞孰能從我者吾與之遊空
哂曰果哉子之迂也子焉能遊此洞乎貧
道入此山已二十一年嘗聞洞之靈祕意
有眞人存焉頗懷往從之志石竇崖鑄泉

者不一再彼尋常小說不可同年以
語則盛行於世固也第寫本承訛好
事者病焉校書著作趙君完璧氏與
余同年進士也俱出 相公門下一
日會芸閣語及之囑余校讎亟欲鏤
諸梓余難之曰君是舉甚善竊念
相公方領敎館不知者謂出於 相
公之意則得無近於嫌乎曰唯 相
公功名事業冠冕廟堂道德文章衣

企齋記異

安憑夢遊錄

有書生姓安名憑者累舉進士不第就南山別業居閑所居之後圃多植名花異草日哦詩其間嘗於暮春末天氣清和生乃吟翫花卉怡怡往來者不已居然氣倦坐憑老槐樹摩挲口自語曰世傳槐安之說甚誕吁亦怪哉徙倚間忽思假睡初覺有彩蝶大如伏翼翩翩於鼻端生怪而逐之

기재기이 企齋記異

기재企齋 신광한申光漢(1488-1555)이 쓴 책으로 1533년 목판으로 간행되었다. 〈안빙몽유록安憑夢遊錄〉, 〈서재야회록書齋夜會錄〉, 〈최생우진기崔生遇眞記〉, 〈하생기우전何生奇遇傳〉 등 네 편이 수록되어 있다. 고려대학교 도서관 소장본이 유일본이다.

Gijaegi-i

Written by Gijae Sin Gwang-han (1488-1555) and printed with woodblocks in 1533, the book contains four stories: "Anbingmongyurok", "Seojaeyahoerok", "Choesaengujingi" and "Hasaenggiujeon". The Korea University Library possesses the only surviving copy.

◈ 신광한申光漢
1553
1책
목판본
31.9 × 19.5 cm
만송 貴 287

조천기

朝天記
Jocheongi

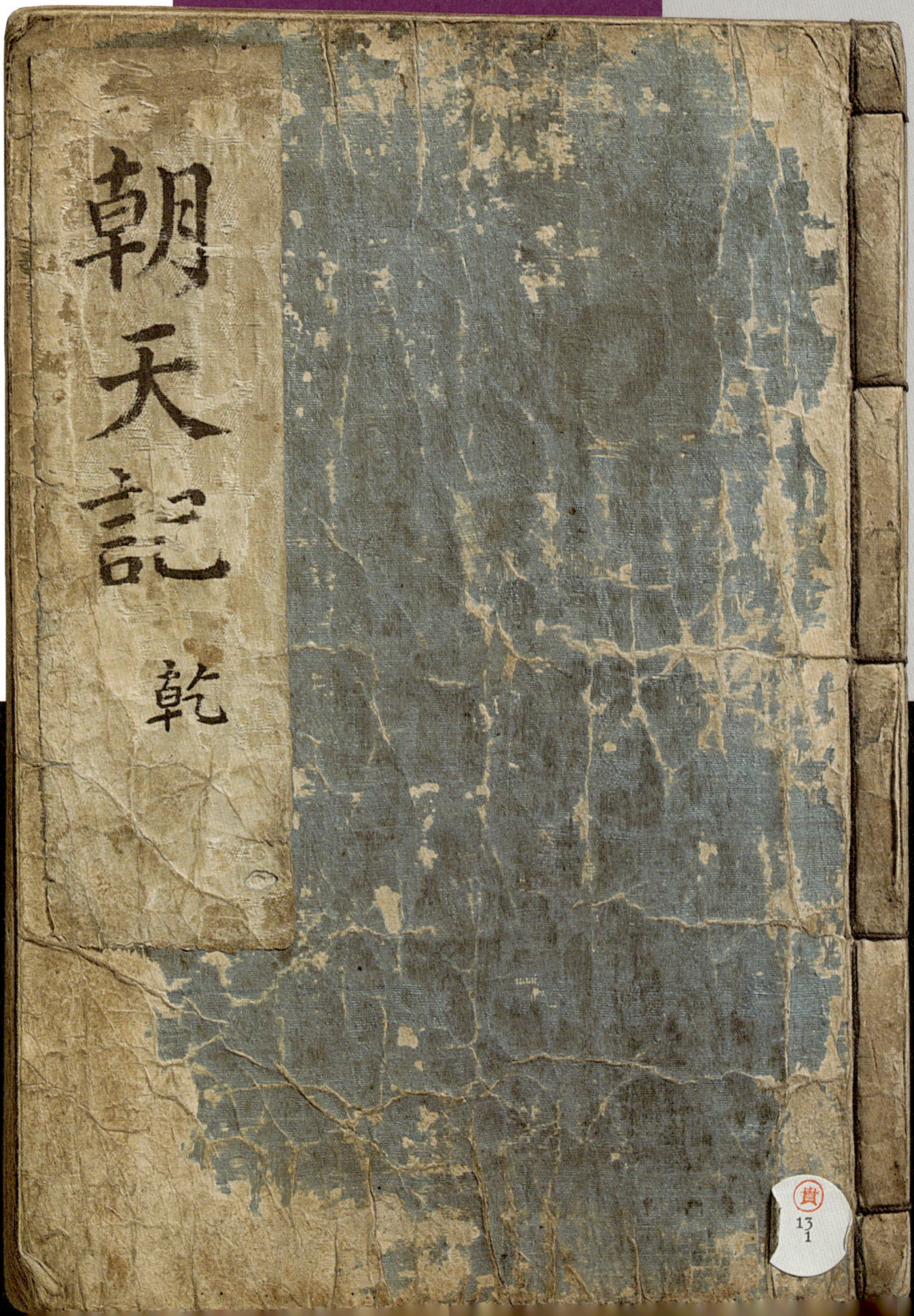

忽之心而已也 皇朝之詩承國家之盛而是矣
重之嚴鐍以防其出入於禮範塗之弛惟恐

一毫之肆故學士大夫搢紳先生或無操而
進之討論典墳詢訪風俗者亦無其人而能有
禁令束由也之壇其所謂隱者哉固是國人之能
觀者說與讀稽同類未見有秉彝而律綱哉
而能者形容不爾 皇朝之一大致典而未來
方之蕃服也耶 故吾之所錄亦記其美意
之而他無所及焉者此也後之君子其又有識
之者矣

萬曆三年陽月下沐日陽川後學荷谷許篈美叔父
敘于湖堂

조천기 朝天記

허균許筠의 형인 하곡荷谷 허봉許篈(1551-1588)이 명明나라 신종神宗의 생일을 축하하기 위한 성절사행聖節使行의 서장관書狀官으로 중국에 다녀오며 기록한 책이다. 1574년 5월 11일부터 11월 3일까지 약 6개월간의 일정과 견문을 기록했다. 상·중·하 3권과《과강록過江錄》으로 이루어져 있다.

Jocheongi

Written by Hagok Heo Bong (1551-1588), one of the older brothers of Heo Gyun, and composed of three volumes and an appendix *Gwagangnok*, it records his six-month trip to China from May 11th to November 3rd of 1574, when he was dispatched as a Seojanggwan (archivist) of Seongjeolsahaeng (special envoy sent to the Ming Dynasty) to celebrate the birthday of Emperor Shenzong.

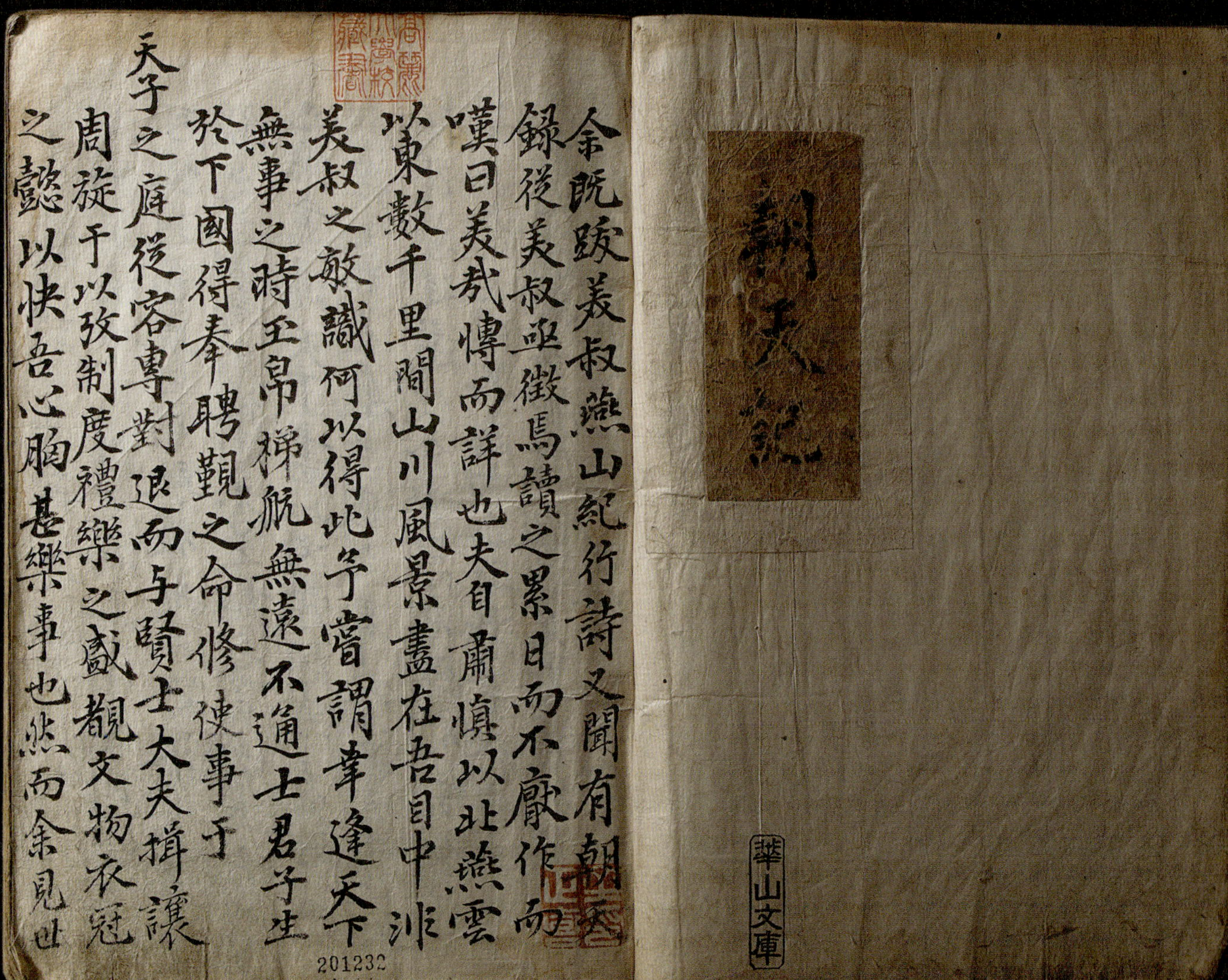

◈ 허봉許篈
1577
2책
필사본
30.6 × 21.9 cm
화산 貴 13

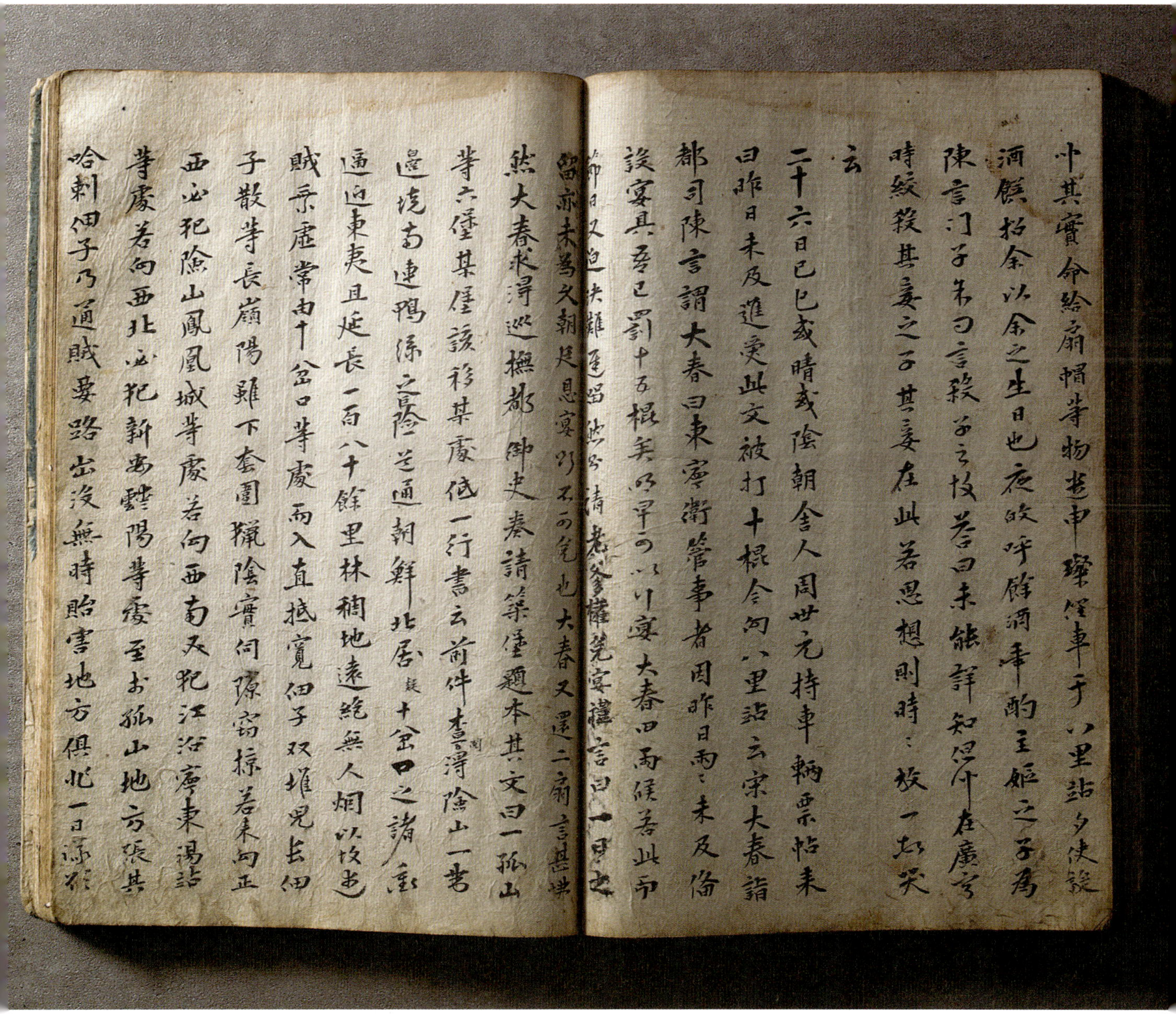

일본록

日本錄

Ilbonnok

槎上記

發行以後日錄癸未八月

初三日丁亥陰雨從三使臣入 闕陛辭行由崇禮門路渡漢江始日本告立関白朝廷例遣通信使賀之徐叅議命膺爲上使嚴校理璘爲副使李校理得培爲從事官余以徐公之辟爲製述官未幾改以蔡希範爲製述官余爲書記希範不欲行又改之以南玉元重擧爲副使書記金仁謙爲從事官書記經年未發三使臣並坐事遞易徐公則謫北邊趙叅議曮爲上使李校理仁培爲副使金校理相翊爲從事官

일본록 日本錄

청성靑城 성대중成大中(1732-1809)이 계미癸未 통신사通信使 조엄趙曮의 서기관書記官으로 일본을 왕래한 후 남긴 책이다. 1763년 8월 3일부터 1764년 7월 10일까지의 행적을 날짜별로 기록한《사상기槎上記》와 일본의 문물제도 및 풍속을 조목별로 서술한《일본록日本錄》으로 이루어져 있다.

Ilbonnok

This is an essay of Cheongseong Seong Dae-jung's (1732-1809) travel to Japan from August 3rd, 1763 to July 10th, 1764 when he was dispatched there as a secretary of the Gyemi Tongsinsa (ambassador to Japan assigned in 1763, the year of Gyemi) Jo Eom. It is comprised of *Sasanggi* that documents by date Jo Eom's duties and *Ilbonnok* that records and categorizes the institutions and customs of Japan.

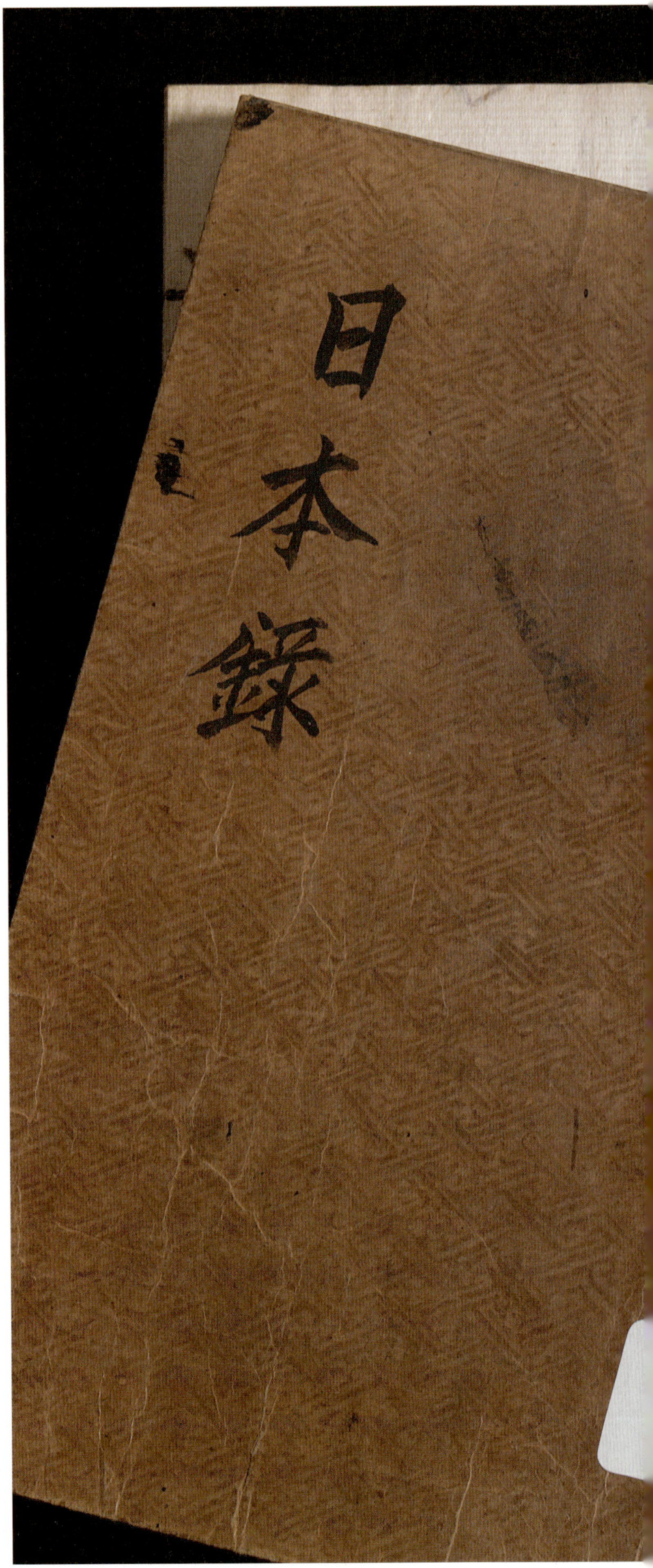

◈ 성대중成大中
1763-1764
2책
필사본
25.9 × 17.4 cm
貴 545

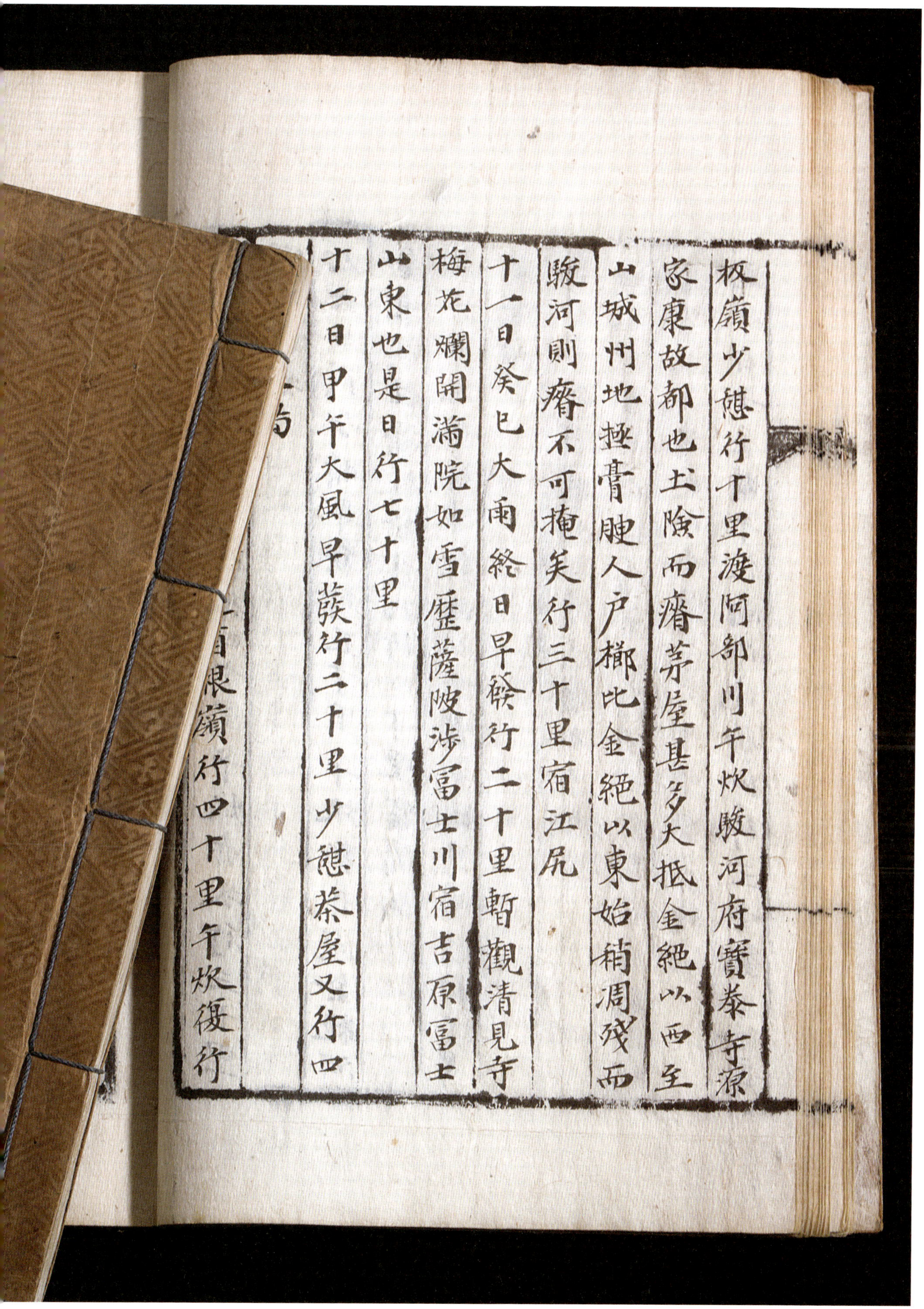
板嶺少憩行十里渡阿部川午炊駿河府寶泰寺寮
家康故都也土險而瘠茅屋甚多大抵金絕以西至
山城州地極膏腴人戶櫛比金絕以東始稍凋殘而
駿河則瘠不可掩矣行三十里宿江尻
十一日癸巳大雨終日早發行二十里暫觀清見寺
梅花爛開滿院如雪歷薩陂涉富士川宿吉原富士
山東也是日行七十里
十二日甲午大風早發行二十里少憩茶屋又行四
箱根嶺行四十里午炊復行

[총류]

總類

Miscellaneous Works

해동문헌총록
海東文獻總錄 • Haedongmunheonchongnok

중조학사서한
中朝學士書翰 • Jungjohaksaseohan

첩보
牒報 • Cheopbo

동국명현사적
東國名賢事蹟 • Donggukmyeonghyeonsajeok

근역서휘총고
槿域書彙總考 • Geunyeokseohwichonggo

해동문헌총록

海東文獻總錄

Haedongmunheonchongnok

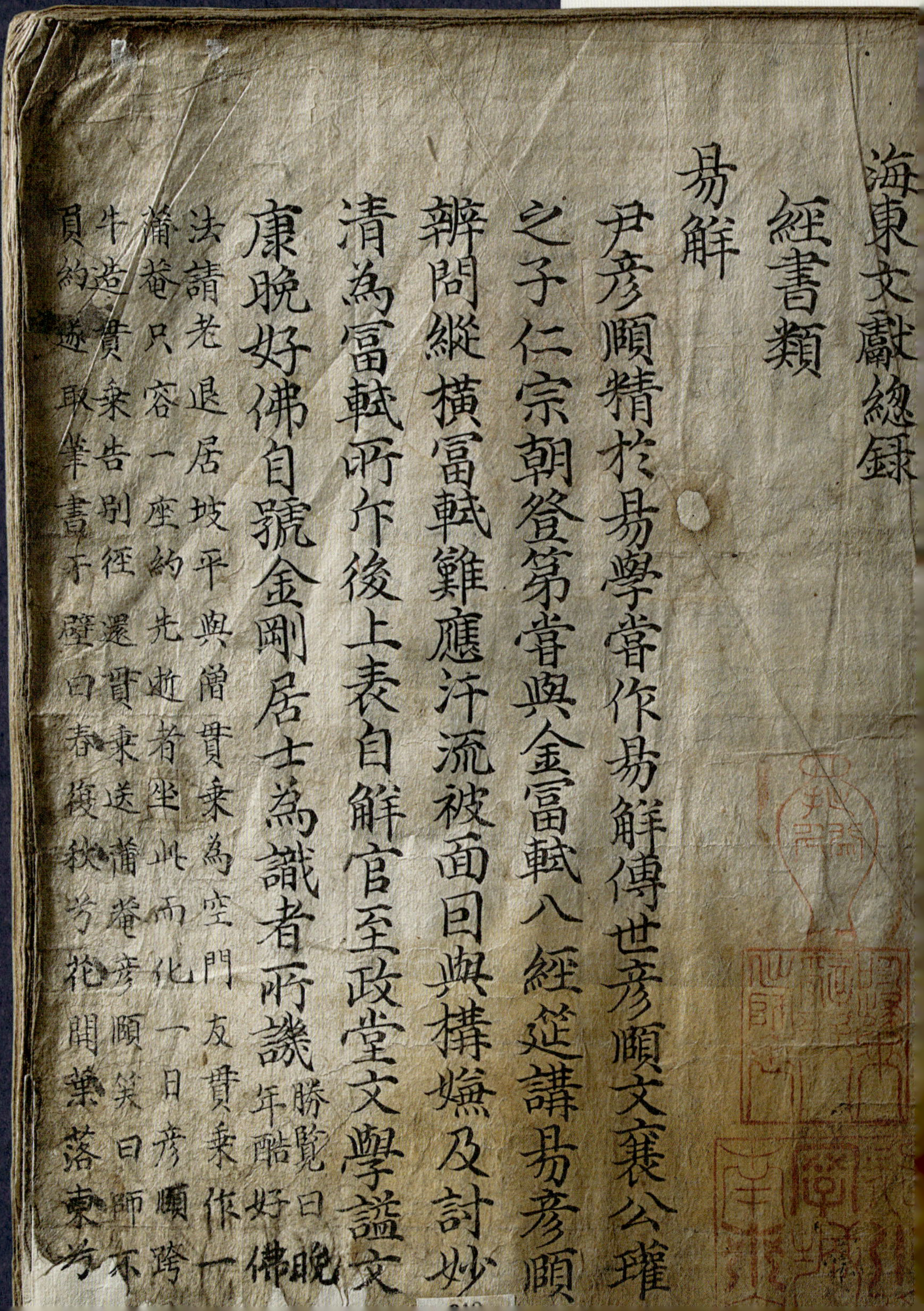

臺諫欲罪之太宗變色曰甄爲高麗之臣作詩思
之是亦夷齊之流不可罪也

해동문헌총록 海東文獻總錄

경와敬窩 김휴金烋(1597-1638)가 임진왜란 후 낙동강 주변의 명문가에 보존되어 있던 책들을 모아 해제解題한 목록집이다. 고려시대부터 조선 중기까지 유명한 670여 종을 해제하고, 각 저자의 약력을 기술했다.

Haedongmunheonchongnok

This is an annotated compilation by Gyeongwa Kim Hyu (1597-1638) of over 670 books that elite families near Nakdonggang River had preserved since the Imjin War (Japanese invasions of 1592-1598). Commenting on the books that span from the Goryeo Dynasty to the middle of the Joseon Dynasty, it also includes brief introductions to their authors.

◈ 김휴金烋 편編
미상
2책
필사본
27.6 × 21.6 cm
신암 貴 130

海東文獻總錄

東文選所載諸賢姓名行跡

本朝

鄭道傳權近尹紹宗朴宜中卞季良鄭悛鄭以吾咸傅林河崙黃喜尹祥權弘李石亨柳方善偰長壽李行李原成石璘成石珚權擥權踶魚變甲魚孝瞻姜淮伯姜碩德姜希顔羅興儒李詹申叔舟成侃權湛尹子濚成三問許錦陳義貴鄭摠崔恒

○李來少字安國慶州人石灘之子辛旽伏誅恭愍王思存吾之忠時來年十歲三手書諫臣安国授

第一節論天命之理第二節論五行之氣第三節論理氣之分第四節論生物之原第五節論人物之殊第六節論人心之具第七節論性情之目第八節論意幾善惡第九節論氣質之品第十節論存省之要末附退溪後叙四端七情分理氣辨

鄭之雲字静而慶州人丰儀秀貌中心坦然好古樂善疾悪畏義必有願學之志受業於金思齋思齋亟稱許後又登思齋之門以質其疑及思齋歿心喪三年晩年與退溪先生交遊以訂正焉及卒先生為撰墓碣且為文以祭之號秋巒

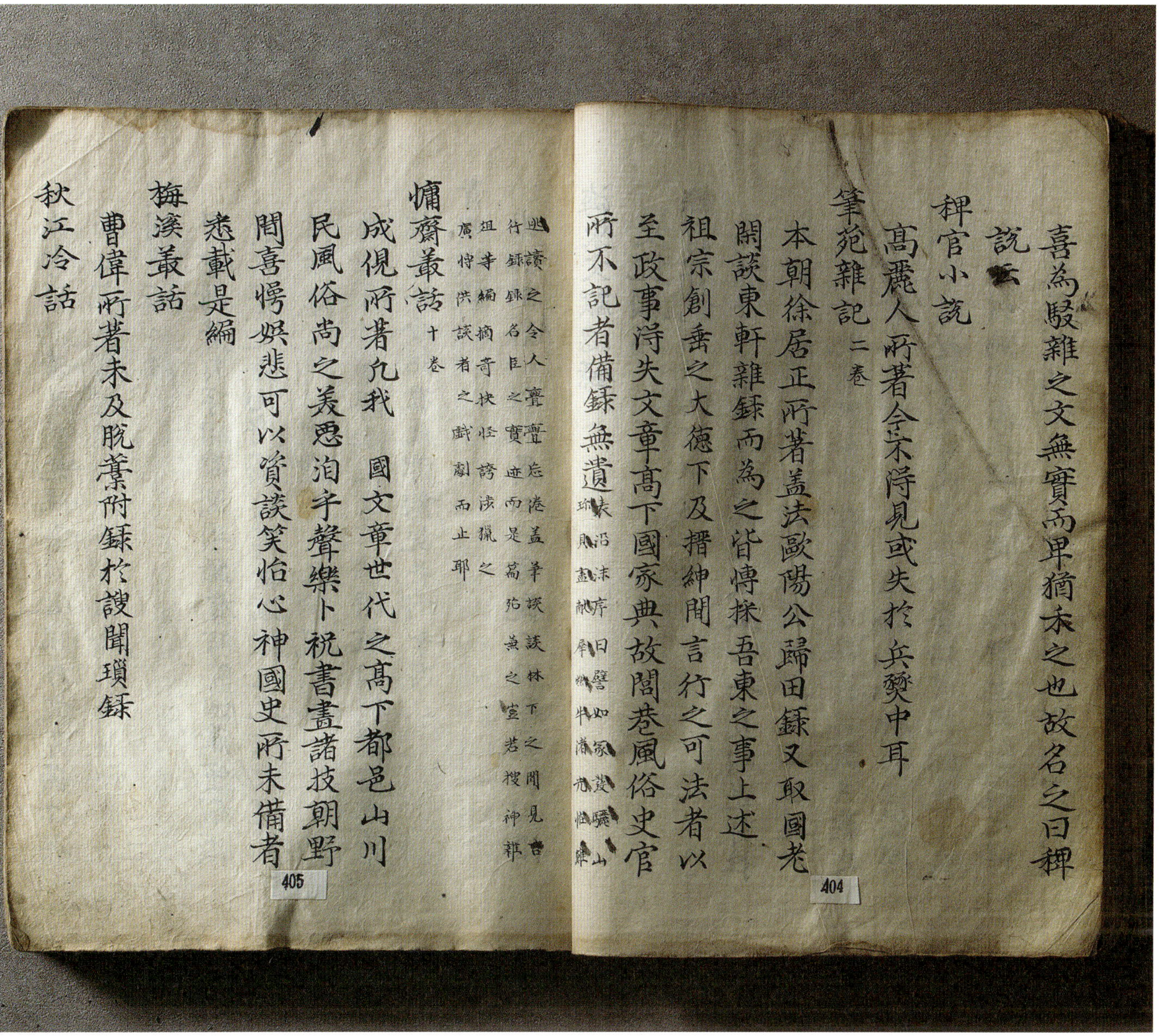
喜為駁雜之文無實而卑猶禾之也故名之曰稗
說
稗官小說
高麗人所著今不得見或失於兵燹中耳
筆苑雜記 二卷
本朝徐居正所著盖法歐陽公歸田錄又取國老
閑談東軒雜錄而為之皆傳採吾東之事上述
祖宗創垂之大德下及搢紳間言行之可法者以
至政事得失文章高下國家典故閭巷風俗史官
所不記者備錄無遺
404
慵齋叢話 十卷
成俔所著凡我 國文章世代之高下都邑山川
民風俗尚之美悪洎乎聲樂卜祝書畫諸技朝野
間喜愕娛悲可以資談笑怡心神國史所未備者
悉載是編
梅溪叢話
曹偉所著未及脫藁附錄於謏聞瑣錄
秋江冷話
405

중조학사서한

中朝學士書翰

Jungjohaksaseohan

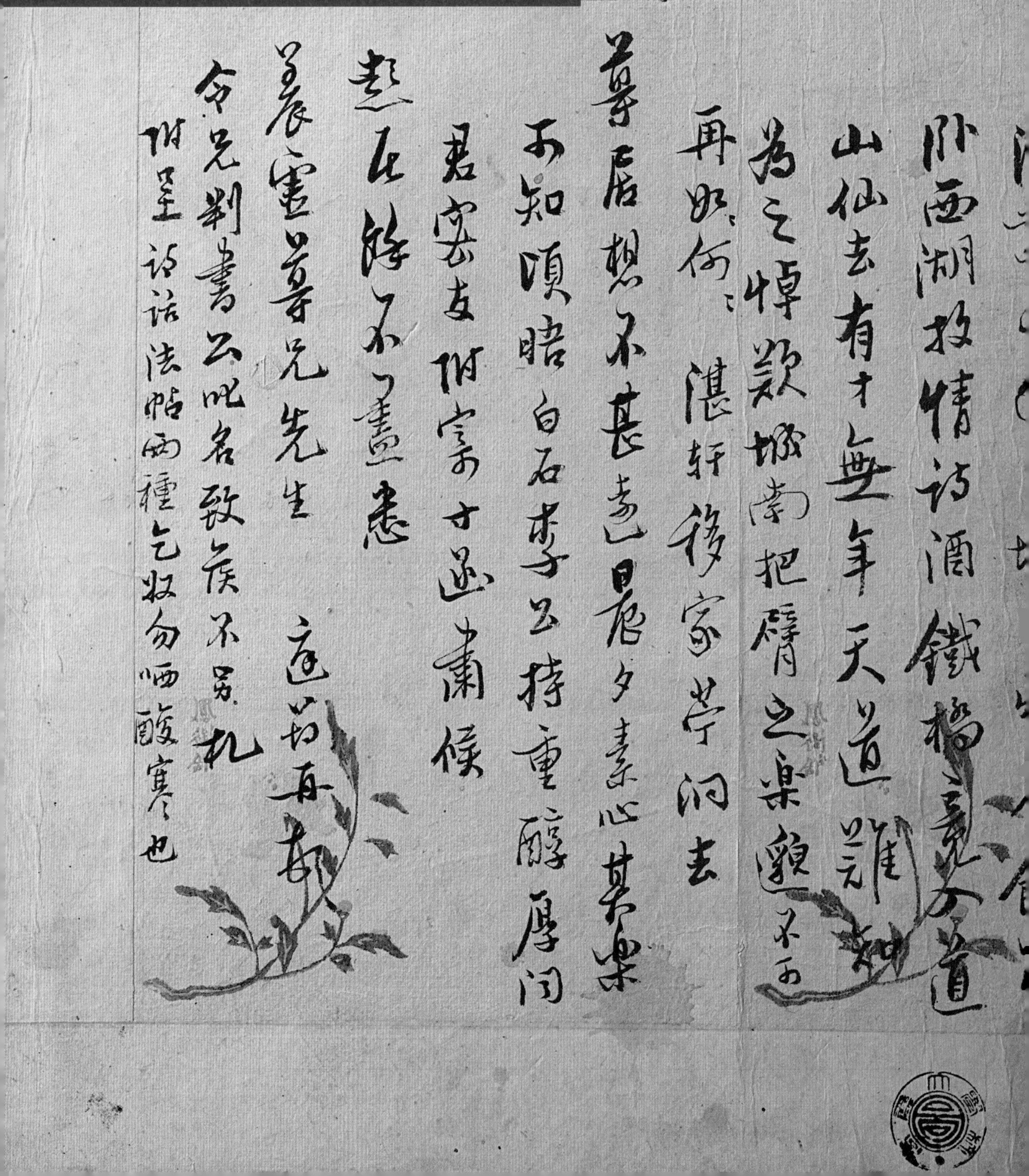

金蓉庵兄啓

、、庭筠再拜

養靈尊兄足下 萬里良朋千秋一遇
固自難語因起離悰望風懷想何以
為情比得
手書又奉
詩教兼足之自慰
鴻篇清麗
尊大人鉅製尤足與香山劍南抗行
一門風雅照耀海隅可敬可敬比來
近履福綏爲念 自別後南北奔馳

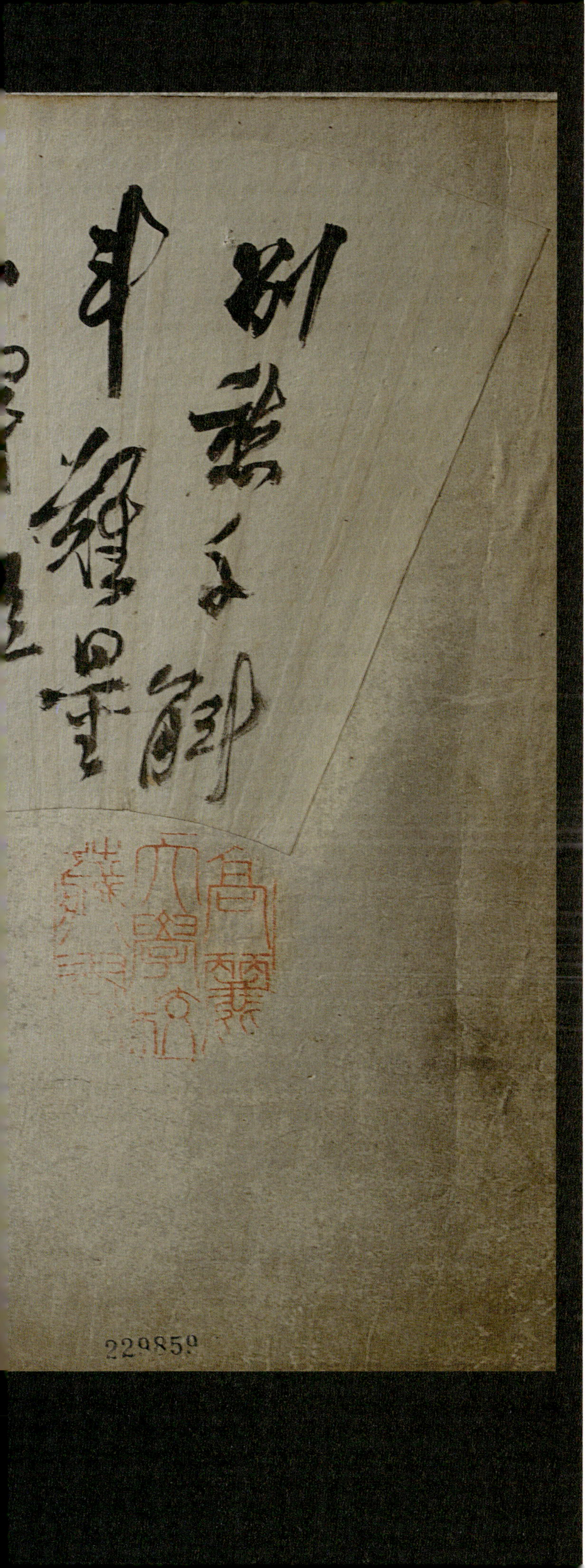

중조학사서한 中朝學士書翰

중국 항주杭州의 문인
반정균潘庭筠·엄성嚴誠·육비陸飛 등이
조선의 김재행金在行에게 보낸 서한 17편을
담헌湛軒 홍대용洪大容(1731-1783)이 편집한
서한집이다. 18세기 조선과 중국 문인들의
교유 상황을 파악할 수 있는 자료이다.

Jungjohaksaseohan

Edited by Damheon Hong Dae-yong (1731-1783), it is a compilation of 17 letters from the writers of Hangzhou, China such as Pan Tingyun, Yan Cheung and Lu Fei to Kim Jae-haeng of Joseon, which presents how writers of Joseon and China in the 18th Century conducted intellectual exchanges.

◈ 홍대용洪大容 편編
1781
1첩
필사본
30.3 × 21.0 cm
화산 貴 661

첩보

牒報

Cheopbo

첩보 牒報

1894년 12월 2일 동학농민혁명 지도자 전봉준全琫準(1855-1895)의 체포 사실을 호남소모관湖南召募官 임두학林斗鶴이 작성하여 보고한 첩보牒報이다. 전라도 순창淳昌 피로리避老里의 한신현韓信賢이 전봉준을 붙잡았다는 내용이 담겨 있다.

Cheopbo

This is the official report filed by Honam Somogwan (military recruiting officer of Honam Area) Yim Du-hak of the arrest of the leader of the Donghak Peasant Revolution Jeon Bong-jun (1855-1895) on December 2nd, 1894. It indicates that Jeon Bong-jun was captured by Han Sin-hyeon of Piro-ri, Sunchang, Jeolla-do.

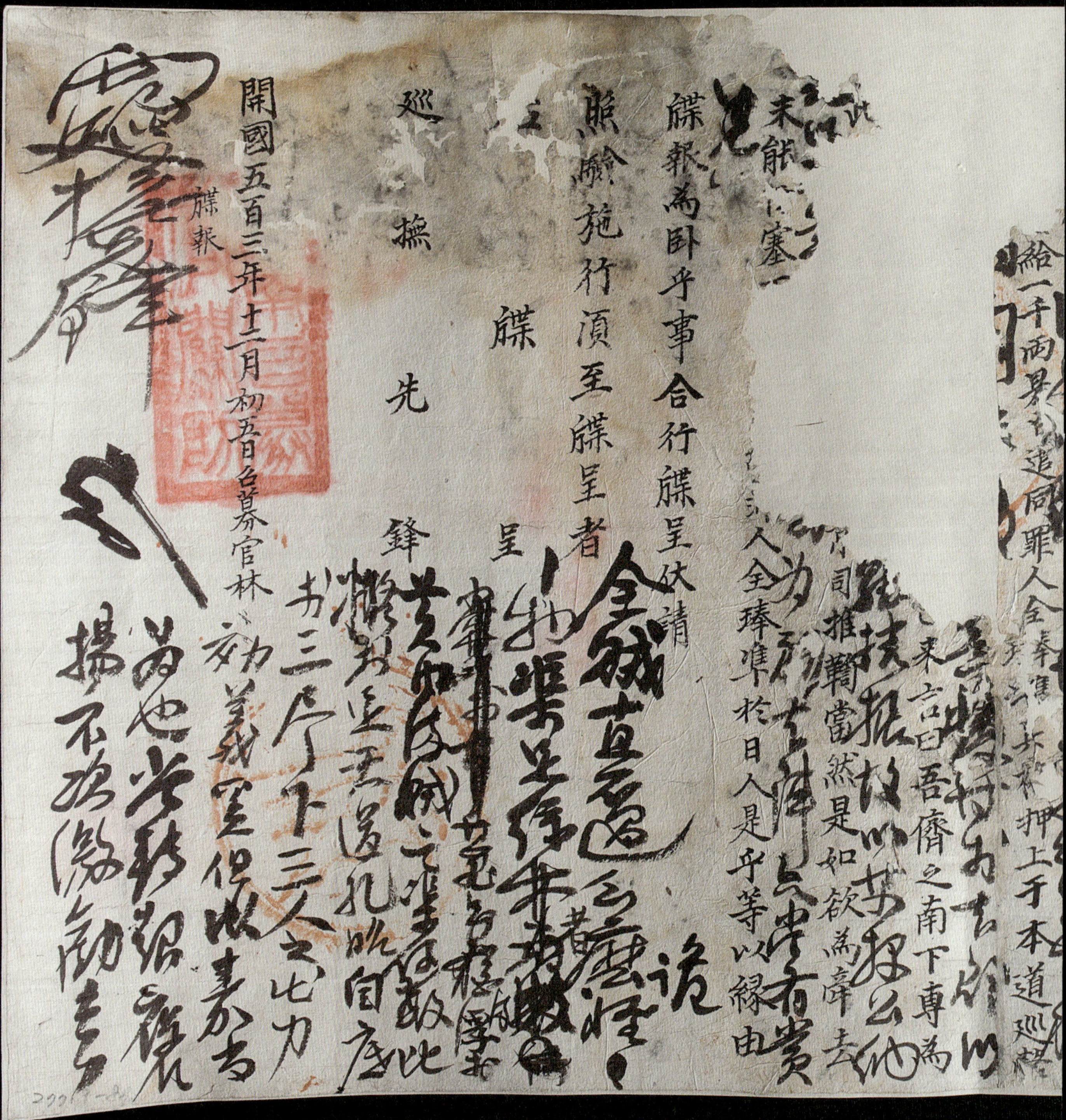

◈ 임두학林斗鶴

1894

1매

필사본

35.0 × 74.0 cm

F5-1284

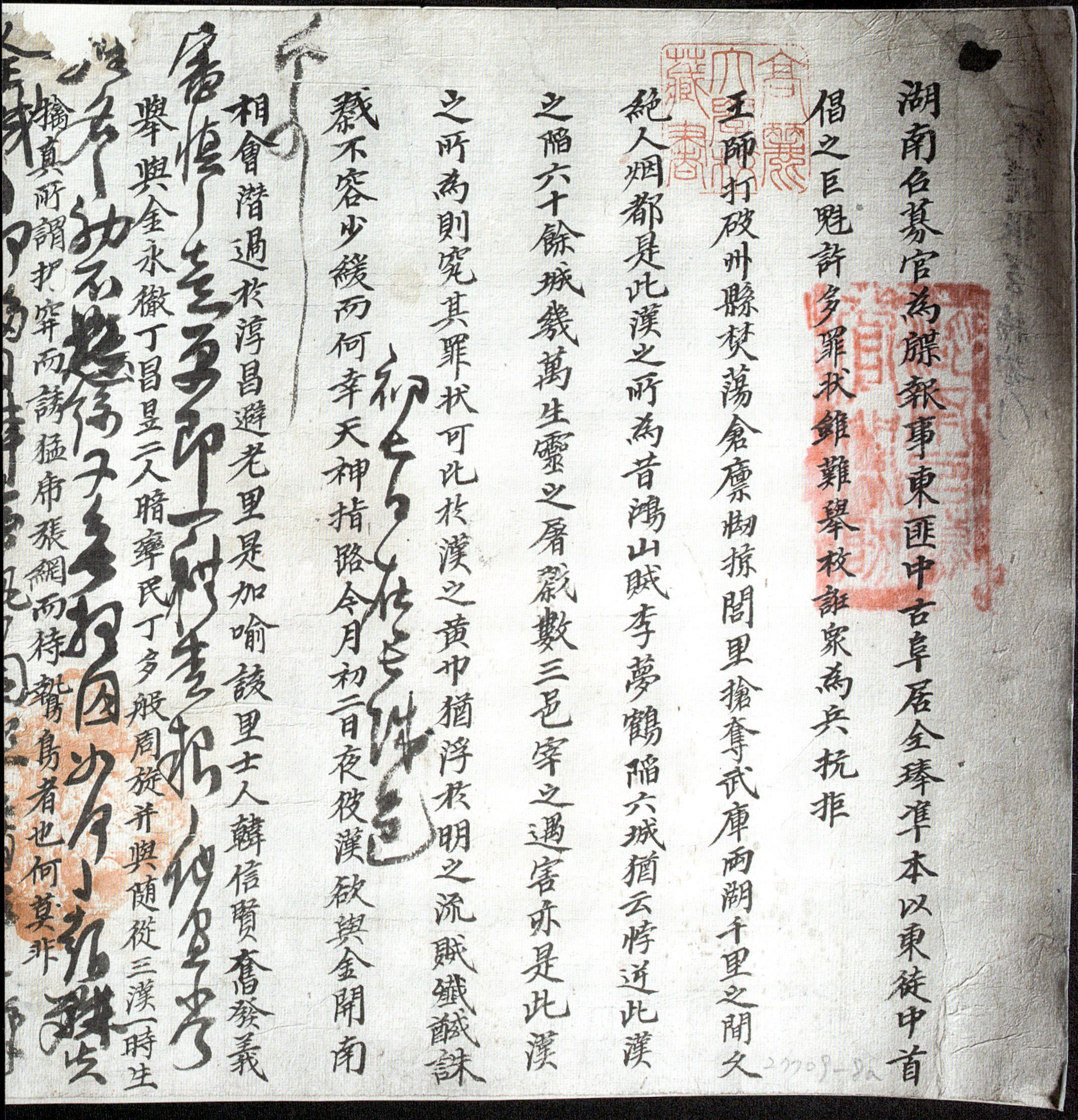

湖南召募官爲牒報事東匪中古阜居全琫準本以東徒中首
倡之巨魁許多罪狀雖難擧枚嘯聚爲兵抗非
王師打破州縣焚蕩倉廩劫掠閭里搶奪武庫兩湖千里之間久
絶人烟都是此漢之所爲昔鴻山賊李夢鶴陷六城猶云悖逆此漢
之陷六十餘城幾萬生靈之屠戮數三邑宰之遇害亦是此漢
之所爲則究其罪狀可比於漢之黃巾猶浮於明之流賊殲滅誅
戮不容少緩而何幸天神指路今月初二日夜彼漢欲與金開南
相會潛過於淳昌避老里是加喩藪里士人韓信賢奮發義
擧與金永徹丁昌昱三人暗率民丁多般周旋幷與隨從三漢一時生
擒眞所謂护穽而誘猛虎張網而待鷙鳥者也何莫非

동국명현사적

東國名賢事蹟

Donggukmyeonghyeonsajeok

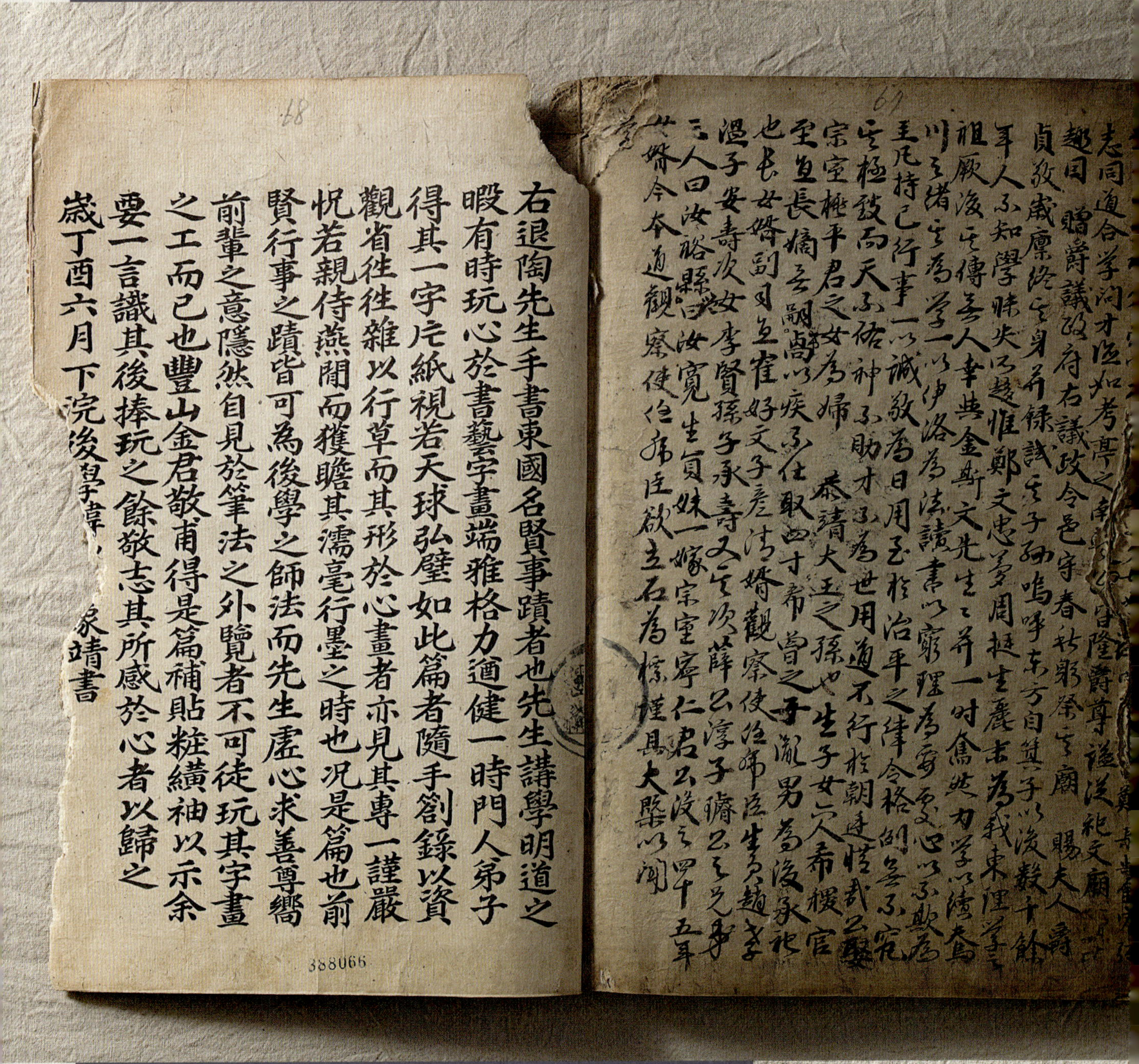
右退陶先生手書東國名賢事蹟者也先生講學明道之
暇有時玩心於書藝字畫端雅格力遒健一時門人弟子
得其一字片紙視若天球弘璧如此篇者隨手劄錄以資
觀省往往雜以行草而其形於心畫者亦見其專一謹嚴
怳若親侍燕閒而獲瞻其濡毫行墨之時也況是篇也前
賢行事之蹟皆可為後學之師法而先生虛心求善尊嚮
前輩之意隱然自見於筆法之外覽者不可徒玩其字畫
之工而已也豐山金君敬甫得是篇補貼粧績袖以示余
要一言識其後捧玩之餘敬志其所感於心者以歸之
歲丁酉六月下浣後學[illegible]家靖書

思齋金先生墓誌　慕齋先生

吾弟已葬有日壙不可無誌泣而次之曰吾弟名某字某姓金氏義城人
十一代祖諱龍鄉仕高麗位司空高祖奉正大夫成興少尹諱好知曾祖
奉直郎禮曹正郎 贈嘉善大夫禮曹參判兼同知 經筵春秋館
事弘文館提學藝文館提學同知成均館事諱詠祖通政大夫成
都護府使 贈資憲大夫吏曹判書兼知 經筵春秋館事弘文館
提學藝文館提學同知成均館事諱益齡考奉訓郎禮賓寺參奉
贈崇政大夫議政府右贊成兼判義禁府事諱璉妣 贈貞敬夫人許
氏籍陽川通訓大夫寧越郡守 贈通政大夫吏曹參議諱芝之女成
化乙巳閏四月二十八日吾弟生十歲先考棄養十二先妣繼不幸先
考臨絕托吾弟於友婿禮賓寺正趙先生看亭先生取鞠撫愛
甚厚及先妣歿隨我廬墓性絕穎[illegible]人之余訓以禮書[illegible]史無不通

동국명현사적 東國名賢事蹟

퇴계退溪 이황李滉(1501-1570)이 명현名賢들의 사적을 친필로 기록한 책이다. 김안국金安國부터 정여창鄭汝昌까지 16인의 사적을 기록했다. 고려대학교 도서관 소장본이 유일본이다.

Donggukmyeonghyeonsajeok

Handwritten by Toegye Yi Hwang (1501-1570), it documents the achievements of 16 myeonghyeon (sages) including Kim An-guk and Jeong Yeo-chang. The Korea University Library possesses the only surviving copy.

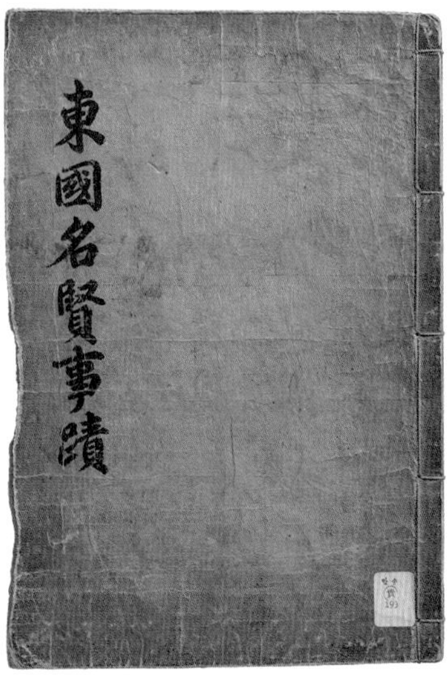

◈ 이황李滉
명종 연간
1책
필사본
33.5 × 23.0 cm
만송 貴 193

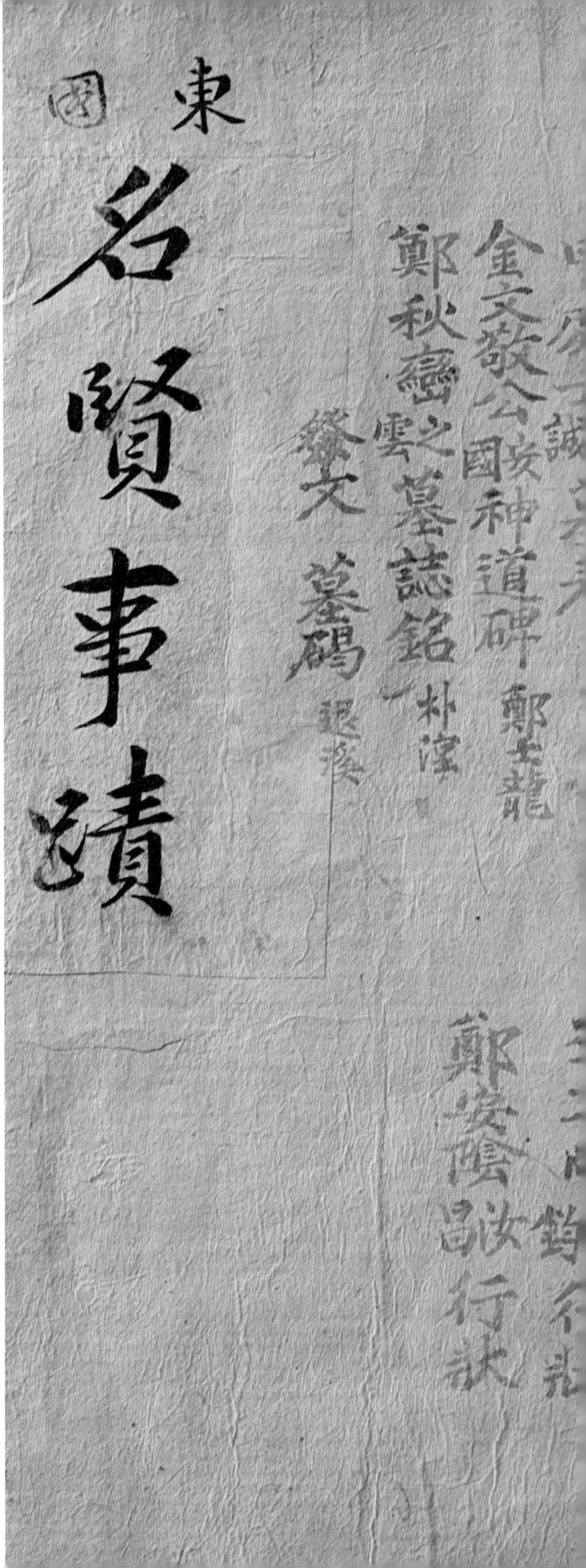

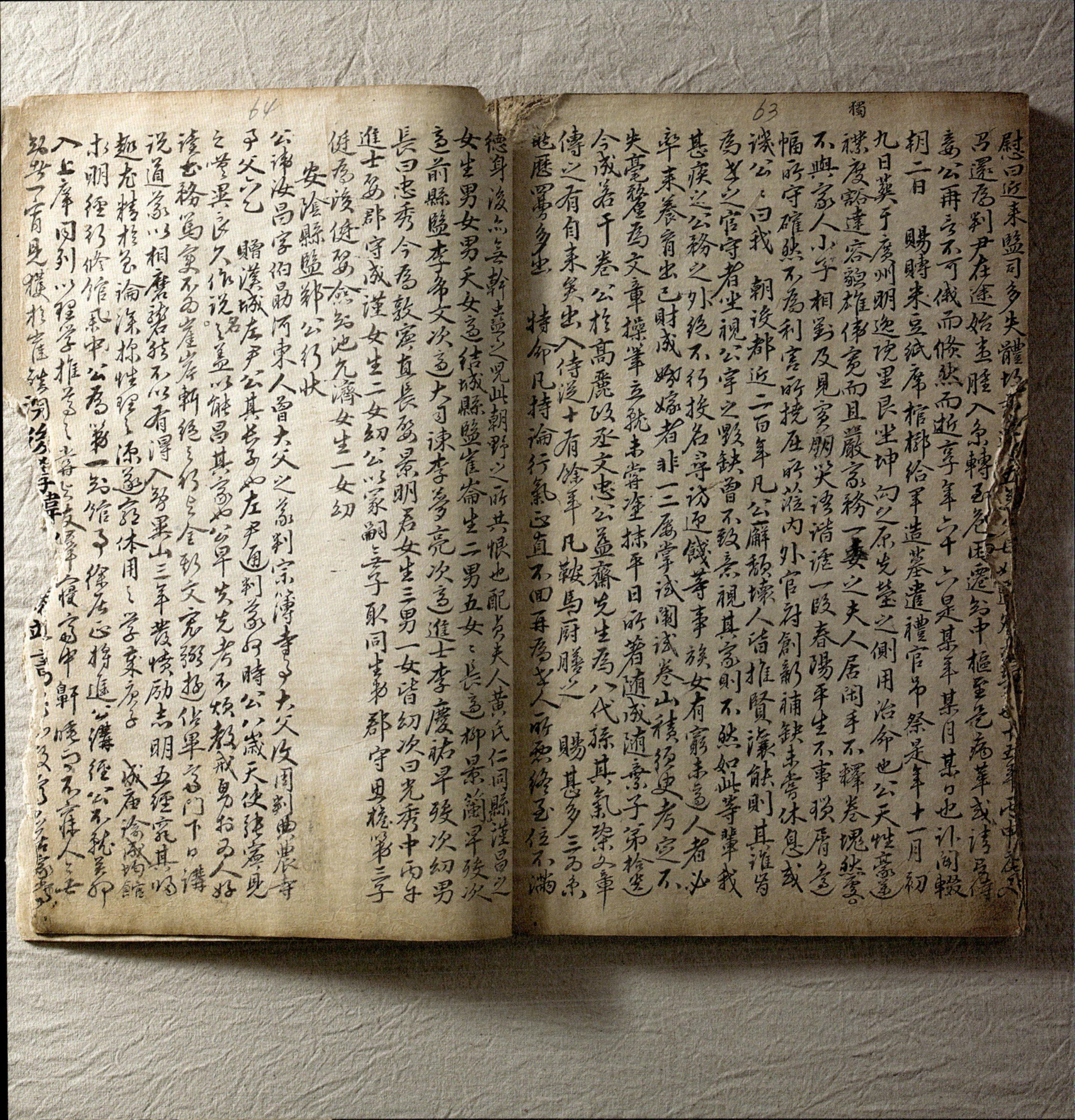

63 獨

慰曰近來監司多失體[illegible]
召還爲判尹在途始患腫入京轉至危困[illegible]中樞至危病革或請召[illegible]
辭公再三不可俄而儵然而逝享年六十六是某年某月某日也訃聞輟
朝二日　賜賻米豆紙席棺槨給軍造墓遣禮官弔祭是年十一月初
九日葬于廣州明逸院里艮坐坤向之原先塋之側用治命也公天性豪邁
襟度豁達容貌雄偉寬而且嚴家務一委之夫人居閑手不釋卷塊然[illegible]
不與家人小子相對及見賓朋笑談諧謔一段春陽平生不事[illegible]
幅所守確然不爲利害所撓在所蒞內外官府創新補缺未嘗休息或
譏公公曰我　朝設郡近二百年凡公廨頹壞人皆推諉能則其誰肯
爲者之官守者坐視公字之毁缺曾不致意視其家則不然如此等輩我
甚疾之公務之外絶不行援名尋訪遊餞等事族女有窮未適人者必
卒來養育出己財成婚嫁者非一二屢掌試閨試卷山積復更考定不
失毫釐爲文章操筆立就未嘗塗抹平日所著隨成隨棄子弟拾遺
今成若干卷公於高麗政丞文忠公益齋先生爲八代孫其氣槩文章
傳之有自來矣出入侍從十有餘年凡鞍馬廚膳之　賜甚多三爲東
[illegible]歷[illegible]多出　特命凡持論行氣正直不回再爲堂人所無終至位不滿

64

德身後[illegible]之見此朝野之所共恨也配貞夫人黃氏仁同縣[illegible]昌之
女生男女男夭女適結城縣監崔[illegible]生二男五女長適柳[illegible]早歿次
適前縣監李[illegible]文次適大司諫李[illegible]亮次適進士李慶[illegible]早歿次幼男
長曰忠秀今爲敦寧直長[illegible]景明君女生三男一女皆幼次曰光秀中丙午
進士爲郡守成瑾女生二女幼公以家嗣之子取同生弟郡守[illegible]
徙爲後徙爲[illegible]池允濟女生一女幼

安陰縣監[illegible]公行狀

公諱汝昌字伯勗河東人曾大父之[illegible]判宗簿寺事大父[illegible]
[illegible]

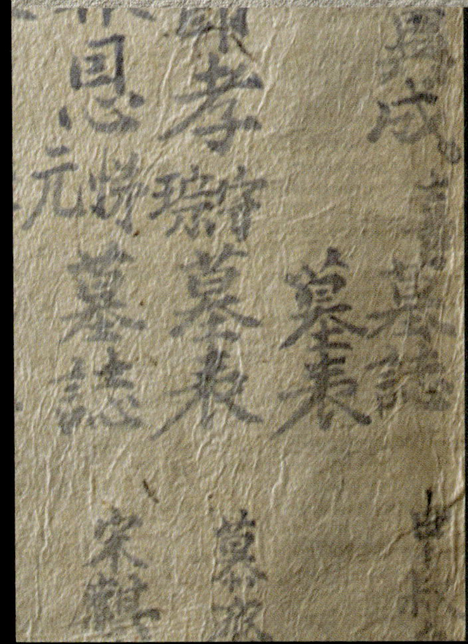

근역서휘총고

槿域書彙總考

Geunyeokseohwichonggo

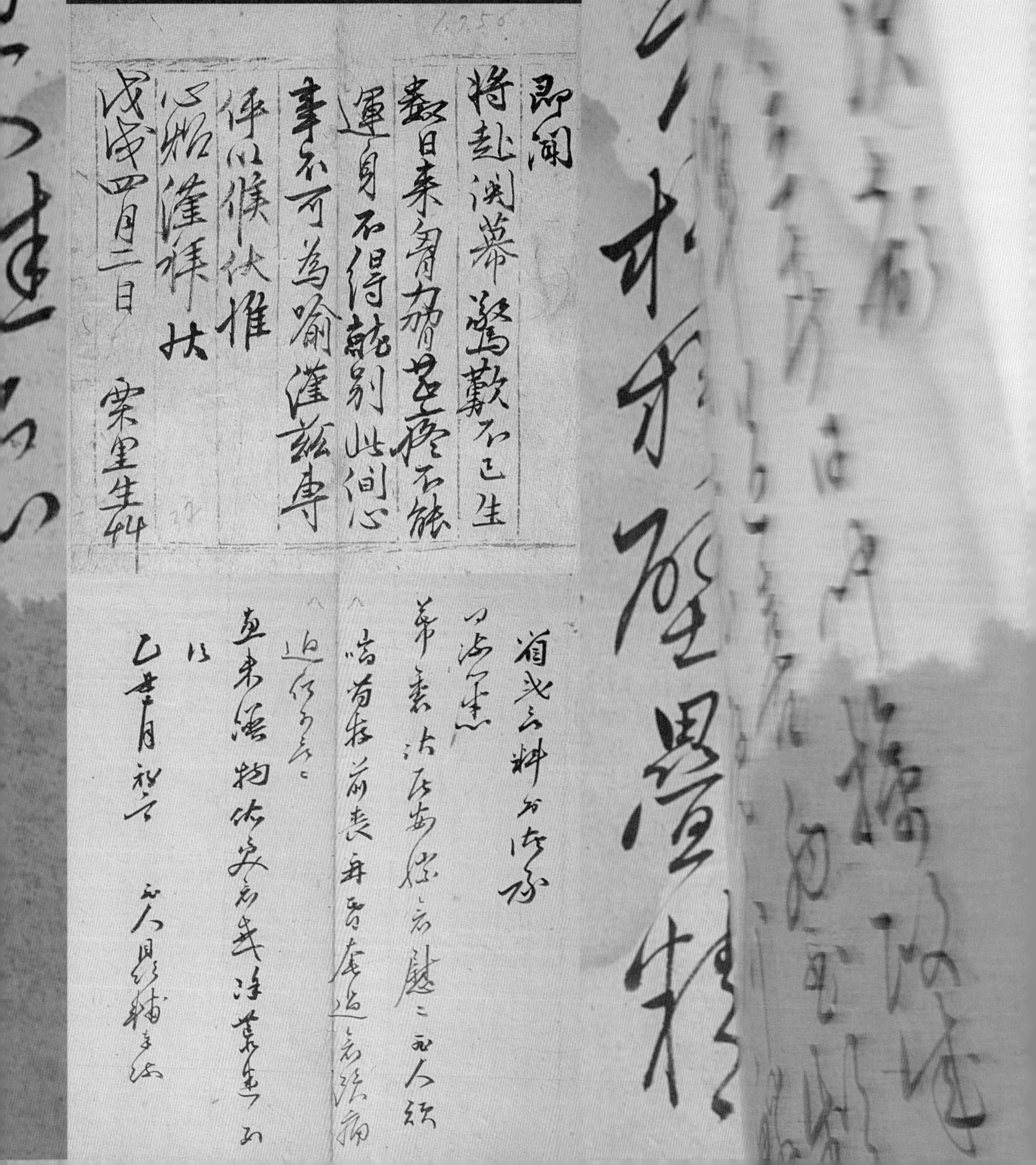

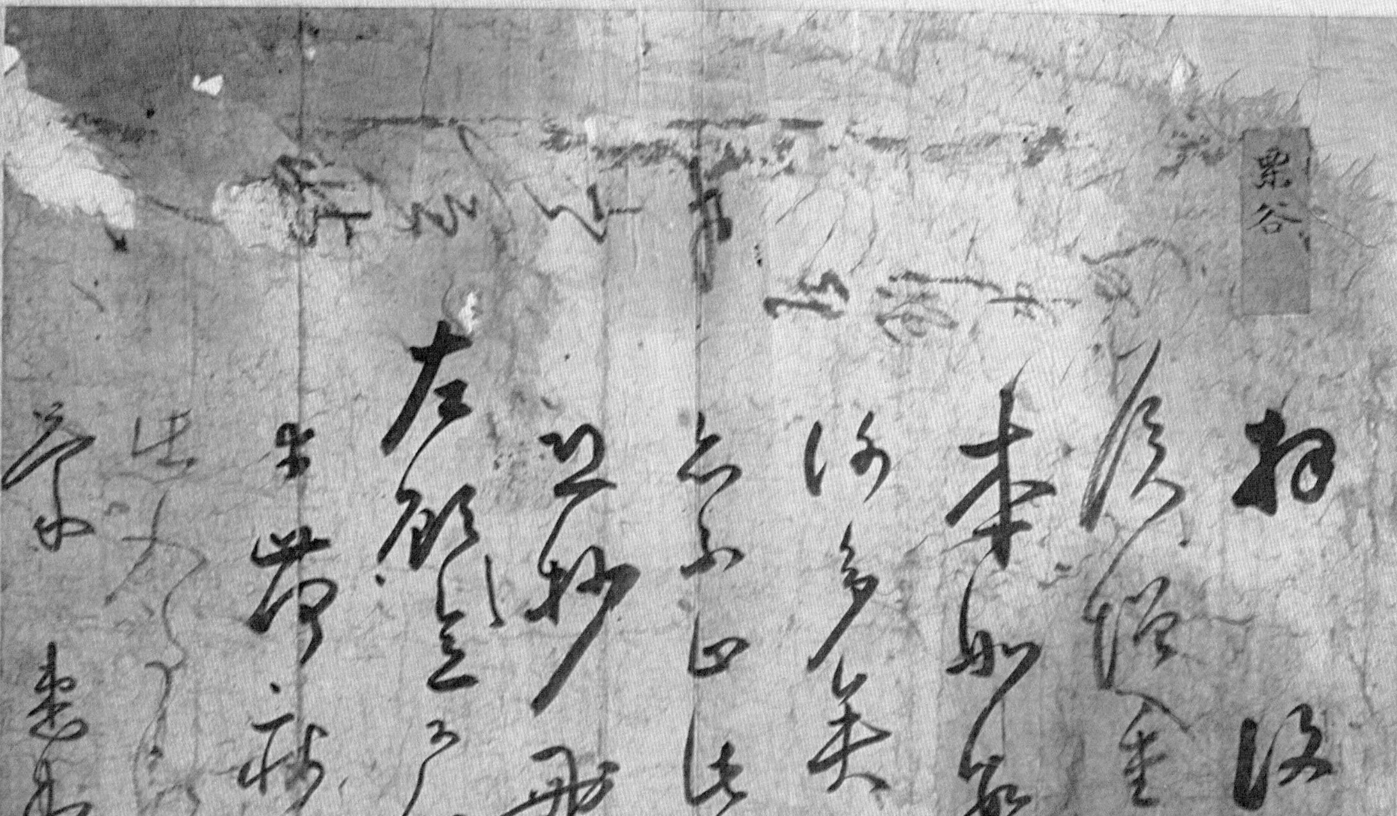
栗谷

근역서휘총고 槿域書彙總考

조선 선조부터 고종 시기까지의 명사 280명의 친필 서한을 편집한 7첩으로 구성된 서첩書帖이다. 친필 서한을 성씨별로 모으고, 필자의 약력을 소개했다. 율곡栗谷 이이李珥, 추사秋史 김정희金正喜 등의 친필 서한이 담겨 있다.

Geunyeokseohwichonggo

Compiled into seven albums, it organizes the handwritten letters of 280 renowned seonbi (scholars of the Joseon era) under the reigns of King Seonjo through Gojong of the Joseon Dynasty. The letters, alphabetically ordered in the surnames of their writers, also come with brief introductions to them, including Yulgok Yi I and Chusa Kim Jeong-hui.

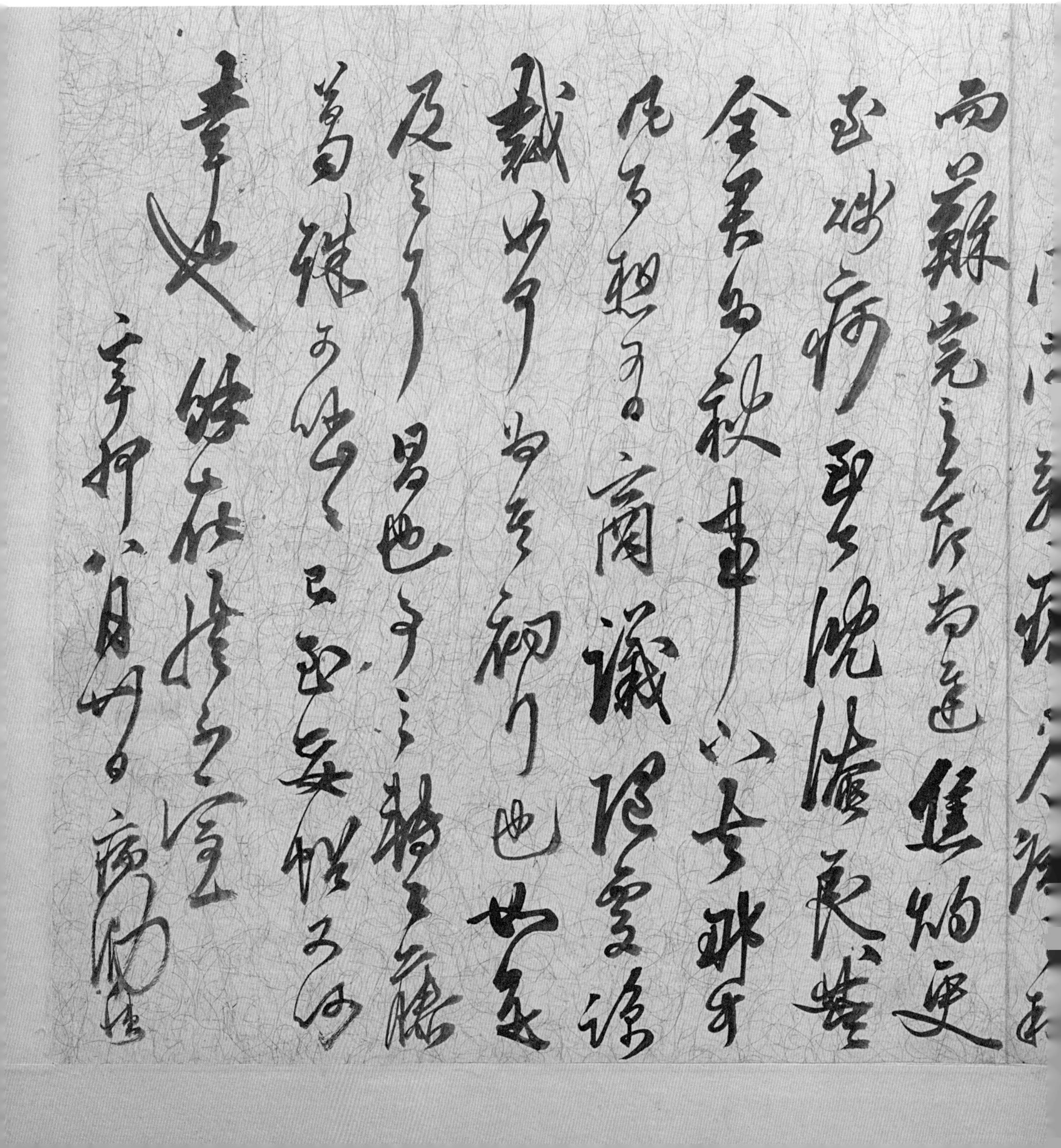

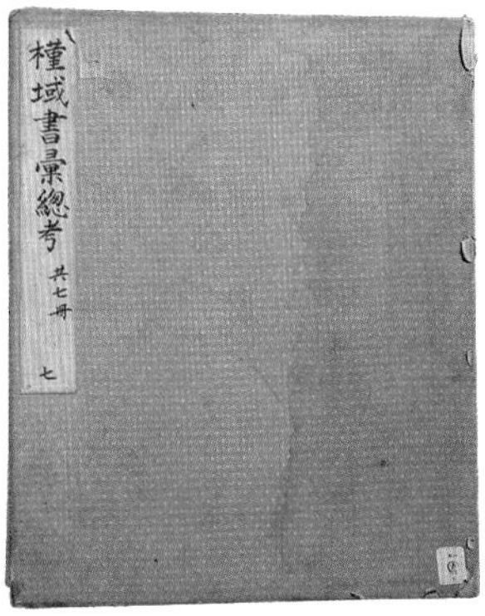

◈ 이이李珥 등 서書
1568-1895
7첩
필사본
44.4 × 36.1 cm
화산 貴 651

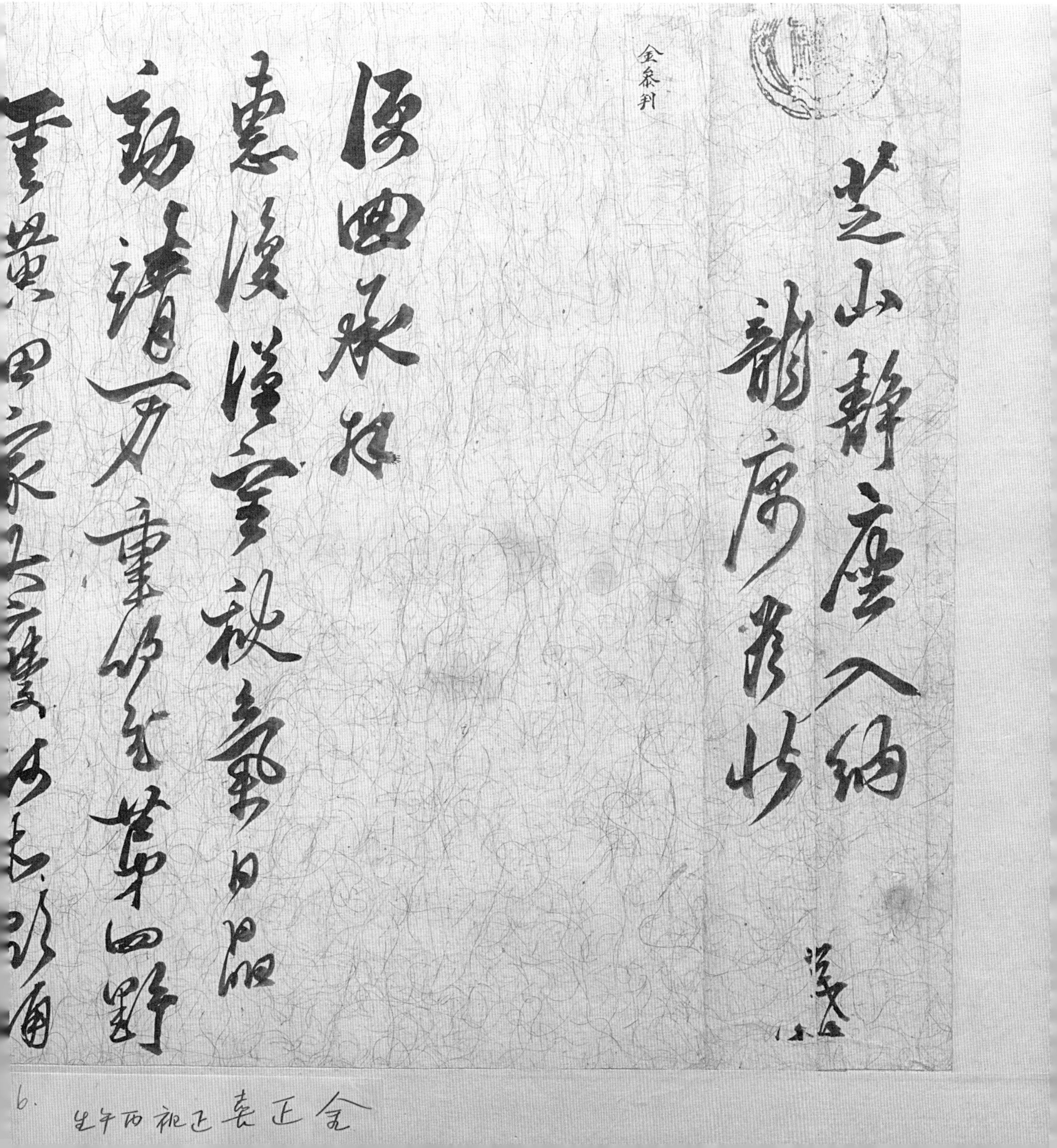

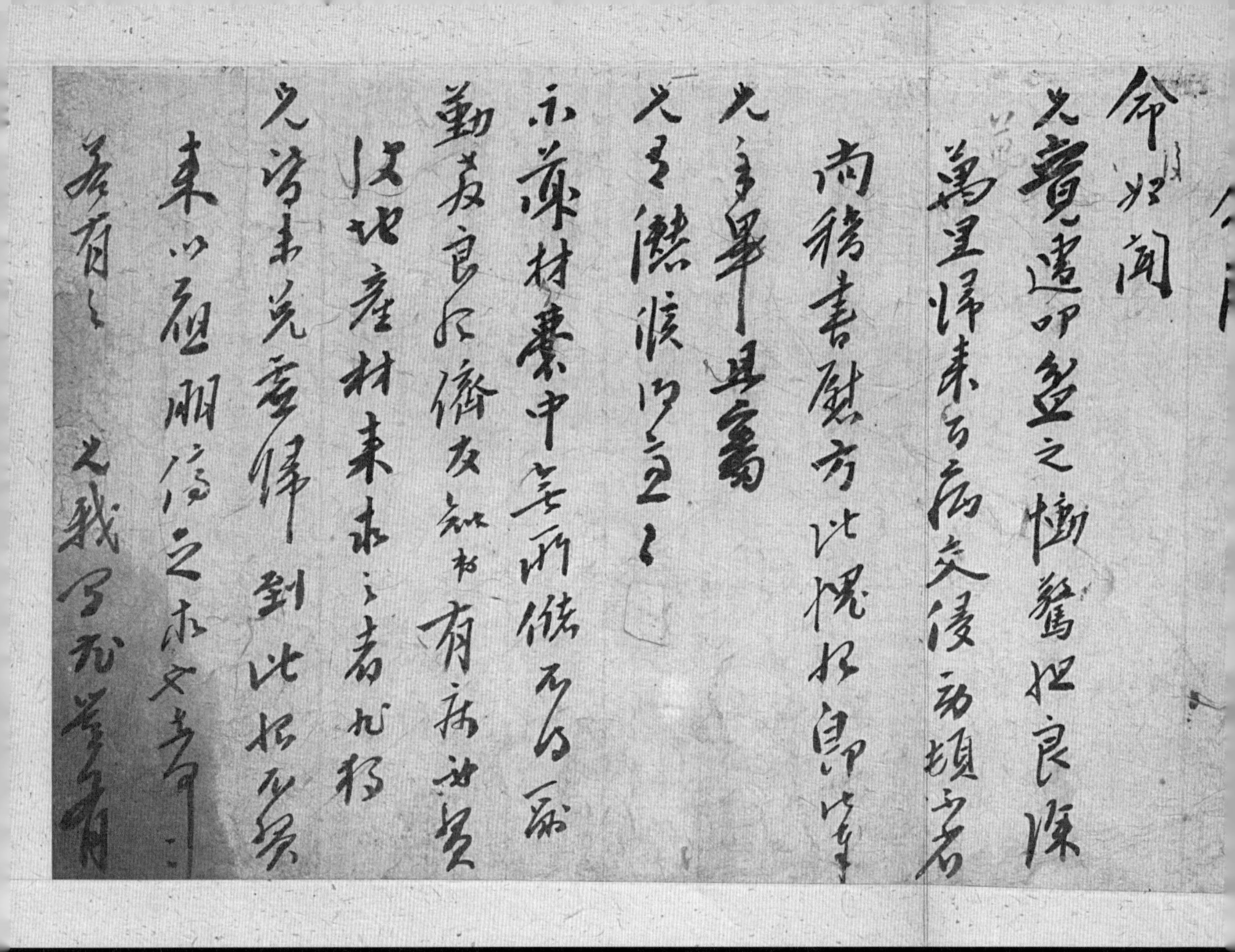

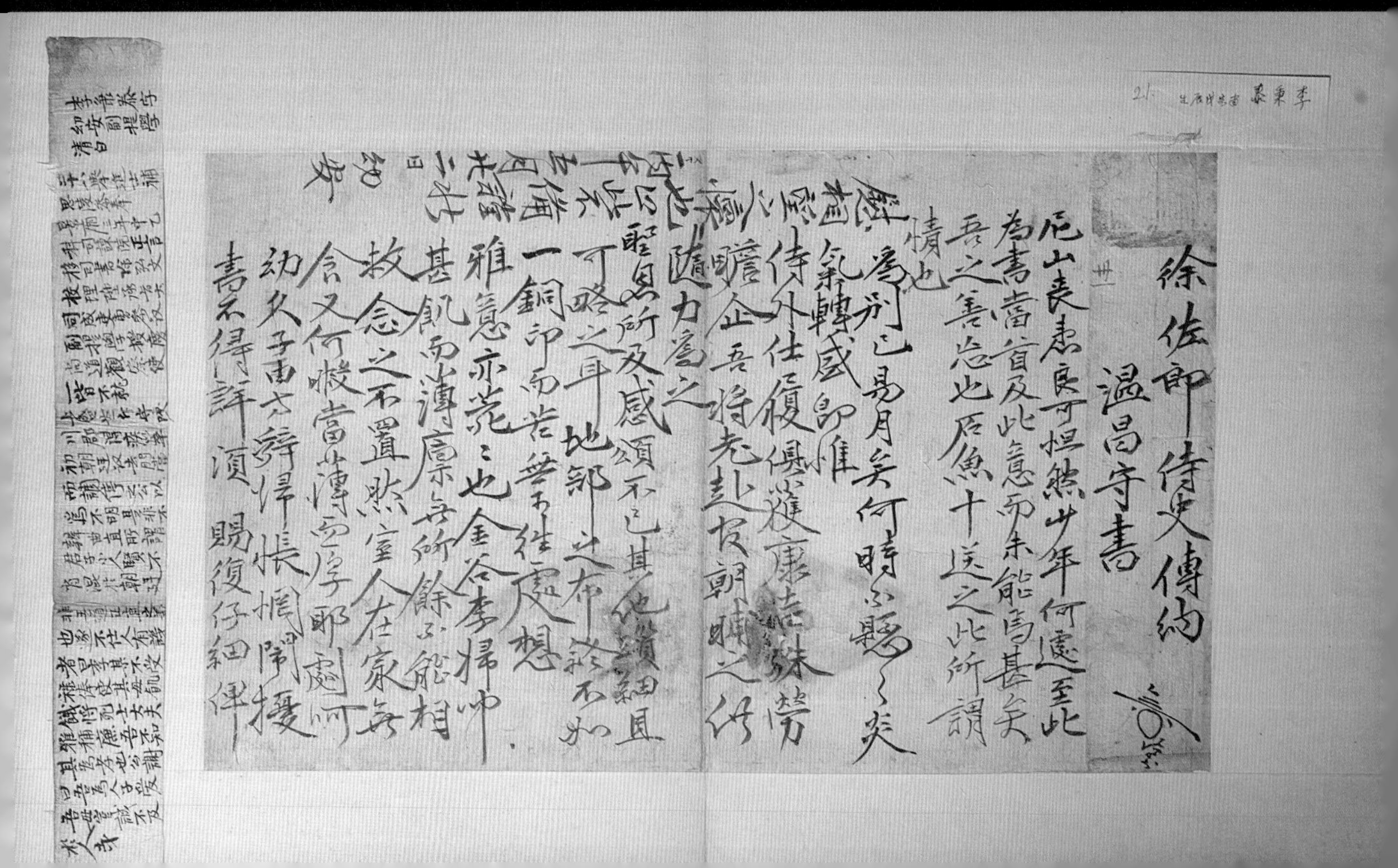
21.
李秉淵

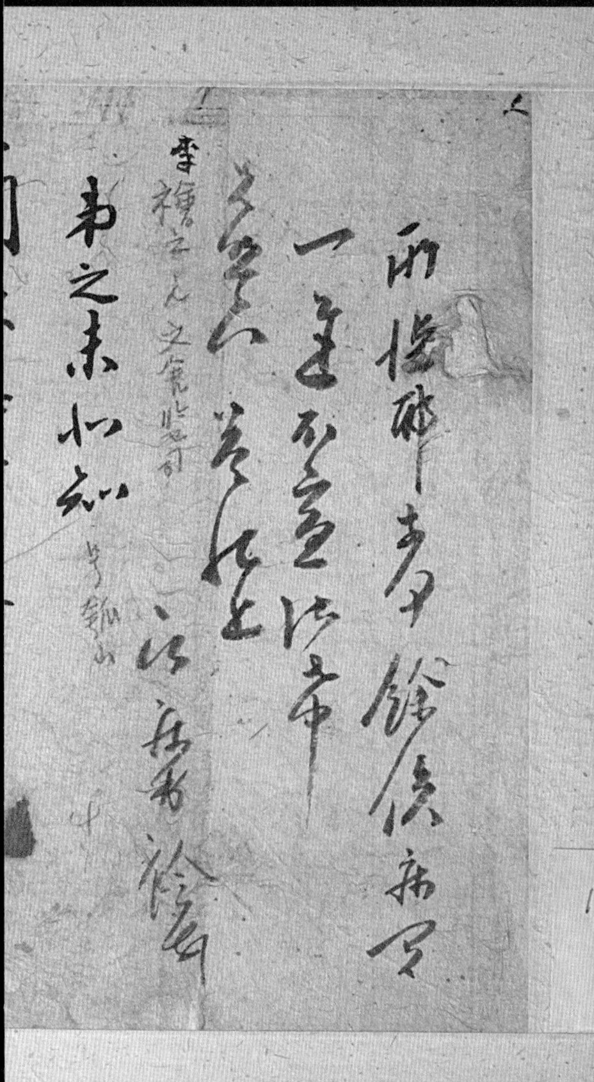

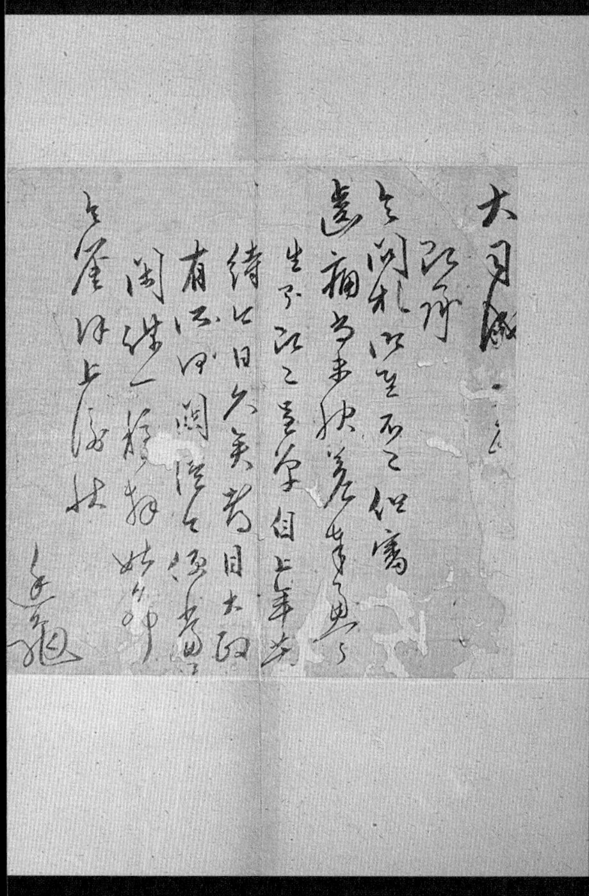

貴重書庫

[목록]

경 — 經 — Classics

훈민정음
訓民正音
Hunminjeongeum

세종世宗 어제御製
1446-1468
1책
목판본
30.2 × 21.4 cm
육당 貴 2

용감수경
龍龕手鏡
Yonggamsugyeong

행균行均
12세기
영본零本 1책
목판본
32.5 × 24.2 cm
육당 貴 1

중용주자혹문
中庸朱子或問
Jungyongjujahongmun

예사의倪士毅 집석輯釋
1371
1책
목판본
29.3 × 17.5 cm
화산 貴 179

홍무정운역훈
洪武正韻譯訓
Hongmujeongunyeokhun

세종世宗 명역훈命譯訓
1455
영본零本 7책
목활자본
31.5 × 21.0 cm
화산 貴 12

예기천견록
禮記淺見錄
Yegicheongyeollok

권근權近
1418
26권 11책
목판본
29.7 × 17.7 cm
貴 4

훈몽자회
訓蒙字會
Hunmongjahoe

최세진崔世珍
미상
영본零本 1책
목판본
35.6 × 23.4 cm
貴 538

신증유합
新增類合
Sinjeungyuhap

유희춘柳希春
1692
1책
목판본
32.4 × 24.5 cm
貴 215

사서오경대전
四書五經大全
Saseoogyeongdaejeon

호광胡廣 등 봉칙찬奉勅撰
미상
목판본
36.0 × 21.7 cm
육당 貴 48-51

사 — 史 — History

삼국유사
三國遺事
Samgungnyusa

일연一然
1512
영본零本 1책
목판본
32.8 × 21.5 cm
육당 貴 3

삼강행실도
三綱行實圖
Samganghaengsildo

설순偰循 등
1431
1책
목판본
38.0 × 21.6 cm
만송 貴 296

고려사절요
高麗史節要
Goryeosajeoryo

김종서金宗瑞 등 봉명편奉命編
1453
영본零本 1책
금속활자본(갑인자)
34.0 × 20.9 cm
화산 貴 137

신전해내기관
新鐫海內奇觀
Sinjeonhaenaegigwan

양이증楊爾曾
1609
10권 6책
목판본
26.4 × 15.9 cm
석주 貴中 3

죽계지
竹溪誌
Jukgyeji

주세붕周世鵬
1544
6권 3책
목판본
31.4 × 21.3 cm
만송 貴 228

표해록
漂海錄
Pyohaerok

최부崔溥
1546-1567
영본零本 1책
금속활자본(갑인자)
31.9 × 20.8 cm
화산 貴 167

동국병감
東國兵鑑
Donggukbyeonggam

문종文宗 명편命編
1608
2권 2책
목판본
34.3 × 21.5 cm
만송 貴 520

해동팔도봉화산악지도
海東八道烽火山岳地圖
Haedongpaldobonghwasanakjido

미상
1652-1712
1매
필사본
218.0 × 148.0 cm
貴 700

강계지
疆界誌
Ganggyeji

신경준申景濬
1756
영본零本 3책
필사본
32.8 × 20.0 cm
貴 518

계미동경소진첩
癸未同庚小眞帖
Gyemidonggyeongsojincheop

미상
1771
1첩
필사본(채색화)
46.7 × 34.1 cm
貴 31

아방강역고
我邦疆域考
Abanggangyeokgo

정약용丁若鏞
1800
12권 4책
필사본
22.8 × 15.1 cm
貴 425

왕세자입학도첩
王世子入學圖帖
Wangsejaiphakdocheop

세자시강원世子侍講院 편·화編·畵
1817
1첩
필사본(채색화)
40.2 × 26.2 cm
화산 貴 674

청구도
靑邱圖
Cheonggudo

김정호金正浩
1834
1책
필사본
30.6 × 20.5 cm
貴 511

자 — 子 — Arts and Science

금자사경
金字寫經
Geumjasagyeong

김생金生
미상
1첩
필사본
34.7 × 21.6 cm
화산 貴 186

십팔나한도
十八羅漢圖
Sippalnahando

이국녕李國寧
미상
1첩
필사본
27.2 × 16.0 cm
화산 貴 182

십이연생상서경
十二緣生祥瑞經
Sibiyeonsaengsangseogyeong

시호施護 역譯
미상
1책
목판본
28.1 × 16.4 cm
貴 70

양촌선생입학도설
陽村先生入學圖說
Yangchonseonsaengiphakdoseol

권근權近
1397
1책
목판본
26.3 × 15.3 cm
만송 貴 355

천원옥력상이부
天元玉曆祥異賦
Cheonwonongnyeoksangyibu

명明 인종仁宗
미상
10책
필사본
26.4 × 15.6 cm
만송 貴 319

무경소학
武經小學
Mugyeongsohak

장해張楷
미상
영본零本 1책
금속활자본(을해자)
29.7 × 19.4 cm
화산 貴 133

번역소학
飜譯小學
Beonyeoksohak

김전金詮 등 역譯
1518
영본零本 1책
목판본
32.2 × 21.2 cm
만송 貴 101A

식물본초
食物本草
Singmulboncho

노화盧和
1526
2권 1책
금속활자본(갑진자), 목활자본
29.6 × 19.5 cm
화산 貴 547

청량답순종심요법문
淸涼答順宗心要法門 Cheongnyang-dapsunjongsimyobeommun

징관澄觀
1531
1책
목판본
25.0 × 13.9 cm
貴 96

벽송당야로송
碧松堂埜老訟
Byeoksongdangyarosong

지엄智嚴
1569
1책
목판본
27.6 × 16.4 cm
貴 218

석가여래행적송
釋迦如來行蹟頌
Seokgayeoraehaengjeoksong

무기無寄
1529
1책
목판본
29.3 × 19.1 cm
만송 貴 246

속몽구분주
續蒙求分註
Sokmongbubunju

유희춘柳希春
1575
4권 4책
목판본
25.2 × 17.3 cm
만송 貴 295

천명도해
天命圖解
Cheonmyeongdohae

정지운鄭之雲
1578
1책
목판본
38.4 × 28.9 cm
만송 貴 356

우마양저염역병치료방
牛馬羊猪染疫病治療方 Umayang-jeoyeomyeokbyeongchiryobang

권응창權應昌 편編
1578
1책
목활자본
31.8 × 20.0 cm
만송 貴 522

신편집성마의방
新編集成馬醫方
Sinpyeonjipseongmauibang

조준趙浚 등 찬撰
1633
1책
목판본
34.5 × 22.0 cm
만송 貴 392A

집 — 集 — Literature

동인지문사륙
東人之文四六
Donginjimunsaryuk

최해崔瀣
1355
영본零本 7책
목판본
32.0 × 19.0 cm
만송 貴 364

용비어천가
龍飛御天歌
Yongbieocheonga

정인지鄭麟趾 등 봉명찬奉命撰
1447
영본零本 2책
목판본
35.4 × 22.4 cm
만송 貴 369B

필원잡기
筆苑雜記
Pilwonjapgi

서거정徐居正
1487
2권 1책
목판본
27.1 × 18.8 cm
만송 貴 336

포은시고
圃隱詩藁
Poeunsigo

정몽주鄭夢周
1533
2권 1책
목판본
27.7 × 18.9 cm
만송 貴 345

북행록
北行錄
Bukhaengnok

이해李瀣
1537
1책
필사본
31.7 × 20.0 cm
만송 貴 377

점필재선생유두류록
佔畢齋先生遊頭流錄
Jeompiljaeseonsaengyuduryurok

김종직金宗直
1520
1책
목활자본
29.3 × 19.0 cm
만송 貴 269

기재기이
企齋記異
Gijaegi-i

신광한申光漢
1553
1책
목판본
31.9 × 19.5 cm
만송 貴 287

조천기
朝天記
Jocheongi

허봉許篈
1577
2책
필사본
30.6 × 21.9 cm
화산 貴 13

일본록
日本錄
Ilbonnok

성대중成大中
1763-1764
2책
필사본
25.9 × 17.4 cm
貴 545

총류 — 總類 — Miscellaneous Works

해동문헌총록
海東文獻總錄
Haedongmunheonchongnok

김휴金烋 편編
미상
2책
필사본
27.6 × 21.6 cm
신암 貴 130

중조학사서한
中朝學士書翰
Jungjohaksaseohan

홍대용洪大容 편編
1781
1첩
필사본
30.3 × 21.0 cm
화산 貴 661

첩보
牒報
Cheopbo

임두학林斗鶴
1894
1매
필사본
35.0 × 74.0 cm
F5-1284

동국명현사적
東國名賢事蹟
Donggukmyeonghyeonsajeok

이황李滉
명종 연간
1책
필사본
33.5 × 23.0 cm
만송 貴 193

근역서휘총고
槿域書彙總考
Geunyeokseohwichonggo

이이李珥 등 서書
1568-1895
7첩
필사본
44.4 × 36.1 cm
화산 貴 651

[후기]

고려대학교 도서관 사서들은 지난 115년 동안 축적해 온 350만의 장서들을 매일매일 마주하며 수많은 감정에 사로잡히게 됩니다. 자료실에 가지런히 꽂혀 있는 책들을 보면 평안함을 느끼고, 밀집서고에 빼곡하게 꽂혀 있는 책들을 보면 엄숙함을 느끼고, 희귀서고에 진중하게 꽂혀 있는 책들을 보면 경외감을 느낍니다. 특히 귀중서고에 들어가면 가슴 벅찬 감동에 사로잡히게 됩니다. 그곳에는 가치를 논할 수 없는 수많은 고서들이 조용히 빛을 내고 있습니다.

수십 년간 서고에서 조용히 빛을 내고 있는 고서들을 세상에 알리고자 도록을 발간하게 되었습니다. 1937년 도서관 개관 이후 최초의 "도록 발간"이라는 기념비적 사업을 위해서는 많은 준비와 조사가 필요했습니다. 그래서 도서관장님을 위원장으로 하는 '도록 발간위원회'를 구성하였습니다. 위원회는 국내외 각종 도록을 검토하고 수차례의 회의를 통해 일반인이 쉽게 읽을 수 있는 도록을 출판하기로 발간 방향을 정했습니다.

"읽히는 도록"의 발간은 쉽지 않은 과정의 연속이었습니다. 하지만 지난 수개월간 주말까지 포기하며 헌신해 주신 도서관장님의 열정이 있었기에《카이로스의 서고—고려대학교 도서관 귀중서 도록》이 발간될 수 있었습니다. 도록이 발간되기까지 모든 과정을 주관하시고 이끌어 주신 석영중 도서관장님께 깊은 존경과 감사의 인사를 올립니다. 아울러 구자훈 박사, 한민섭 박사, 김원기 선생님 등 도록발간 위원들께도 감사의 마음을 전합니다.

학술정보서비스부 부장 홍선표